ANDRÉ BAWAR

Poeler Pokale

KÜSTEN KRIMI

Hansens dritter Fall

emons:

© Hermann-Josef Emons Verlag
Alle Rechte vorbehalten
Umschlagmotiv: Heribert Stragholz
Umschlaggestaltung: Tobias Doetsch
Druck und Bindung: CPI – Clausen & Bosse, Leck
Printed in Germany 2011
ISBN 978-3-89705-806-4
Küsten Krimi
Originalausgabe

Unser Newsletter informiert Sie
regelmäßig über Neues von emons:
Kostenlos bestellen unter
www.emons-verlag.de

Für Totò und Tara

»Die Möwen folgen dem Kutter.«
Eric Cantona, 1997

SC Ankerwinde Wismar
(4 – 3 – 3)

Hannes Jensen (T)

Andi Lachhuber   Horst Jensen   Fred Schreckenberger   »Fiete« Schlückora

»Meister« Röhrich   »Jünter« Petzer (K)   Jochen Stich

»Ritchie« Riedelwitz   Karl Janka

Heiner Jensen

VfR Schleiaal 06
(4 – 4 – 2)

Kalle Ingwersen (T)

Gerry Hechler   Uwe Hanselmann   Torsten Held   »Inge« Wolf

Lars Mettauge (K)

»Wolle« Müller   »Schweini« Schwitzke   »Holler« Gehrke

Knut Cornelsen   Tore Franzen

13. Spielminute

»Radio Wissemara meldet sich mit der Fußball-Liveübertragung des Spiels unserer Ankerwinde Wismar vom Finale um den Danske-Tilsiter-Cup auf Ærø. Wir schalten nach Ærø und rufen unseren Reporter vor Ort, Klaus Poltzin, im Stadion an der Reeperbanen in Marstal! Klaus! Hörst du uns?«

»Moin, Moin, Leute! Frisch ans Werk. Unser Spiel des Jahres gegen Schleiaal 06 ist schon eine Weile im Gange. Hier sind jetzt dreizehn Minuten gespielt, ein ausgeglichenes Match, wie es alle Experten eigentlich erwartet haben ... In der Anfangsphase ein Abtasten und Taktieren, vielleicht mit leichten Vorteilen, mit einem leichten optischen Übergewicht für unser Team aus der Hansestadt.

Der Ball kommt gerade zu Achim Lachhuber, der spielt links zu Meister Röhrich. Mettauge von Schleiaal 06 dazwischen. Mettauge, immer wieder Mettauge, der Mittelfeldmotor der Schleswig-Holsteiner, ein Klasse-Mann stets mit dem nötigen Auge für den gefährlichen Pass aus der Tiefe des Raumes oder ein überraschendes Abspiel vertikal in die Spitze ... Doch jetzt verliert er das Leder an ... Schreckenberger, Fred Schreckenberger passt rechts zu Petzer. Jünter Petzer mit einem feinen Steilpass auf Heiner Jensen ... der stolpert einmal mehr über seine langen Beine. Das war mehr als peinlich. Heiner, Heiner, Heiner ... Das scheint nicht der beste Tag unseres Wismarer Wunderstürmers zu sein. I can't believe it ...

Beide Teams spielen trotz äußerst strapaziöser Woche mit ihrer besten Elf. Der VfR Schleiaal 06 hatte sich während des gesamten Turnierverlaufs als stärkstes von sechzehn norddeutschen und dänischen Teams präsentiert. Dafür haben aber unsere Jungens vom Titelverteidiger SC Ankerwinde Wismar den Gastgeber von Torpedere Marstal gestern Nachmittag im Halbfinale mit einer äußerst empfindlichen 0:4-Schlappe aus dem eigenen Turnier gekegelt.

Schleiaal ist gut, vor allem im Spielaufbau, aber wir halten eisern dagegen. Kampfkraft, Entschlossenheit, Biss, das sind die Mecklenburger Tugenden, die unsere Männer hier in die Waagschale werfen. Jetzt kommt der Ball zu Horst Jensen, der spielt quer zu Jünter Petzer. Doppelpass mit Ritchie Riedelwitz. Und ... Tor! Toor! Tooor! Aus vollem Lauf ... aus vollem Lauf in den linken oberen Winkel! Tooooor! Unser Kapitän! I can't believe it ... Petzer aus vollem Lauf ein fulminanter Schuss in den Winkel des Gehäuses von Kalle Ingwersen. Der war machtlos! Da gab es nichts zu halten für den Schlussmann von Schleiaal 06. Ein Knüller-Tor! Ein Tor des Jahres! Ach was, ein Tor des Jahrzehnts! Ein echter Knaller! Ein echter Petzer! Ein Knäuel überglücklicher Wismarer kugelt sich auf dem Rasen, und irgendwo da drunter ist der glückliche Torschütze. Unser Petzer! 1:0 für Wismar! Leute, Leute, Leute ... So darf es weitergehen. Welch ein furioser Beginn! Ein Auftakt nach Maß ...!

Meine Damen und Herren, sobald es etwas Neues gibt, etwas Brisantes, melde ich mich sofort wieder zurück vom Danske-Tilsiter-Cup aus Marstal auf Ærø! Jetzt aber erst einmal über die Ostsee, durch den Äther zurück, zu euch nach Mecklenburg ins Funkhaus ...«

RADIO WISSEMARA

1

Offen gestanden: Nichts ist so einfach gestrickt, wie es sich oberflächlich darstellt. Im Nachhinein betrachtet, erscheint alles viel engmaschiger und komplizierter, als ich es lange Zeit wahrnehmen wollte. Aber ich möchte niemanden verwirren. Deshalb beginne ich jetzt ganz von vorn – mit einfachen Worten und verständlichen Inhalten.

Meine Eltern nannten mich Horst – der älteste der Jensen-Brüder. Wir waren nicht leicht zu unterscheiden. Heiner, der jüngste, hatte ziemlich lange Haare, und Hannes neigte manchmal dazu, ein bisschen viel herumzuspinnen, ansonsten ähnelten wir uns wie ein Ei dem anderen. Altersmäßig lagen wir nur zwei Jahre (Heiner zu Hannes) beziehungsweise ein Jahr (Hannes zu Horst) auseinander. Das nur nebenbei. Sie werden schon im Verlauf unserer Geschichte, von der ich hier erzählen möchte, lernen, die drei Jensen-Brüder fein säuberlich zu unterscheiden.

Zur Jensen-Sippe gehörte zudem eine kleine Schwester. Inga war das Nesthäkchen und drei Jahre jünger als Heiner. Nur stand sie moralisch und rechtlich quasi auf der anderen Seite des Ufers und konnte uns deshalb leider auf unserer Odyssee die längste Zeit nicht begleiten.

Ob Sie mir am Ende der Reise glauben oder nicht, kann ich nicht voraussehen. Aber ich versichere, dass sich alles genau so zugetragen hat, wie ich es jetzt, sehr viel später, aus einer gänzlich losgelösten Perspektive betrachtet, in Erinnerung habe.

Spannender als die gute alte Sportschau war es allemal.

Sonntag, den 26. Juli

Schimmelpfennig hatte es regelrecht aus den Pantinen gehauen. Seine Visage sah mordsmäßig zerschunden aus. Da saß kein Zahn mehr neben dem anderen. Und das, was normalerweise gut sortiert zwischen seinen Blumenkohlohren die Physiognomie ausmachte, war ein einziger verkrusteter, blutiger Brei. Keine Frage, da musste jemand mit enormer Wut und einer fiesen Baseballkeule radikalen Prozess gemacht haben.

Der arme Schimmelpfennig konnte einem leidtun. Er war unser langjähriger Platzwart, den alle, wie wir bisher angenommen hatten, mochten. Solch einen Abgang hatte Fritze nicht verdient. Und so brutal zugerichtet, wie er nun augenscheinlich leblos vor uns lag, schien es unwahrscheinlich, dass der knapp Sechzigjährige noch einmal die Linien auf unserem Allerheiligsten mit dem Kreidewagen in gewohnt gerader Art nachzeichnen würde.

Unter uns gesagt: Der alte Schimmelpfennig und seine verlässlichen Pflege- und Instandhaltungsqualitäten in allen Ehren, aber sein miserabler Zustand war letzten Endes nicht die eigentliche Katastrophe.

Wie konnte man nur so herzlos sein? Und vor allem: Was war geschehen? Was hatte unseren gutmütigen Schimmelpfennig zum Ziel eines solch schlimmen Überfalls gemacht? Wer hatte ihn warum in diese hoffnungslose Verfassung gebracht?

Fragen, die nicht so leicht zu beantworten waren. Da musste man den Zwischenfall schon fein säuberlich und vor allem der Reihe nach rekonstruieren.

Der Tag hatte ein grandioser Triumphzug werden sollen, geendet war er aber in einem deprimierenden Fiasko.

Dabei war bis zur Mittagszeit alles noch spitzenmäßig verlaufen: Schon in den zwei gut gefüllten Waggons des kurzen Sonderzugs von Rostock nach Wismar herrschte absolutes Halligalli.

»Oleeeoleoleoleee! Supä-Wismä! Oleole!«
Die Jungs sangen und tranken samt den gut zwei Dutzend mitgereisten Fans um die Wette. Hannes baumelte wie ein Monkey-Monkey mit den Beinen kopfüber von der Gepäckablage herab und brüllte in einem fort:
»Smörrebröd! Smörrebröd! Römtömtömtöm!«
Zwei der Ablagen in den Nachbarabteilen waren schon unter der Masse unseres Keepers kläglich zusammengekracht.
»Humpa-Humpa-Tätärää-Tätärää-Tätärää! ... Humpa-Humpa-Tätärää-Tätärää-Tätärää!«
Das war die stimmgewaltige Polonaise unserer Fans, angeführt von unserem genialen Dirigenten Jünter Petzer, die den Gang unaufhörlich rauf und runter eierte. Unser Mittelfeldstratege war zwar kein Fohlen mehr, zum Partyhengst reichte es aber noch lange nicht. Doch heute beschloss sogar der Mannschaftsführer, fünfe gerade sein und es einmal im Fußballerleben richtig krachen zu lassen. Die rote Binde des Kapitäns mit dem Emblem der weißen Ankerwinde verpflichtete – an guten wie an schlechten Tagen.

Heiner hing mit nacktem Oberkörper aus dem halb geöffneten Zugfenster und schwang die riesige rot-weiße Vereinsfahne gegen den kräftigen Fahrtwind, steife Brise aus Westsüdwest.

Dabei blinzelte der Mittelstürmer durch eine dichte Wand seiner zerzausten und von Bier und Küstennebel verklebten Mähne und brüllte selig im britischen Brustton der Überzeugung: »Wir arr se Schämps! Wir arr se Schämps!«

Von den saftigen Marschwiesen drang ab und an ein zustimmendes Muhen herein.

Im steten Wechsel knutschte oder polierte Meister Röhrich die Halbglatze von Karl Janka. Zwei, die sich während des Turniers in Dänemark regelmäßig in die spärlich vorhandenen Haare gekriegt hatten, tranken während der knapp einstündigen Zugfahrt mit Halbliterflaschen Mecklenburger Export das fünfte bis siebte Mal Brüderschaft – auf ex.

Derweil klammerte sich Flügelflitzer Ritchie Riedelwitz an Vorstopper Fred Schreckenberger, und der umschlang wiederum das Hosenbein von Jochen Stich, dem einzigen, der noch diesseits von Gut und Böse schien.

»Völlig meschugge, die Jungs«, lachte er aus vollem Herzen und legte seine enormen Hasenzähne frei.

»Das ist total Monkey-Monkey!«, krakeelte es baumelnd von der Gepäckablage.

Ich hielt das Baby im Arm. Mit festem Griff. Seit Fietes Missgeschick auf der Überfahrt von Marstal nach Rostock, wo es kurzzeitig über die Reling baden gegangen war, wollte ich es gar nicht mehr hergeben. Der Danske-Tilsiter-Cup! Eine reich verzierte Wandertrophäe, die wir zum dritten Mal in Folge von der Insel Ærø entführen konnten; womit sie jetzt für immer zu uns gehörte, der ersten Herrenmannschaft des SC Ankerwinde Wismar.

Siegestrunken stolzierte ich von einem Abteil zum nächsten, reckte den fast einen Meter langen und fünf Kilo schweren Pokal immer wieder in die Höhe des mittlerweile stark alkoholgeschwängerten Waggons und erntete entsprechend lautstark stilechte Fußballweisheiten:

»Hurra! Hurra! Wir sind wieder da!«
oder:
»So sehn Sieger aus! Schallalalala!«
oder:
»*We are red, we are white, we are Wismar-Dynamite!*«

Zugegeben, der letzte flotte Schlachtruf war im Original nicht auf heimischem Mecklenburger Mist gewachsen, aber im Überschwang der Euphorie …? Wer wollte es uns verdenken?

Die Mannschaft, die Fans, die Clubführung – alle gemeinsam im weiß-roten Rausch des Biers und der Glückseligkeit. Nur einer fehlte. Er war bereits gestern nach Spielschluss mit dem eigenen Auto und auf dem langen Landweg Richtung Hansestadt abgereist: unser Trainerfuchs Toto Peach.

Peach wurde »Pietsch« ausgesprochen, denn unser Coach kam von der Insel, der Geburtsstätte des Fußballspiels. Noch genauer: aus Wales. Da hatte es Trevor Peach, wie er mit bürgerlichem Namen vollständig hieß, Anfang der achtziger Jahre bis zum Reservespieler von Cardiff City gebracht. Später trainierte er drei Spielzeiten lang Swansea City. Mit den sogenannten Schwänen glückte ihm der Aufstieg in die dritte englische Liga (es sollte der größte Erfolg seiner Karriere bleiben), bevor er dem Ruf des Geldes folgte und fast unbemerkt eine Dekade in der italienischen Viertklassigkeit versauerte.

Wir hatten ihm viel zu verdanken. In seiner dritten Saison kurbelte er verantwortlich an der SC Ankerwinde. Seine taktischen Raffinessen und ausgeklügelten Strategien ließen die Gegner reihenweise an unserer Mannschaft verzweifeln.

Der Grund seiner individuellen Abreise war kein trauriger, er war auch nicht sauer oder menschenscheu. Seit seiner letzten Überfahrt von Großbritannien über den Ärmelkanal hinüber auf den Kontinent mied er Fähren wie die Pest. Warum auch immer. Coach Peach war jetzt fast fünfzig und lebte gesund – kein Alkohol, kaum Frauen, überzeugter Vegetarier. Auch er feierte und freute sich – nur eben anders.

Der Trainer war unserem damaligen Ministerpräsidenten von einem befreundeten Bürgermeister aus Palermo wärmstens empfohlen worden. Ein Sekretär aus der Staatskanzlei in Schwerin hatte Toto Peach persönlich über den Brenner bis in die Landeshauptstadt kutschiert, hieß es. Dort übernahm er erst die Mannschaft von Schwalbe Schwerin, um dann vor drei Jahren in Wismar anzudocken. Für Mecklenburger Verhältnisse war sein Trainersalär exorbitant hoch, unser Präsident stellte die Finanzierung durch einige namhafte Sponsoren sicher.

Auch heute hatte sich Mahlzan nicht lumpen und entgegen der weinerlichen Empfehlung unseres knickerigen Schatzmeisters Krischan Beeck mehrere Kisten Kronkorken auf Kosten der Vereinskasse springen lassen. Schon vor dem Finale hatte er uns im Falle der Titelverteidigung als Belohnung buchstäblich den ganz großen Bahnhof versprochen.

Gregor Mahlzan verfügte als angesehener Redaktionsleiter der Wismarer Regionalzeitung OSTSEE-BLICK über reichlich Vitamin B. Seine Connections sorgten auch dafür, dass der Tumult am kleinen Bahnsteig im Sackbahnhof unserer Hansestadt der Ankunft der Helden von Bern anno 1954 in nichts nachstand.

»Oleeeoleoleoleee! Supä-Wismä! Oleole!«

Halb Wismar schien auf den Beinen und schwang Hunderte kleiner Papierfähnchen, auf der einen Seite bedruckt mit der Ankerwinde, auf der anderen mit dem Kuhkopf, einem Wappentier vom OSTSEE-BLICK. Mahlzan war Geschäftsmann, stets wusste er das Angenehme mit dem Lukrativen zu verbinden. Sogar die Bürgermeisterin Ilse Hannemann stand mitten im Spalier der jubelnden oder trötenden Menschenmenge. Vereinsfahnen wurden geschwenkt, der Spielmannszug der Schützengilde versuchte, sich mit Pauken und Trompeten Gehör zu verschaffen. Und die Mädels der Cheerleader-Gruppe »Wismar Wildcats« hüpften mit ihren knäuelartigen, glitzernden Pompons aus goldener Metallfolie wie Flummis auf dem Bahnsteig hoch und nieder und kreischten mit spitzen Stimmen einen sogenannten Chant nach dem anderen in den strahlend blauen Küstenhimmel: *»Clap your hands! Stomp your feet! Ankerwinde beat!«*

Was die ursprünglich aus Amerika stammenden, einstudierten Sprüche hier oben an der Ostseeküste sollten, war niemandem ganz klar. Vielleicht eine Art Reminiszenz an die englischsprachige Herkunft unseres erfolgreichen Trainers. Aber den »Wildcats« sah man manches bis alles nach und gerne zu. Und schließlich hatten die elf Freundinnen die Anfeuerungsrufe speziell für unseren Fußballverein kreiert. Manometer! Hatten die heute wieder kurze Röcke an!

Während unser Sonderwaggon quietschend und langsam in die Bahnstation rollte, boxte Heiner mir albern in die Seite und warf gierig sabbernd Kusshändchen in Richtung der hübschen Mädchen, die er (schön über die letzten Spielzeiten verteilt) fast alle schon persönlich unter die Lupe genommen hatte.

Meinen kleinen Bruder zierte ein knackig blau-grünes Auge, das ihm keines der Mädel, sondern ein derber Däne verpasst hatte. Stand ihm gar nicht so schlecht, machte ihn noch einen Tick verwegener. Das Veilchen war den aus dem Ruder laufenden Feierlichkeiten unmittelbar nach dem gestrigen Finale geschuldet.

Es hatte leider ein paar grobe Fans aus dem gegnerischen Lager gegeben, die mit der eigenen Niederlage nicht allzu sportlich hatten umgehen können. Soll vorkommen, kein Beinbruch. Nur ein paar blaue Flecken und zu vernachlässigende Schürfwunden. Das tat dem Triumph keinen Abbruch.

Auf den letzten Schienenmetern übertönte die quäkende Ansage des Bahnhofsvorstehers alles andere an Getöse um uns herum.

»Willkommen zurück in Wismar! Willkommen dem Pokalsieger und Titelverteidiger! Die Ankerwinde lebe hoch! Hoch! Hoch! Hoch!«
Vielleicht ein »Hoch« zu viel. Übermut tut selten gut. Und nach einer kurzen Verschnaufpause dröhnte es aus den Lautsprechern wie bei uns im Stadion unmittelbar vor Spielbeginn.
»Meine Damen und Herren! Begrüßen Sie mit mir die Nummer eins, unseren Keeper, unseren ... Hannes! ...«
Und die tobende Menge johlte wie aus einer Kehle zurück: »Jennnsennn ...!«
Mein Bruder fiel vor Aufregung fast aus seiner Affenschaukel, glotzte aus dem Zugabteil und murmelte nur völlig fasziniert: »Das ist voll Monkey-Monkey!«
»Mit der Nummer zwei, der beinharte Rechtsverteidiger, unser ... Achim! ...«
»Lachhuuuberrr ...!« Und das Rrrrrr am Ende seines Namens rollte noch so lange, bis Achim sich endlich mit seinem großen, heute besonders leuchtenden Riechkolben am Fenster zeigte und vor Freude strahlte.
Gregor Mahlzan gesellte sich zu mir. Er war Mitte fünfzig. So manche Schicksalsschläge hatten ihn gelehrt, seinen enormen Wohlstandsbauch energisch einzusetzen. Seine langjährige Ehefrau hatte ihn wegen einer dramatischen Affäre mit einer weitaus jüngeren Sekretärin verlassen, und er war daraufhin lebensmüde mit seinem Porsche frontal gegen seine Garage gebrettert. Der schicke Wagen hatte Totalschaden und musste vom Technischen Hilfswerk von der bröckelnden Steinwand gekratzt werden. Malle, wie ihn seitdem viele nicht nur im Verein nannten, hatte sich merkwürdigerweise vorschriftsmäßig angeschnallt und war deshalb glücklicherweise mit ein paar Schrammen und Blutergüssen davongekommen.
Seit acht Jahren war er – in seiner nunmehr dritten Amtszeit – unangefochtener Präsident des Sportclubs Ankerwinde Wismar.
Die Woche auf Ærø hatte Malle zuerst mitgefiebert und die letzte halbe Nacht dann auch ausgelassen mitgefeiert, und nun nippte er, aus blutunterlaufenen Augen blinzelnd, glücklich an einem Fläschchen Güstrower Mineralwasser.

Malle zog mich freundschaftlich an seine Schulter. Kein Zweifel, unser Präsident war stolz wie Oskar, und eine Träne der Rührung stahl sich aus seinem Augenwinkel.

»Na, Horst? Was sagst du jetzt? Ist das ein Empfang? Hab ich euch zu viel versprochen? Und warte erst mal auf den Korso durch die Altstadt! Das alljährliche Schwedenfest ist ein Kaffeekränzchen dagegen.«

»Coole Sache, Präsi!«, antwortete ich locker. »Echt coole Sache! Da können wir noch unseren Enkeln von erzählen ...«

»Und passt bloß auf den Pott auf, Horst!« Mahlzan deutete auf die Trophäe in meinen Armen. »Denk an gestern! Nicht dass der noch 'ne Beule kriegt auf dem Weg in die Vitrine.«

»Nööö ... Keine Sorge, Präsi! Den gib ich für nix in der Welt wieder her.«

Irgendein Dorfrüpel aus Marstal hatte die Trophäe direkt nach der Siegerehrung kurzzeitig buchstäblich in Beschlag genommen. Wir hatten erst den Bagaluten vertrimmen und danach den Pott vorsichtig wieder ausbeulen müssen. Kleine Gebrauchsspuren blieben, aber – wie schon betont – das tat dem Triumph keinen Abbruch.

Ich streichelte einmal mehr übers kühle Metall und hatte Tränen in den Augen. Tränen des Glücks. Dreimal Sieger des Dänischen Tilsiter-Turniers, das hatte noch kein Club der Welt geschafft – nicht mal Real oder ManU.

»*Wismar Fans – it's time to fight! Let's go red – let's go white. Red and white, red and white!*« Die »Wildcats« waren voll in ihrem Element.

Entweder hatten unsere Fans den Zugführer mit ein paar Gratispullen versorgt, oder der Schaffner war durch den Menschenauflauf am Gleis komplett abgelenkt worden. Mit einem kräftigen Stoß und Radau kam der Zug frontal und abrupt am Bremsklotz zum Stehen, die Polonaise verlor die Balance, und mehrere Fans und Flaschen purzelten kreuz und quer über den Gang.

Als Erster stand der Chef vom OSTSEE-BLICK wieder kerzengerade, reckte seinen Kopf aus dem Abteilfenster, entdeckte auf dem Bahnsteig zwei seiner Angestellten und winkte ihnen präsidial zu. Franz Pickrot und Raimund Tomsen knipsten und kritzelten wie die Weltmeister-Reporter für die morgige Ausgabe der Wismarer Lokalzeitung.

Lotte Nannsen, die alte Fischverkäuferin vom Hafen, balancierte ein Tablett Fischbrötchen durch die Menge und reichte mir lachend ein leckeres Rollmopsbrötchen zum Fenster hinauf.

»Jungs, ick bün stolt up juch!«

»Danke, Lotte!«

»Un lat di dat smecken ...«

Sie grinste unverhohlen, und vor lauter Begeisterung schienen ihr Lachen und ihre riesige Zahnlücke noch ein bisschen breiter zu sein als sonst.

Der verkappte Stadionsprecher war mittlerweile beim Sturm angekommen: »Mit der Nummer neun unser Bomber von Meck-Pomm, unser Hippie ... Heiner! ...«

»Jennnsennn ...!«, hallte es frenetisch über das Gleis.

Derweil war mein kleiner Bruder auf den Bahnsteig gehüpft und tanzte torkelnd einen verschärften Lambada mit der Ober-Cheerleaderin Uschi. Die war brünett und damit die einzige Nichtblondine unter den »Wismar Wildcats«. Heiner konnte es nicht lassen – dumm wie Bohnenstroh, aber stets scharf wie die Wurstsoße von Willis Eis-Moor-Imbiss.

»*We are from East – you are the West! Fight the beast – we are the best!*«

»Die Zehn! Unser Spielmacher! Unser Capitano! Jünter ...!«

»Petzzzerrr!«, donnerte es einstimmig über den Bahnsteig.

Mit einer Träne im Knopfloch winkte Jünter in die Menge.

Eigentlich war der Kopfbahnhof von Wismar das klassische Symbol für das verschlafene Leben in unserer allzu beschaulichen Hansestadt: eine Art Sackgasse. Von hier ging's nicht weiter. Schluss. Aus. Ende Gelände. Das ultimative Abstellgleis! Und genau deshalb war dieser Tag so etwas ganz Besonderes. Der vergessene Endbahnhof Wismar schien für wenige Augenblicke der Nabel der Welt zu sein.

Es war bereits Nachmittag, als sich der Tross der Ankerwinde in einem wild hupenden Cabrio-Korso über das altehrwürdige Kopfsteinpflaster der Wismarer Altstadt schlängelte. Ein stahlblauer

Himmel spiegelte sich im blitzenden Pokal, den die Helden von Marstal in die warme Sommersonne reckten. Die Mannschaft hatte sich auf sechs Wagen verteilt, die allesamt Meister Röhrich aus seiner Werkstatt unentgeltlich zur Verfügung gestellt hatte. In seinem zweiten Leben war er Mechaniker und Autoverkäufer in einer Person. Leidenschaftlich gerne sammelte er Cabriolets und betrieb einen schwunghaften Handel mit ihnen. Ich saß neben unserem Mannschaftsführer an dritter Position der Autoschlange, erhöht auf dem gefalteten Verdeck eines silbernen Achtziger-Jahre-Käfers.

Links und rechts der engen Altstadtgassen standen dicht gedrängt Einheimische und Touristen gleichermaßen. Sie winkten staunend und beklatschten unsere Trophäe, und alle jubelten uns in ehrlicher Begeisterung zu.

»Oleeeoleoleole! Supä-Wismä! Oleole!«

Im Wismarer Alltag gab es gewöhnlich nicht viel zu staunen und noch weniger Abwechslung. Einst besaßen wir eine florierende Werft und eine stolze Fischereiflotte. Das war lange her. Die Werft dümpelte von einer Pleite in die nächste, und die Zahl der Fischer konnte man mittlerweile exakt an einer Hand abzählen.

Das Pfündchen, mit dem man heute zu wuchern versuchte, war nur noch Wismars Altstadtkern, der 2002 zum UNESCO-Welterbe gekürt worden war. Das zog Touristen aus den umliegenden Seebädern auf einen Abstecher in die Hansestadt. Punkt. Ein altes Brauhaus, ein Schützenverein, so alt wie eingesessen, eine riesige und doch immer öfter leer stehende Dockhalle. Punkt. Der Rest: nett wie Tante Käthe, aber trostlos ...

Und es gab uns. Die erste Mannschaft des SC Ankerwinde Wismar, die den Abstieg aus der Verbandsliga Nordost in der abgelaufenen Saison mal wieder mit Ach und Krach verhindert hatte.

Manchmal fühlten wir uns wie der letzte Haufen Aufrechter, der mit dem Lederball am Fuß gegen das allgemeine Untergangsszenario ankickte und unserer Hansestadt wenigstens einmal wöchentlich das Gefühl gab, auf der großen Landkarte Mecklenburg-Vorpommerns noch vertreten zu sein. Solange wir die Klasse hielten, würde auch der Kahn der Hoffnung, eines Tages zu alter Wismarer Hanseblüte zurückzugelangen, nicht kentern. Und das war nicht nur meine ehrliche Überzeugung.

Am Ende der Spielzeit, zur Vorbereitung auf die neue Saison, spendierte die Vereinsführung – sogar bezuschusst durch die Wismarer Bürgerschaft – den regelmäßigen einwöchigen Ausflug zum Danske-Tilister-Cup nach Marstal auf Ærø: ein Traditionsturnier, immer in der letzten Juliwoche, mit dem Finale am Samstag um fünfzehn Uhr dreißig im Stadion an der Reeperbanen. Sechzehn Teams aus der norddeutschen Küstenebene und von den südfünischen Inseln. Kein Turnier von überregionalem Renommee, kein Fußball großer Namen, keine Aussicht auf lukratives Preisgeld oder (wie wir bei unserem ersten Antritt auf Ærø noch gehofft hatten) einen vom Käsekonzern gesponserten Besuch im majestätischen Nou Camp oder an der altehrwürdigen Anfield Road; nur Wismars alljährlicher Auftritt auf der internationalen Fußballbühne. Quasi unser einziges Länderspiel – immerhin!

»Monkey-Monkey!«, brüllte es mir ins Ohr. Hannes rollte das Feld von hinten auf, lief nebenher von einem Wagen zum anderen und sprang schließlich schwungvoll auf unsere Kühlerhaube. Die entstandene Delle roch verdammt nach Ärger – aber dem Triumph tat das immer noch keinen Abbruch.

Der gold-silberne Pokal wurde jetzt neben mir von Jünter Petzer in den Himmel gestreckt. Unser Autokorso bog auf den alten Markt – schon seit dem Mittelalter mit zehntausend Quadratmetern einer der größten zentralen Marktplätze Nordeuropas.

Auf dem imposanten Rathausbalkon (wie sie ihn sich zur ersten und letzten Meisterschaft in Wolfsburg nicht hätten schöner wünschen können) wartete schon wieder Bürgermeisterin Hannemann! Das erinnerte an den legendären Wettlauf zwischen Hase und Igel. Keine Ahnung, wie die Sechzigjährige das schaffte, eine zweite Hannemann war jedenfalls kaum vorstellbar. Schon wieder eingerahmt von den Reportern Tomsen und Pickrot, startete sie eine La-Ola-Welle nach der anderen.

Die Mannschaft wankte, schwankte, aber riss enthusiastisch, wenn auch leicht unkoordiniert, die Arme in die Luft. Flaschen kreisten, Fahnen wurden geschwenkt, der Pressesprecher des Rathauses blies aus seinem Dienstfenster heraus eine Attacke auf seiner Trompete, was vom Marktplatz aus vielstimmig mit dem allseits bekannten Schlachtruf des SC beantwortet wurde.

»An der Ostsee verankert! In Wismar vereint!«

Gänsehaut pur.

Sichtlich ergriffen göbelte Linksverteidiger Fiete Schlückora aus dem offenen Audi überwiegend aufs Pflaster, wo sich die Bier- und Schnapslache dampfend verteilte. Ich grinste meinem Kapitän zu und verlangte zaghaft den Wanderpokal zurück. Durch Fietes Anblick abgelenkt, überreichte mir Petzer das kühle Metall und zog angewidert die Augenbrauen kraus. Ein nicht enden wollendes Rinnsal leckte über den hinteren linken Kotflügel. Fiete hatte seit vierundzwanzig Stunden nicht geschlafen, dafür umso mehr getankt. Er war definitiv am Ende. Aber das tat dem Triumph ... Sie wissen schon.

Heiner hatte die Wildkatze Uschi auf die Rückbank seines BMW gelotst und in einer letzten dramatischen Pressing-Aktion ihre grandiosen Möpse freigelegt. Die wippten nun mit den Jubelwellen auf dem Wismarer Marktplatz disharmonisch um die Wette.

Wir waren direkt vor den Eingangssäulen des ehrwürdigen Rathausportals angelangt und hinterließen vor dem umfangreich restaurierten klassizistischen Bauwerk sicher einen mehr als mitgenommenen Eindruck und etliche leere Flaschen.

Die grauhaarige Hannemann schaute zwar pikiert, wollte aber keine Spielverderberin sein und applaudierte sogar Linksaußen Karl Janka zu, der, auf unserem Beifahrersitz stehend, seine Halbglatze zwischen den Beinen vergrub und stattdessen akrobatisch sein blankes Hinterteil dem Rathaus entgegenstreckte. Karl war überzeugter Prolet und hasste alles, was auch nur in Ansätzen bürgerlich oder gar intellektuell daherkam.

Die seit ziemlich genau zwanzig Jahren amtierende Bürgermeisterin Ilse Hannemann hoffte im Kielwasser des Pokalsieges auf gute Publicity. Sollte sie. Haushoch standen wir heute über solch profaner Taktik blitzgescheiter Provinzpolitiker.

Der Korso fuhr im Schneckentempo weiter. Unser Ziel: das

fünftausend Mann fassende Stadion »An der Thorweide« und dort der VIP-Raum unseres Clubheims. Hier würde am frühen Abend die grandiose Heimkehr ihren krönenden Abschluss finden – mit einem leckeren Grillfest, dem sentimentalen Blick auf die blitzenden Kronjuwelen in der schweren Kristallvitrine unserer Geschäftsstelle und später bestimmt mit einem weiteren kräftigen Umtrunk am Vereinstresen des angrenzenden Gasthauses »Zur Kurzen Ecke«.

Alles schien bis ins Detail organisiert und perfekt vorbereitet: Platzwart Fritze Schimmelpfennig sollte das Vereinsheim festlich schmücken. Wurst-Willi, der Pächter vom stadtbekannten Eis-Moor-Imbiss, war draußen vor der Haupttribüne für das Grillgut zuständig. Schatzmeister Krischan Beeck hatte gegen seinen ureigenen Willen ein Hundertliterfass dunkle Wismarer Mumme im Brauhaus am Lohberg geordert. Uschi und die »Wismar Wildcats« wollten die Weltpremiere ihrer Champions-Choreografie auf unseren heiligen grünen Rasen zaubern. Gregor Mahlzan sollte eine seiner berühmten endlosen Reden schwingen – live und verstärkt über unsere vorsintflutliche Stadionanlage.

»Oleeeoleoleoleee! Supä-Wismä! Oleole!«

Bis halb sechs Uhr abends schien alles paletti.

Doch kaum bog unser Oldtimer von der Bürgermeister-Haupt-Straße auf die Stadioneinfahrt, sah ich schon das kreisende Blaulicht auf dem Dach einer grünen Minna – unmittelbar vor dem Clubhaus. Ein Rettungswagen des Hanse-Klinikums Friedenshof stand mit geöffneter Heckklappe gleich daneben. Und Igelin Ilse Hannemann breitete schon wieder pathetisch die Arme aus, um uns einmal mehr im Schlepptau ihrer Medienvertreter überschwänglich den Empfang zu bereiten.

Krischan Beeck kam uns entgegen, schwer hyperventilierend.

»Mensch, Krischan! Was ist denn los?«, fuhr ihn Kapitän Jünter Petzer an.

»Eine Katastrophe!«, stammelte Krischan. »Eine Katastrophe!«

Nervös trat der schlaksige Schatzmeister, der mit einem zu langen schwarzen Schnauzer und seinen eingefallenen Wangen immer ein bisschen kränklich wirkte, von einem Bein auf das andere. Sein Blick wanderte ruhelos umher, als wollte er in unseren

Gesichtern die Erklärung für das für ihn Unaussprechliche finden.

Selbst Trainer Peach war schon vor Ort, trat jetzt ganz blass aus dem Clubheim und schlug theatralisch die Hände über dem Kopf zusammen.

»Na, was denn? Nun sagt schon! Na, was denn?«, grummelte Malle Mahlzan nervös und schälte sich aus dem tiefen Fahrersitz seines offenen Mercedes SLK.

»Willkommen zu Hause!«, krähte die Hannemann dazwischen, um sogleich zu beschwichtigen: »Es ist nichts. Kein Grund zur Besorgnis! Nur ein kleines Malheur, nichts weiter. Willkommen zum Heimspiel!«

Die grauhaarige Hannemann hatte keinen blassen Schimmer vom Fußball. Wahrscheinlich verzog sich ihr Grinsen von einem Ohr zum anderen auch deshalb langsam zur Grimasse. Die neue Situation schuf offensichtlich Probleme, und die waren von der erfahrenen Amtsinhaberin definitiv nicht eingeplant gewesen.

Auch Malle wollte sich seine Feierlaune nicht verderben lassen. Er bewegte sich schnellen, aber gemessenen Schrittes auf den VIP-Saal zu. Wir anderen stolperten hektisch hinterher ins frühere Kultur- und Jugendzentrum, das lange Jahre als Kabinentrakt für die Mannschaften diente und vor wenigen Jahren zum eleganten Sponsoren- und Pressebereich, nutzbar auch für Empfänge und vereinsinterne Feierlichkeiten, umgebaut worden war.

Quer durch den kleinen Saal spannten zwei uniformierte Polizisten rot-weißes Absperrband, bedrängt von den BLICK-Reportern Raimund Tomsen und Franz Pickrot, dessen Digitalkamera mit grellen Blitzen den Raum zerhackte. Keine Frage, hier wurde medientechnisch die geplante Jubelarie für den Sportteil flugs in eine Gangsterstory für Seite eins umgestrickt.

Oberkommissar Olaf Hansen kniete auf dem grauen Linoleumparkett und biss leidenschaftlich in sein obligatorisches Fischbrötchen. Der Hansen habe einen Makrelentick, hieß es, der ernähre sich ausschließlich von Räucherfisch und Bier. Bevorzugt Pfeffermakrele direkt von Lotte Nannsens Fischkutter am Alten Hafen. Hansen erhob sich, drehte sich zur Spielertraube, mampf-

te, schluckte und trat auf unseren konsternierten Präsidenten zu. Dann kam er ohne Umschweife zur Sache.
»Moin, Herr Mahlzan. Haben Sie dafür eine Erklärung?«
Der Kommissar kaute andächtig und wartete ab, während unser Präsident sich umblickte, seinen beiden redaktionellen Angestellten mit einer energischen Geste nahelegte, unverzüglich den Abgang zu machen, um dann nur hilflos mit den Achseln zu zucken.

Mir war augenblicklich klar: Ich würde diesen Anblick nie vergessen, mein Lebtag und sogar darüber hinaus nicht. Wir waren sprachlos und standen wie angewurzelt vor dem Scherbenhaufen unserer Fußballerkarriere. Überall lagen große und kleine Glassplitter der brutal zerschlagenen Kristallvitrine – ein einziges Schlachtfeld! Als ob ein Amokläufer mit einer Axt alles kurz und klein geschlagen oder mit der Kettensäge auf immer und ewig zerfräst und verstümmelt hätte. Ein Massaker!

Im Raum war es mucksmäuschenstill. Fritze Schimmelpfennig, eigentlich ein gestandener Mann von kräftiger Statur, lag mächtig vermöbelt vor der Wand hinter der Eingangstür und wurde von zwei Sanitätern und einem Notarzt reanimiert.

Der Schock saß tief. Schatzmeister Beeck guckte ängstlich über Mahlzans Schulter und griff sich ans Herz. Unser Kapitän kniete theatralisch nieder und fing spontan an zu beten. Hannes glotzte mit offenem Mund und bekam noch nicht mal ein gehauchtes »Monkey-Monkey« über die Lippen. Die andere Hälfte des Teams drängte von hinten durch die Tür aus dem schmalen Flur herein.

Man hätte die berühmte Stecknadel fallen hören, bis Heiner die Grabesstille mit einem Urschrei durchbrach.
»Uuuaaarrrghh …!« Und nach einem tiefen Schnaufer rief er: »Jemand hat uns die Pokale geklaut!«
Mein kleiner Bruder wollte sich in die scharfen Glasreste der Vitrine stürzen, wurde aber von den beiden Polizisten geistesgegenwärtig daran gehindert.
»Scheiße, Mann!«, zischte Riedelwitz.
»Das gibt's doch gar nicht«, lamentierte Achim Lachhuber.
»Fuck-Mist! Shit! Fuck-Mist!«, schimpfte Trainer Peach.

»Wie viele waren es denn?«, fragte Kommissar Hansen in die ungläubige Runde.

Keine einzige Trophäe war mehr an ihrem Platz. Zweiundzwanzig blitzblanke Pokale, im Schweiße unseres Angesichts im Laufe des letzten Jahrzehnts in kleinen und etwas größeren Turnieren hauptsächlich in der Küstenregion Mecklenburg-Vorpommerns errungen. Zweiundzwanzig Reliquien, gestohlen von unserem Vereinsaltar, und Schimmelpfennig schien märtyrerhaft gegen dieses Sakrileg eingeschritten zu sein.

Schreckenberger unterbrach als Erster die Totenstille.

»Hundsgemein ...«, stammelte er.

Ich schaute ihn verdattert an.

»Gemein? Mord ist das!«, bölkte ich völlig verwirrt. »Mooord!«

Präsi Malle zuckte zusammen, blickte mich verängstigt an und flüsterte beschwörend: »Unser Schimmelpfennig ist nicht tot.«

»Aber was ist mit den Pokalen?«, schrie ich hysterisch.

»Die sind weg«, entgegnete Malle.

»Das seh ich auch! Die Frage ist: Wer hat sie geklaut?«

»Damned Fuck-Mist?«, jammerte Toto Peach.

»Ja, wo sind sie hin?«, schluchzte Krischan Beeck.

»Alle weg ...«, murmelte unser Präsident.

»Nicht einer mehr da. Nicht einer ...« Hannes hatte die Worte wiedergefunden. »Das ist nicht nett. Das ist gar nicht nett ...!«

Hansen wickelte ein zweites Fischbrötchen aus seiner Frischhaltefolie und begutachtete es mit Kennermiene. Der Kommissar versuchte uns mit seiner knochentrockenen Art wieder auf Linie zu bringen: Nun ja, es seien Pokale, da hänge das Herz dran. Zugegeben, das sei sicher ein schwerer Verlust. Und vor allem ein Schrecken für alle. Aber letztlich seien es nur Pokale. Schwerer wiege der versuchte Totschlag am Platzwart.

»Und ob Ihr Kollege die Chose übersteht ...«, schlussfolgerte Olaf Hansen und deutete dabei auf die immer noch recht hektischen Wiederbelebungsbemühungen schräg hinter uns, »das ist auch noch die Frage.«

Das hätte er stecken lassen sollen. Heiner explodierte ein weiteres Mal: »Nuuur Poookaaale?!«

Hannes rief: »Das ist unser Leben!«

»Männer! Beruhigt euch! Bitte!« Mahlzan versuchte Herr der Lage zu heucheln, sein Amt wollte es so. Seit er damals von seiner Frau verlassen worden war, ertrug er Schicksalsschläge mit Fassung, eher sportlich wie eine unerwartete Niederlage, nach der man schnellstmöglich wieder aufstehen und den Blick in die Zukunft richten musste.

»Geht raus, esst 'ne scharfe Wurst und trinkt 'ne Mumme. Ich bespreche alles Weitere mit dem Kommissar. In Ordnung?«

Heiner: »Nix ist in Ordnung! So eine elende Mistsau, der das war!«

Ich: »Da kennen wir kein Erbarmen.«

Hannes: »Die Ärsche schnappen wir uns!«

Olaf Hansen kommentierte kühl: »Abwarten und Bier trinken. Für alle gesünder.«

Ein Raunen ging durch den kleinen geschändeten Clubsaal, als ich mich über die knirschenden Glassplitter langsam durch die Spielertraube drückte. Selbst der Notarzt hörte für den Bruchteil einer Sekunde auf, den Brustkorb Schimmelpfennigs zu bearbeiten.

Wie in Zeitlupe stellte ich den metallisch funkelnden Wanderpokal von Marstal auf Ærø, den ich bis dahin immer noch fest umschlungen an meine pochende Brust gedrückt hatte, direkt neben Fritzes böse verwüstetes Gesicht. Ich drehte mich langsam zu meinen Mannschaftskollegen und rief mit Tränen in den Augen und erstickter Stimme:

»An der Ostsee verankert …!«

Und das Team antwortete im Chor:

»In Wismar vereint!«

Als wir auf den Vorplatz des Stadions traten, kreisten wie zum Hohn über dem Fußballfeld ein gutes Dutzend Raubmöwen. Die riesigen Vögel suchten in den letzten Jahren verstärkt die Hansestadt und hier vor allem unseren Hafen heim, waren gerissen wie die Geier, ahnten immer schon im Voraus, wo es was zu futtern gab. Die waren zu einer echten Plage geworden.

Raubmöwen sind mit einer Spannbreite von anderthalb Metern die größten ihrer Art – und mit Abstand die aggressivsten.

Die sogenannte Schmarotzerraubmöwe greift nicht nur andere Vögel an, um deren Nester auszurauben, sondern sogar Menschen, in der Hoffnung, etwas Essbares zu ergattern. Dabei fliegen sie meistens Attacken auf den Kopf ihres Opfers, damit man vor lauter Panik die leckere Wurststulle aus der Hand fallen lässt, mit der sie dann auf und davon gehen.

Vermutlich ahnte Kommissar Olaf Hansen bereits die Gefahr von oben, als er in diesem Moment, herzhaft in sein zweites Makrelenbrötchen beißend, vor die Tür unserer VIP-Lounge trat und in den Himmel blinzelte. Gerade wies er einen jungen Streifenkollegen an, von jedem Anwesenden die Personalien aufzunehmen, da fiel mir in dem ganzen Tohuwabohu zum ersten Mal auf, dass Hansens äußerst talentierte neue Assistentin, unser herzallerliebstes Schwesterlein, gar nicht mit von der Partie war.

»Wo ist denn Inga?«

»Eure Schwester hat einen Zahnarzttermin«, erklärte er kurz und bündig.

Ich stutzte. »Auf'm Sonntag?«

»Notfall!«, ergänzte er.

Noch einer, dachte ich nur. Da schoss über seinem Haupt eine dieser Killermöwen im Sturzflug auf ihn herab, verfehlte nur um einen Bruchteil die Beute und war innerhalb einer ebensolchen Sekunde wieder entschwunden.

Genau wegen solch gefährlicher Vorfälle hatte die Hannemann beziehungsweise die Bürgerschaft in diesem Sommer beschlossen, die Raubmöwen erstmalig zum Abschuss freizugeben. Fünfhundert Euro Prämie pro Vogel! Völlig verrückt, fanden die meisten Wismarer, und total verantwortungslos. Bis der erste Knallkopf die Schrotflinte aus Opas Keller holen und mitten in Wismars Hafen Möwenjagd spielen würde, konnte nur eine Frage der Zeit sein. Darüber hinaus sollte jeder Bürger, der dabei erwischt wurde, eines der Biester zu füttern, zu einem Ordnungsgeld in Höhe von bis zu fünftausend Euro verdonnert werden! Wie die weisen Ratsherren der Hansestadt auf diesen ausgewogenen Strafenkatalog und eine solch intelligente Geldschneiderei kamen, wusste niemand. Jedenfalls besuchten die Touristen mit ihrem vergammelten Toast ab sofort lieber gleich die einsamen Entenfamilien am Wallensteingraben.

Olaf Hansen spähte dem Vogel gelassen, aber herausfordernd hinterher und widmete sich erneut genüsslich seiner Makrele.

Flankiert von den Reportern des OSTSEE-BLICK hatten die zwei jungen Sanitäter vom Hanse-Klinikum mit den mindestens hundert Kilo Körpergewicht auf ihrer verbogenen Trage ordentlich zu schleppen. Immerhin: Fritze Schimmelpfennig atmete. Das sah man an den komisch zerplatzenden Blutblasen rund um seinen demolierten Mund. Am Krankenwagen angelangt, injizierte ihm der Notarzt mit einer Spritze und Wucht, durch die Brustplatte hindurch, etwas Milchiges in seinen freigelegten Oberkörper. Dann wurde Schimmelpfennig ins Heck des Einsatzwagens geschoben und mit lautem »Tatütata« in die Klinik Friedenshof gefahren.

Wenn es auch zynisch klang: Noch hatte die Spurensicherung keine Kreidestriche um unseren armen Platzwart ziehen müssen.

Wurst-Willi, der Mann mit dem normalerweise permanent plappernden Pferdegebiss, stand draußen schweigsam und bedröppelt am Grill und wendete eine Thüringer nach der anderen, bis die Würste langsam, aber sicher schwarz wurden. Bei ihm war ich mir sicher: Das Wismarer Urgestein hatte spätestens morgen für die Stammkundschaft an seinem Imbiss in der Fußgängerzone ein halbes Dutzend Motive und auch gleich die Lösungen für diese frevelhafte Tat parat. Dafür war Willi berühmt-berüchtigt in der ganzen Innenstadt.

Die Wildkatzen hüpften über den Rasen und sangen völlig pietätlos ihren neuesten Chant: »*The game of the year – get ready to cheer! Fire up and scream – Ankerwinde is the team!*«

Dumme Gören, komplett unangebracht. Schändlich geradezu! Wo auch immer sie ihre Gefühle hatten – in den Fingerspitzen waren sie nicht.

So ähnlich verhielt es sich auch mit Bürgermeisterin Ilse Hannemann, die immer noch künstlich strahlend wie ein Honigkuchenpferd durch die Gegend trabte, Oberkommissar Hansen nicht mehr von der Seite wich und jedem, der es hören wollte (Tomsen und Pickrot), versprach, die Schläger und Diebe zu verfolgen, wenn nötig kreuz und quer durch Mecklenburg-Vorpommern.

»Verdammt Fuck-Mist!«, kommentierte Peach in fast astreinem Deutsch. »Und was, wenn die Cups sind nicht mehr in Mäc-Pomm-Land?«

Darauf wusste dann auch die grinsende Hannemann nichts mehr zu erwidern, und somit verzogen sich ihre Mundwinkel erstmals leicht abwärts.

Wer hatte uns derart quälen und zerstören wollen? Wo waren in diesem Augenblick unsere geliebten Trophäen? Die Verbitterung war es, die jetzt unserem Triumph Abbruch tat. Unsere Ehre als Fußballer, als Sportsmänner war mit Füßen getreten worden. Das schrie nach Vergeltung!

Hannes suchte verzweifelt nach den Pokalen im angrenzenden Geräteschuppen. Vergebens. Heiner hing zappelnd und kopfüber in der großen Mülltonne gleich neben dem Clubhaus. Ein kläglicher Versuch.

Suffkopf Fiete Schlückora sah böse mitgenommen aus, lag mit dem kreideweißen Gesicht auf dem Elfmeterpunkt der grasgrünen Spielfläche und meinte plötzlich nüchtern:

»Wenn einer dazu imstande ist, dann kennt er gar keine Grenzen.«

Recht hatte Fiete. Nur eines schien unser bissiger, zuverlässiger Linksverteidiger damals noch nicht zu wissen. Wer so leidenschaftlich für den Fußball lebte wie wir Jensen-Brüder, der kannte auch keine Grenzen. Der war genauso zu allem entschlossen und in der Lage.

Mit Argusaugen linsten die flatternden Fünfhundert-Euro-Scheine vom kobaltblauen Himmel herab. Kommissar Hansen hatte seine Fischbrötchen intus, da war für die Schmarotzer nichts mehr zu holen. Wahrscheinlich hatten sie die total verkohlten Thüringer auf dem komplett überfüllten Grill von Wurst-Willi im Visier. Ob der eine Entschädigung für seinen Verdienstausfall bekommt, sinnierte ich überflüssigerweise, das war in Anbetracht unseres kleinlichen Schatzmeisters mehr als fraglich.

Ich weiß nicht, ob sie an Selbstüberschätzung litt oder einfach nur durch die Hitze des Sommertages müde geworden war: Aber die Schmeißfliege, die sich in diesem Moment auf meinen rechten Handrücken setzte und in aller Ruhe ihren Leckrüssel putzte, die musste für das brutale Ende unseres Triumphzuges bitter bezahlen. Mit Schmackes klatschte ich mit der Linken zu und wischte den blutigen, zerquetschten Fliegenkörper an unserem heiligen Rasen ab.

Hansen hatte mich beobachtet. Wenn der Kommissar jemanden stoisch anvisierte, konnte einem schon ganz anders werden. Seine enormen Segelohren glühten, er drehte sich um und stapfte kommentarlos zurück, mitten hinein ins abscheuliche Scherbengericht, in die entweihte Kultstätte unserer Erfolge.

2

Montag, den 27. Juli

Auf dem ganzen Hof duftete es nach frischen Bratklöpsen. Mama Hertha war einfach Spitzenklasse. Niemand konnte solch eine lockere und leckere Fischfrikadelle braten wie sie. Grundlage war natürlich Dorschfilet, dazu Zwiebeln, Schnittlauch, Petersilie, ein bisschen Zucker, Salz, Pfeffer, Zitronensaft, nach Geschmack vielleicht etwas Dill oder Thymian. Vor allen Dingen schön knusprig braten. Das Besondere waren aber nicht allein der Geschmack und die Konsistenz, sondern auch die Form. Mamas Klöpse waren nicht platt wie Buletten, sie waren kreisrund und hatten die Größe einer Billard- oder Weihnachtskugel. Fischfrikadellen vom Feinsten! Und wir Männer im Haus waren immer dankbare Abnehmer – fast immer.

Seit gestern lagen die Nerven blank. Das vollzählige Verschwinden unserer Pokale und die brutale Vorgehensweise der Einbrecher hatte uns Jensen-Brüder die ganze Nacht nicht schlafen lassen. Vater und Mutter teilten unseren Stolz und die Trauer über den Verlust der Insignien einer beispiellosen Fußballerlaufbahn in unserer Küstenregion.

Das Heim war geschmückt mit Wimpeln und Auszeichnungen und Ehrenurkunden, die die Jensen-Brüder im Verlauf ihres Lebens durch die schönste Sportart der Welt zusammengetragen hatten. Mama sammelte penibel jeden Zeitungsartikel, in dem ihre Söhne Erwähnung fanden, hob sie wie wertvolle Andenken auf und klebte sie dann – meist an einem gemeinsamen geselligen Abend – ins Fußball-Familienalbum.

Acht vollständige Alben waren in etwa fünfzehn Jahren zusammengetragen worden. Papa Heinz fand das keineswegs übertrieben, im Gegenteil: Er liebte die Stunden, wenn Mama mit ihrer dicken Lesebrille über den Büchern hockte, mit Schere und Klebestift stolz und versunken die nächsten Stationen dokumentierte.

Wir waren keine Weltenbummler und in der Schule keine Leuchten (außer vielleicht beim Sportunterricht, wenn Fußball auf dem Stundenplan stand), wir waren einfache Leute, und wir hielten zusammen. Das war auf und abseits des Fußballplatzes unsere große Stärke.

Darüber hinaus widmete Heiner sich intensiv der Eroberung unterschiedlichster Frauenherzen und noch lieber den Computerspielen auf seinem Handy. Hannes interessierte sich für Fußballstatistiken und neuerdings für Fußball-Fashion. Und ich guckte mit großer Hingabe Filme, vor allem amerikanische, ging aber nicht ins Kino. Ich wartete, bis die Streifen auf DVD erschienen, analysierte und katalogisierte sie nach den besten Szenen und Zitaten. Meine Brüder schauten regelmäßig zu, dann lernten wir die coolsten Sprüche auswendig, das waren schöne Stunden.

Doch nun waren die Pokale weg, und alles sollte anders werden. Unsere Eltern fühlten mit und hatten die Nacht mit ihren Söhnen gemeinsam in der Stube gesessen und grübelten bis in die frühen Morgenstunden, was zu tun oder zu lassen wäre.

Als das erste Licht der Dämmerung über den Breitling auf unsere Veranda fiel, stand Mutter auf und schlurfte in ihrem Frotteebademantel in die Küche, um uns zum Trost ihre berühmten Fischfrikadellen zu braten.

Die Polizei hatte den Tathergang bislang nur sehr vage rekonstruiert: Die Einbrecher hatten spätabends oder in der Nacht das kleine Klofenster auf der Rückseite des Clubhauses zerdeppert, waren dort eingedrungen und dann durch die normalerweise stets verschlossene Tür in den kleinen VIP-Saal gelangt. Entweder hatte die offen gestanden, was keiner annehmen wollte, oder man hatte dafür einen Schlüssel benutzt, vielleicht einen Dietrich. Oder jemand musste ihnen die Tür von innen geöffnet haben. Der Platzwart Schimmelpfennig hatte sie unmittelbar vor der Vitrine anscheinend auf frischer Tat ertappt. Ein Handgemenge, ein ungleicher Kampf, den Rest wollten wir gar nicht so genau wissen. Hinausspaziert waren die Diebe samt ihrer reichen Beute ganz normal durch die Eingangstür, der Schlüsselbund vom Platzwart steckte noch an der Innenseite.

Frau Doktor Stridde, die am letzten Wochenende in Wismars

Altstadt Notdienst hatte, hatte Inga Jensen einen Weisheitszahn ziehen müssen, dennoch war unsere kleine Schwester bereits am späten Abend wieder auf dem Damm. Nicht zuletzt verlangte das die Familienehre: Inga hatte uns die ersten Ermittlungsergebnisse noch in der Nacht brühwarm mitgeteilt. Das durfte sie zwar nicht, denn sie hatte die vorgeschriebenen Dienstwege einzuhalten, zudem arbeitete sie erst seit kurzer Zeit als Kriminalassistenzanwärterin in der Wismarer Kommandantur, der Polizeidienststelle am alten Markt. Am Ende ihrer Probezeit sollte sie quasi die rechte Hand von Oberkommissar Olaf Hansen werden.

Inga war ein tolles und sehr hübsches Mädchen. Groß, gertenschlank und sportlich. Gerade dreiundzwanzig Jahre alt geworden, hatte sie erfolgreich die Kripo-Ausbildung in Schwerin absolviert. Während Heiner im Schlachthof Lausen jobbte und Hannes schon seit Ende seiner Schulzeit arbeitslos war und ein Dauer-Abo auf Hartz IV hatte, schaffte es Inga zu einem richtigen Beruf. Damit war sie der Stolz der Familie – vor allem für unseren Vater.

Papa Heinz hatte zwanzig Jahre lang als Gabelstaplerfahrer in der Fischhalle in der Wismarer Ulmenstraße gearbeitet, bevor er die Nase buchstäblich voll gehabt und sich selbstständig gemacht hatte. Seit etwa zehn Jahren fristete er sein Dasein als Fischer auf der Insel Poel.

Häufiger entwickelte sich der Weg genau andersherum: Die wenigen Fischer, die es in der Region noch gab und die allein vom Fischfang zu leben versuchten, gaben irgendwann auf und landeten als Hilfsarbeiter in der Fischhalle oder in der ehemaligen Hanse-Werft, die unabhängig von ihrem regelmäßig wechselnden Namen und Besitzer seit vielen Jahrzehnten der größte Arbeitgeber der Stadt blieb.

Papa war anders. Er hatte sich bereits privat, als Angler aus Passion, den Breitling vor der Haustür zunutze gemacht. Wenn einer das ungefähr einen Kilometer breite und einen knappen Meter tiefe Flachgewässer zwischen dem Festland und der Insel Poel wie seine Westentasche kannte, dann Papa Heinz. Jahrelang hatte er die Priele und überschwemmten Salzwiesen inspiziert. Wenn er seine Aal-Reusen oder Dorsch-Köder auslegte, dann landeten am Abend garantiert die feinste Mecklenburger Fischplatte und am nächsten Mittag kreisrunde Frikadellen auf dem Tisch des Hauses.

Man könnte sagen, er hatte sein Hobby professionalisiert. Das Ergebnis konnte sich jedenfalls sehen lassen. Mama säuberte den Fang, nahm den Fisch aus, filetierte und ordnete die guten Stücke in die dafür vorgesehenen Kisten, die schon morgens bei den Verkaufskuttern der Fischverkäuferinnen im Alten Hafen oder direkt in den Fischrestaurants in Wismars Altstadt landeten. Die Reste oder die kleinen, unveräußerlichen Fische wanderten in die heimische Pfanne – nicht selten verarbeitet zu verführerischen Klöpsen.

Mein Job war es, Papa beim Fischen zur Hand zu gehen.

»Papa?«

»Ja, Horst?«

»Papa, wir brauchen den Pick-up.«

»Wozu?«

»Wir können nicht ewig warten und zugucken, was die Polizei herausfindet. Das sind unsere Pokale!«

Papa betrachtete seine groben Hände und dachte nach. In der Küche hörten wir Mama hantieren. Sie machte jetzt Kaffee und deckte den Frühstückstisch, wie jeden Morgen, nur heute eben etwas früher als sonst.

»Lass Inga mal machen«, murmelte unser Vater, ohne den Elan in der Stimme, den jeder in der Familie kannte, wenn er mit leuchtenden Augen vom Fischen im Breitling berichtete.

»Inga kann uns helfen«, warf Hannes ein.

»Sie sitzt sozusagen an der Quelle«, ergänzte Heiner ganz schlau.

»Papa?«

»Ja?«

»Das reicht aber nicht ...«

Wir Jensen-Brüder ahnten: Das war die nüchterne Wahrheit. Inga war die tollste Schwester der Welt, aber eine kleine Schwester ist kein großer Bruder. Oder anders ausgedrückt: Inga war eine Frau. Und dieser Fall brauchte ganze Kerle. Harte Burschen, die bereit waren, bis ans Limit zu gehen oder sogar darüber hinaus.

»Wo wollt ihr anfangen zu suchen?«, fragte Mama Hertha am Küchentisch. Allein der Kaffeedampf machte unsere müden Geister wieder munter.

»Wir machen einen Plan, und dann fahren wir los.«

Heiner war manchmal zu beneiden. Seine Naivität kannte keine Grenzen, und deshalb wusste jeder seine Entschlusskraft zu schätzen. So einer konnte nur Mittelstürmer werden. Zack und druff!

Aus seinem großen Koggen-Pott schlürfte Hannes recht geräuschvoll die schwarze starke Flüssigkeit in sich hinein und starrte entschlossen in die Runde.

»Wir müssen noch mal nachdenken. Und dann machen wir einen Plan und fahren los ...«

Der Torwart, der am liebsten in Affenart kopfüber von der Latte baumelte, verscheuchte mit gewohnt schneller Hand eine lästige, metallisch glänzende Fliege vom Küchentisch. Okay, mit Hannes und seinem Vorschlag schienen wir immerhin schon einen Schritt weiter.

»Der Wagen ist nicht mehr der jüngste ...«, gab Papa zu bedenken. »Aber warum nicht, ihr könnt ihn haben.«

»Danke, Papa.«

»Wann wollt ihr los?«, fragte Mama und goss allen noch mal nach.

»Heute!«, antwortete ich. »Vielleicht schon heute Mittag.«

»Und zurück?«

»Mal sehen.«

»Gut. Ich packe euch Klöpse ein. Man weiß ja nie.«

»Hmm, leckere Fischklöpse!«, schwärmte Heiner, und Mama streichelte ihm liebevoll über seine lange Mähne. Er ließ sie gewähren, obwohl er mit seinen Haaren sehr eigen, fast empfindlich war.

Seitdem Schwesterchen Inga das gemeinsame Zuhause verlassen hatte und in Wismars Altstadt in einer winzigen Mansardenstube in der kleinen Weberstraße wohnte, genoss ihr sechsundzwanzigjähriger Hippie-Bruder wieder seinen Status als Mamas Liebling.

Unser Elternhaus und Papas Fischerboot lagen auf einem kleinen Hof in Fährdorf, der ersten Siedlung auf der Insel Poel – vom Festland kommend gleich das erste rote Backsteinhaus hinter dem langen, schmalen Damm, über den man die Insel per Auto oder Fahrrad erreichte und wieder verließ.

Früher, als es noch keinen Damm gab – aber das ist sehr lange her, das war noch weit vor unserer Zeit –, da hatten die Menschen in hüfthohen Gummistiefeln durch den flachen Breitling waten müssen, oder sie hatten das nötige Kleingeld gehabt und sich eine Fährpassage leisten können. Damals war der Anleger direkt vor unserem heutigen Hof in Fährdorf gewesen.

Noch heute erkannte man die Reste des einstmals robusten Stegs. Papas Boot lag keine zehn Meter entfernt im flachen Breitling, angebunden an eine orangerote Boje.

Das sei sein ureigenes Terrain, wie er oft betonte. Dagegen gehörte das Areal hinter dem Haus unserer Mutter, ein großer Garten voller Apfelbäume. Daraus erwuchs ihre zweite Spezialität: Eingekocht in Dutzenden von Weckgläsern, die im Keller bis unter die Decke gestapelt standen, gab es quasi zu jeder Jahreszeit hausgemachtes Apfelmus.

»Und was ist mit eurem Platzwart?«, wollte Mama plötzlich wissen.

»Was soll sein?«, fragte ich zurück. »Der arme Schimmelpfennig hat wahrscheinlich alles Menschenmögliche versucht. Aber der Gute hatte keine Chance.«

»Der ist böse verdroschen worden«, antwortete Heiner.

»Das war voll Monkey-Monkey«, ergänzte Hannes, »der Doktor hat ihn ins Leben zurückgeholt. Elektroschock, künstliche Beatmung, fette Spritze, das volle Programm.«

»Ach, herrjemine, der arme Mann!«, fasste Mama zusammen und wandte sich wieder ihren Pfannen zu.

In Wismar spielten wir Fußball, aber Poel war unsere Heimat. Nicht dass die Poeler keinen eigenen Verein hatten. Im Gegenteil: Die Insel Poel verfügte über dreißig Quadratkilometer Fläche und hatte knapp dreitausend Einwohner, davon war jeder zehnte Vereinsmitglied. Der Poeler Fußballplatz war kein Rübenacker.

Die Erste Herren des SV Traktor Poel kickte in der siebten Spielklasse, das war Kreisoberliga, Staffel Nordwest. Wir hatten schon als Kinder und Jugendliche unsere Stiefel für Traktor Poel geschnürt und fast alle Jugendmannschaften durchlaufen. Mit bombastischem Erfolg.

Kaum in der A-Jugend, war prompt das Angebot aus der Hansestadt gekommen. Das war vor bald zehn Jahren gewesen. Papa hatte den funkelnagelneuen Ford Pick-up herausgeputzt, Mama mit der duftenden Schüssel voller Frikadellen auf dem Beifahrersitz gesessen und wir Geschwister (damals vierzehn, siebzehn, neunzehn und zwanzig Jahre jung) auf der Rückbank entschlossen unsere Sporttaschen und Hände gehalten. Es war zum Probetraining der Ersten Herren des SC Ankerwinde Wismar ins Stadion »An der Thorweide« gegangen – keine fünfzehn Kilometer südwestlich von Poel. Für uns Jensen-Geschwister fast eine kleine Weltreise.

Auf der Rückfahrt hatte alles durcheinandergelacht und -gejohlt. Mama hatte uns zum wiederholten Mal den Vertragstext vorgelesen (und nur das viele Kleingedruckte weggelassen). Der Kontrakt hatte unser erstes professionelles Engagement bedeutet und fünfhundert Mark pro Nase und Monat plus Fahrkosten und Spesen einbringen sollen.

Mama war stolz gewesen, Papa hatte so viel Glück kaum fassen können: alle drei Söhne am selben Tag ins selbe Team, und das noch für eine fast fürstliche Bezahlung. Mit Fußball Geld verdienen – wir waren fast am Ziel unserer Träume gewesen.

Wir Jensens führten kein abenteuerliches Dasein, schon gar keines mit beruflichen Erfolgen im klassischen Sinne (von unserer Schwester einmal abgesehen), aber unser Leben gefiel uns. Und wir waren an der Küste und in der Region bekannt und beliebt, weil wir guten Fußball spielten.

Schnell wurden wir zu festen Säulen der Mannschaft. Ohne Flachs: Die Jensen-Achse (Torhüter, zentrale Abwehr, Mittelstürmer) war der Garant für den Aufstieg und den Erfolg des Teams. Zugegeben: Jünter Petzer gehörte als Denker und Lenker des Mittelfelds auch dazu. Außerdem brachte er mehr Erfahrung mit und wurde auch deshalb Saison um Saison von Trainer Peach als Mannschaftskapitän bestätigt.

Meiner Meinung nach war Jünter aber ein Schönspieler, ihm

fehlte die nötige Härte, besonders im Zweikampfverhalten. Vor oder nach dem Spiel hatte man ihn sogar mal eine Kippe paffen sehen. Den nötigen Trainingsfleiß ließ er auch manchmal missen ... Aber das gehört jetzt alles gar nicht hierher.

Die Polizei ging derzeit davon aus, dass es sich bei dem Einbruch und dem Diebstahl um eine Art Racheakt handeln müsse.

Unsere kleine Schwester wurde zu unserer sichersten Informationsquelle. Kein Tag sollte vergehen ohne Telefonat, ohne Nachricht, ohne dass sie unseren Kontakt suchte – letzten Endes jedoch aus einem anderen Grund, als ich anfänglich vermutete.

Wie Inga uns auf dem Handy mitteilte, habe Kommissar Hansen eine ganz simple Theorie und die Rocker von der Metal-Kneipe »Zur Pelzplauze« am Ziegenmarkt in Wismars Altstadt im Verdacht. Schließlich hätten deren beste Kumpels, eine Einheit der Hells Angels aus Hamburg, vor gut fünf Jahren eine exquisite Tracht Prügel von unserer Ersten Herren bezogen. Das Scharmützel in der Wismarer Fankneipe »Ankerklause« vergesse man nicht so schnell, analysierte unser Schwesterherz.

Glaubte ich nicht. Mir ging der Raubmöwenschwarm über dem Vereinsgelände nicht aus dem Kopf. Nicht dass ich die Biester persönlich als Täter in Betracht zog (so bekloppt waren wir Jensens dann doch nicht), doch kursierte seit etwa anderthalb Jahren eine Art Schauersage in Wismar und Umgebung, die absurdeste Blüten trieb. Die Geschichte vom ominösen Möwenkopf-Mann.

Niemand kannte ihn, keiner hatte ihn je persönlich kennengelernt, polizeilich war er nicht registriert, seine stets improvisierten Wohnsitze wechselte er so schnell wie andere Leute ihre Schlüpfer. Seinen Namen hatte man ihm aufgrund seiner windschnittigen Kopfform verpasst, seiner grauen Einheitskluft und der Affinität zu seinen ständigen Begleitern, den Mecklenburger Seemöwen. Manche vermuteten aber auch nur, er sehe aus wie eine gefiederte Vogelscheuche, deshalb seine merkwürdige Bezeichnung.

Alles Seemannsgarn? Mitnichten. Es gab Augenzeugen, die ihn gesehen haben wollten: vorneweg natürlich Wurst-Willi, dann

Hansens ehemaliger Kriminalassistent Kubsch und auch der durchgeknallte Exreporter vom OSTSEE-BLICK, den sie später wegen einer Mordserie und seiner schweren Persönlichkeitsstörung einbuchten mussten. Wie auch immer: eine außerordentlich zwielichtige Gestalt, dieser Möwenkopf-Mann!

Seit Jahren stand gegenüber dem Brutgebiet am Faulen See in Brandenhusen auf Poel eine marode Finnhütte leer. Die gammelte vor sich hin, da ihre Besitzerin kurz nach der Wende verstorben war und die Erben – die irgendwo im Westen vermutet wurden – sich bis heute nicht hatten blicken lassen. Seit fast zwanzig Jahren galt sie als fest verschlossen und nicht mehr betreten.

Doch letzten Monat hatte ich mit Inga einen Ausflug auf unseren Fahrrädern nach Brandenhusen unternommen. Ein winziger Ort, vielleicht zwei Dutzend Bewohner, zumeist alte, zurückgezogen lebende Menschen. Da es sich über den Wiesen und auf den Feldwegen von Brandenhusen schlecht radeln ließ, waren wir abgestiegen und hatten die Räder geschoben. Schwatzend waren wir quer durch die Natur geschlendert, als wir unweit der Hütte ein merkwürdiges Geräusch vernommen hatten. Ein Grunzen oder Gurgeln. Ob das einem Menschen zugeordnet werden konnte, war schwer bis gar nicht zu beantworten. Der unheimliche Laut blieb ein Rätsel bis heute.

Jedenfalls hatten wir uns vorsichtig herangeschlichen, und Inga mit ihrem kriminalistischen Spürsinn hatte gemeint, dass die Hütte wider Erwarten bewohnt sein müsse. Das erkenne man am gefegten Eingangsbereich, den fehlenden Spinnweben und dem frischen Abfallsack in der Mülltonne seitlich unter der Dachschräge. Nicht erst seit sie in der Kommandantur arbeitete, war ihre Auffassungs- und Beobachtungsgabe stets äußerst beeindruckend. Auf dem spitz abfallenden Sims hatte eine Handvoll Seemöwen gehockt und erwartungsvoll auf uns heruntergelinst. Unter ihnen auch eine recht imposante braun-graue Raubmöwe.

Ein besseres Versteck für dieses Möwenkopf-Gespenst und unsere geliebten Pokale konnte man sich auf der gesamten Insel Poel nicht denken. Meine Brüder stimmten mir spontan zu.

»Warum nicht? Irgendeiner muss es ja gewesen sein.«

»Klar doch. Und irgendwo müssen wir anfangen mit unserer

Suche. Sonst wächst der Vorsprung von dem Arsch immer weiter an.« Hannes klatschte mit der blanken Faust in seine offene Handfläche, und Heiner nickte ihm beipflichtend zu. »Vielleicht verhökert der die Dinger oder vergräbt sie im Schmodder vom Faulen See.«

»Dann aber *arrivederci* auf Nimmerwiedersehen!«, grummelte Heiner besorgt.

Es war ein ähnlich schöner klarer Sommertag wie gestern bei der Ankunft in unserem Wismarer Endbahnhof. Den strahlend blauen Himmel trübte kein einziges Wölkchen. Im Laufe des Nachmittags sollte das Thermometer auf über dreißig Grad im Schatten klettern, Mecklenburg stand der heißeste Tag des Jahres bevor.

Papas Pick-up stand startklar auf dem Hof. Das Familienoberhaupt hatte seine leeren Fischkisten und ein paar löchrige Netze von der Ladefläche genommen, und unsere Mutter hatte hinten in der Werkzeugbox ein Tablett mit ihren Fischfrikadellen, ein Einmachglas mit Apfelmus und eine Thermoskanne mit frischem Kaffee verstaut. Heiner saß bereits ungeduldig auf der Rückbank. Hannes schleppte neben seiner Sporttasche einen großen Koffer aus dem Haus und hievte beides auf die Ladefläche. Er war zwar schon achtundzwanzig, neuerdings aber vernarrt in coole Klamotten, die man in den teuren Boutiquen der Wismarer Geschäfts- und Fußgängerzone erstehen konnte. Vor allen Dingen schrullige, denn bunte Designer-Trainingsanzüge liebte er über alles. Ohne die verließ er weder Haus noch Hof.

»Was hast du denn da?«, frotzelte ich angesichts des Übergepäcks.

»Weißt du, wann wir zurück sind?«

»Na, ich hoffe doch sehr, schon zum Abendbrot, nicht wahr?«

Mama Hertha war zwar gut gelaunt, begann sich jedoch langsam ein bisschen Sorgen zu machen. Mit einer routinierten Handbewegung verscheuchte sie ein paar nervige Fliegen vor ihrem Gesicht.

»Klar, Mama!«, beruhigte ich sie. »Zum Abendbrot.«

Papa hing kopfüber unter der Motorhaube und schraubte an seinem geliebten Ford F-150. Er betete ihn an: einen amerikanischen Offroader – schwarze Ledersitze, Klimaautomatik, Zwanzig-Zoll-Aluräder, Chromgrill. Das halbe Leben hatte er gespart, um seinen Traum vor zehn Jahren über den US-Import zu knapp vierzigtausend Dollar wahr werden zu lassen. Sein Fischerboot hatte nicht mal die Hälfte gekostet. Nach der allerletzten Ratenzahlung kurz vor Ostern war Vater noch vernarrter in den Wagen als vordem. Mittlerweile hatte der Traum in Olivmetallic schon ein paar Gebrauchsspuren, auch die eine oder andere unschöne Beule.

Papa Heinz wischte sich seine ölverschmierten Finger an der blauen Latzhose ab und gab uns einen letzten Tipp mit auf den Trip.

»Nie vergessen: Luftdruck prüfen, Kühlwasser auffüllen, Öl nachkippen.«

»Klar, Papa!«, beruhigte ich ihn. »Luft, Wasser, Öl.«

»Wenn wir loswollen, dann los. Also los!«, blubberte es nervös von den billigen Plätzen.

Original Dennis Hopper, dachte ich, Gott hab ihn selig. Ich setzte mich hinters Lenkrad und startete die brachialen Achtzylinder – über zweihundert PS, 4,2-Liter-Hubraum, knapp fünfhundert Newtonmeter Drehmoment. Der Motor schnurrte wie ein schlummernder texanischer Säbelzahntiger.

Hertha und Heinz standen auf dem Hof und schauten uns nach. Papa nahm Mama in den Arm, das war selten geworden. Beide winkten. Ich glaube, Mama verdrückte eine Träne. Alle zusammen sollten wir uns nie wiedersehen ...

EINE EISMÖWE FEGT ÜBER DAS HANSE-KLINIKUM.

Olaf Hansen und seine Assistentin statteten dem Platzwart Fritze Schimmelpfennig in der Klinik Friedenshof einen Krankenbesuch ab und nahmen seine Frau, mit der er sein halbes Leben verheiratet war, gleich an Ort und Stelle (das hieß am Krankenbett) ziemlich unpassend in die Mangel.

»Nie ... Niemals!«, erklärte Frau Schimmelpfennig kurzatmig und total verängstigt. »Niemals würde mein Fritzchen jemanden wissentlich zu nachtschlafender Zeit ins Clubhaus hineinlassen und schon gar nicht zu den Pokalen. Das Stadion ist seine Heimat, das ist alles, wofür mein Fritzchen lebt.«

Daraufhin schaute sie kurz zu ihrem vermummten Ehemann hinüber und seufzte bitterlich. Nach einer kurzen Verschnaufpause setzte sie schniefend hinzu: »Wir haben kein Haus, kein Hof, nicht mal einen Schrebergarten. Das ist alles in einem für ihn sein Stadion.«

Hansen wurde es etwas unbehaglich zumute, seine Ohren begannen zu glühen. Er hatte nur den Umstand klären wollen, dass die Einbrecher zwar gewaltsam ins Gebäude eingedrungen, dann wie von Geisterhand durch eine stets verschlossene Innentür spaziert waren und in der Außentür der Schlüsselbund vom Platzwart gesteckt hatte.

Das war schon merkwürdig! Da musste sich Frau Schimmelpfennig gar nicht so haben. Schließlich ging es um die Pokale des SC und somit auch um die des Platzwartes. Obwohl unversehrte oder demolierte Türen nicht viel besagten. Einen Schlüssel konnte man leichter klauen als einen Pokal. Und vor lauter Nervosität trat man auch schon mal eine Tür entzwei.

Es musste einfach an der unglücklichen Formulierung oder Fragestellung gelegen haben, dass Olaf Hansen sich bei Frau Schimmelpfennig prompt in die Nesseln setzte. Die Platzwart-Frau begann zu hyperventilieren. Sie hatte ähnlich hohes Übergewicht wie ihr Gatte, klagte über Herz-Kreislauf-Probleme und fühlte sich in dieser Befragung, stellvertretend für ihren bewusstlosen Ehemann, von Hansen angegriffen.

»Mein Mann hat nichts mit dem Pokalraub zu tun!«, regte sie sich auf. »Wie kommen Sie auf derart verquere Gedanken, Herr Kommissar? Gucken Sie sich doch mal seinen Zustand an. Fritzchen ist ein Opfer und kein Täter!«

Wo sie recht hatte, hatte sie recht. Doppelter Kieferbruch, Fraktur beider Jochbeine und ein lebensbedrohlicher Schädelbruch waren eindeutige Indikatoren, die seine Mittäterschaft nahezu ausschlossen. Auch Inga Jensen wusste nicht, was ihren Chef geritten hatte.

Die stets verschlossene Tür zum Saal, in der die Vitrine gestanden habe, sei weder gewaltsam noch mit einem Dietrich geöffnet worden, das habe die Spurensicherung zweifelsfrei nachweisen können, fasste der Kommissar den wesentlichen Inhalt seiner bisherigen Ermittlungsergebnisse nochmals zusammen, um somit auch seine etwas despektierliche Nachfrage zu entschuldigen.

»Gerade den Pokal-Bereich hütet mein Mann wie seinen Augapfel!«, erneuerte Frau Schimmelpfennig kalkweiß, aber resolut ihre Verteidigungsrede.

Die Gesichtsfarbe warf ein weiteres bedenkliches Licht auf ihren eigenen Gesundheitszustand. Hansen wurde in Ausübung seiner Dienstpflicht vorsichtiger.

»Wir müssen jeder Unstimmigkeit nachgehen, das müssen Sie verzeihen. Das ist eine Routineangelegenheit.«

Ihr Mann werde sich höchstwahrscheinlich mitschuldig fühlen, weil er den Raub nicht habe verhindern können. Schließlich sei er verantwortlich für das gesamte Areal »An der Thorweide«. Und einen Einbruch habe es seit seinem Amtsantritt vor über dreißig Jahren nie gegeben.

Die Kriminalassistentin wusste es aus ihrem Aktenstudium im Archiv der Kommandantur besser. Sie konfrontierte die dicke Schimmelpfennig mit der Tatsache, dass unmittelbar in der Nachwendezeit eine Gruppe Halbstarker ins damals noch stark frequentierte Kultur- und Jugendzentrum (also dasselbe Gebäude wie gestern) eingedrungen seien und dort ein Schallplattenwiedergabegerät und eine Kiste Fanta entwendet hätten. Übrigens sei das auch damals geschehen, ohne irgendeine Tür gewaltsam aufzubrechen.

»Das ist dann doch komisch«, ergänzte Olaf Hansen vorsichtig.

Worauf die Platzwart-Frau ihren lädierten Ehemann anstarrte und erst mal nichts mehr sagte.

Der Anblick des Patienten war aber auch ein niederschmetternder. Fritze Schimmelpfennig sah aus wie ein Alien, dem farblich unterschiedliche Plastikschläuche aus dem Mullbindengesicht wuchsen. Wenn er nicht eh schon komatös im Bett gelegen hätte, wäre er spätestens beim Blick in den Spiegel vor Schreck gestorben.

Seine Frau weinte und schwieg eine Weile. Sie fühlte sich von der Polizei an den Pranger gestellt und ihren Mann nun auch wegen der Kiste Fanta der Lüge bezichtigt. Kommissar Hansen beteuerte, es nicht persönlich zu meinen.

»Reine Routine! Machen Sie sich nicht kirre, Frau Schimmelpfennig«, begann er nochmals ermutigend, »verraten Sie mir bitte nur, wo Ihr Mann in der Nacht von Samstag auf Sonntag war?«

»Tief und fest geschlafen. Wie immer.«

»Zu Hause?«

»Nicht ganz ...«, antwortete sie zögerlich.

»Wenn nicht ganz, wo dann?«

»In der Gästeumkleide im Kabinentrakt.«

»Im Stadion?«

»Macht er öfter, hat er seine Ruhe.«

»Ja, gibt's denn da ein Bett?«, fragte Inga Jensen irritiert.

»Eine Pritsche und eine Decke, das ist alles. Aber die reicht ihm«, erklärte sie verlegen und fragte dann angriffslustig: »Wollen Sie ihm das auch zur Last legen?«

»Wir müssen Sie routinemäßig befragen, uns bleibt nichts anderes übrig«, erwiderte Hansen nochmals beschwichtigend. »Sie sind vielleicht die einzige Person, die uns mitteilen kann, was Ihr Mann am Wochenende des Einbruchs im Ankerwinde-Clubhaus und auf dem Gelände getan hat und wen er dort überrascht haben könnte.«

Nichts Genaues wisse sie nicht, versuchte sie präzise zu werden. Und nach einem Moment der Besinnung fuhr sie fort.

»Wenn ich mich jetzt recht erinnere, rief mich mein Mann am frühen Samstagabend, nachdem er vom Sieg der Ankerwinde auf Ærø erfahren hatte, ein letztes Mal zu Hause an. Im selben Moment hatte er, mehr zufällig, jemanden unten im Stadion gesehen.«

Hansen zog die Brauen hoch, Fräulein Jensen zückte Stift und Block.

»Jemand Fremdes. Schlich im Stadion herum, nur kurz, aber ein Sportsmann war das nicht.« Nach einer atemlosen Pause fügte sie flüsternd hinzu: »Das hat mein Mann an der Kluft erkannt. Fritzchen hatte für die Siegesfeier noch schnell den Rasen mähen wollen und dazu Flutlicht angestellt. Da hat er für weni-

ge Sekunden diesen Mann unten am Spielfeldrand auf der Aschenbahn gesehen. ›Merkwürdig‹, hatte Fritzchen noch durchs Telefon genuschelt. Dann hat er aufgelegt, weil er sich kümmern wollte.«
»Was hat er denn mit Kluft gemeint?«, hakte Inga nach.
»Schwarze Lederjacke! Mit Nieten und Fransen dran. Schäbig und speckig. ›Glänzte‹, meinte mein Fritzchen wortwörtlich, ›bis zur Geschäftsstelle hinauf.‹«
Ob er die Person erkannt und deren Namen genannt habe, wollte der Kommissar wissen.
»Hat mein Mann nichts zu gesagt. Ehrlich, Herr Kommissar!«, wimmerte Frau Schimmelpfennig. »Da müssen Sie ihn schon selber fragen.«
Sie blickte ängstlich auf ihren Gatten, auf die Kunststoffleitungen, die sich aus seinem Kopf herausbogen, und dann zu den piepsenden und blinkenden Instrumenten, zu denen die Schläuche führten. Fast beschwörend fügte sie hinzu: »Wenn er denn hoffentlich bald aufwacht.«
Kommissar und Assistentin schauten sich an und dachten wohl oder übel das Gleiche: Das mit dem Aufwachen, das konnte dauern. Und die speckige Lederjacke, die roch förmlich zehn Meilen gegen den Wind nach den Rockern vom Ziegenmarkt.
Völlig falsche Fährte! Aber in der Not frisst der Teufel Fliegen.

Die erste Etappe führte uns nicht weit: Brandenhusen lag genau siebeneinhalb Kilometer vom heimischen Fährdorf entfernt. Den Pick-up parkten wir auf dem Schotterweg kurz vor dem Naturschutzgebiet Fauler See, einem schmalen Stück Ostsee zwischen der Siedlung Brandenhusen und einer kleinen vorgelagerten Brutinsel. Das letzte Stück bis zur Finnhütte wollten wir uns heranschleichen, nicht dass uns der dubiose Möwenkopf-Mann wider Erwarten durch die Lappen ging.
Hannes und ich hatten uns bis vor die Haustür gerobbt, während Heiner einen möglichen Fluchtweg nach hinten über den Rübenacker bewachte. Ohne Ankündigung und Mühe trat ich die Sperrholztür aus den Angeln, wir stürzten hinein, sahen, wie sich eine unter dem Dach nistende Möwe unmerklich und aal-

glatt durch ein kleines Loch im Erker zwängte und auf und davon machte.

Die zersplitterte Eingangstür passte jetzt zum restlichen inneren Zustand der Finnhütte. Ein dreibeiniger Tisch aus rosa Plaste war zur Stabilisierung an die moosige Hüttenwand gerückt worden. Ein wackeliger Stuhl mit zerbrochener Rückenlehne lud nicht gerade zum Platznehmen ein. Eine alte, schimmelige Matratze lag vor der Rückwand dieser wirklich erbärmlichen Behausung. Auf einem rostigen Herd standen ein Topf und ein Blechnapf, die Böden beider Gefäße gefüllt mit einer faulig riechenden und silbernschwarzen, zähflüssigen Substanz. Für den Möwenkopf-Mann schien das vielleicht eine Soße für sein Leib- und Magengericht zu sein, für mich waren Geruch und Konsistenz so undefinierbar wie widerwärtig. Da hätte man auch gleich verbranntes Quecksilber saufen können.

»Ausgeflogen, der Vogel.«

Heiner betrat die Finnhütte, schaute sich neugierig um. Seine Enttäuschung war ihm anzusehen. Ein paar lästige Fliegen brummten um uns herum.

»Kein Möwenkopf, keine Pokale ...«

»Scheiße!«, zischte Hannes voller Wut.

Gemeinsam durchsuchten wir jeden Winkel, auch außerhalb im Gestrüpp, im Müllberg hinter dem Häuschen. Heiner stapfte sogar bis ans Ufer des Faulen Sees. Doch außer einer alten Angelrute und einer zerrissenen Fischreuse deutete nichts weiter auf eine unmittelbare Nutzung dieser primitiven Unterkunft.

Hannes: »Und?«

»Nichts!«, entgegnete ich. »Und bei dir?«

Hannes: »Fehlanzeige.«

»Bei mir auch nichts!«, resümierte Heiner.

Hannes meinte dann, dass er mal gehört habe, dass solche Finnhütten über doppelte Wände oder manchmal Geheimverstecke unter dem Holzboden verfügten.

Seine Vermutung reichte: Unser Jüngster begann als Erster eine Bodenplatte herauszureißen. Dann packte auch Hannes fluchend und beherzt zu und riss eine komplette Planke aus der Hausfront.

Weit und breit war kein Mensch zu sehen, und doch hatte ich

das untrügliche Gefühl, dass wir von irgendwoher die ganze Zeit beobachtet wurden. Was sollten wir tun? Hinter jeden Knick schauen oder die umliegenden Felder durchpflügen? Wer jemals einen frischen Rübenacker durchschritten hat, der weiß, was ich meine. Vielleicht hatte der Raubvogel die Pokale im Schlick des Faulen Sees verbuddelt. Dann fanden wir sie wahrscheinlich nie wieder.

Ganz schöne Pleite, dachte ich deprimiert und griff ebenfalls zu. Die Wut auf den Möwenkopf-Mann und der Frust über den Verlust unserer Trophäensammlung eskalierten. In Windeseile zerlegten wir die Finnhütte in ihre kläglichen Bestandteile. Was blieb, war ein ansehnlicher Haufen Holzschrott.

Es dämmerte bereits, als Heiner das Streichholz entfachte. Vielleicht war das ein erster entscheidender Fehler. Aber im Nachhinein meint man oft, alles besser zu wissen. Am frühen Montagabend jedenfalls brannte die provisorische Behausung vom flüchtigen Möwenkopf-Mann lichterloh. Der dicke Qualm drang in meine Lungen. Hustend und keuchend zogen wir uns langsam vom Schauplatz unserer ersten Vergeltung zurück.

Aus der Entfernung war der Anblick der fast zehn Meter hohen Feuersäule noch beeindruckender. Skrupel, ob wir mit diesem Szenario nicht ein wenig überzogen reagiert hatten, kamen nicht auf. Wenn der Möwen-Typ uns die Pokale geklaut hatte, dann war solch eine Strafe mehr als gerecht.

»Echt Monkey-Monkey!«
»Rache ist süß!«, brüllte Heiner.
»Rache ist Blutwurst«, behauptete Hannes selbstsicher.
»Rache ist ein Gericht, das am besten kalt serviert wird!«, zitierte ich aus der Erinnerung heraus.
»Der Pate – erster Teil!«, flüsterte Hannes.
»Bingo Bongo.«
So cool wie die Corleones waren wir noch lange nicht ... und sollten es auch nie werden.

Als wir zum Pick-up zurückkamen, bemerkte Hannes, dass das hintere Seitenfenster die ganze Zeit offen gestanden hatte. Wir beschlossen, zukünftig wachsamer zu agieren. Heiner, der auf der

Hinfahrt hinten gesessen hatte, zeigte sich schuldbewusst, und die Sache war aus der Welt.

Wenn auch die Folgen alle Mann zusehends nervös machten: Dicke Fliegen summten ungeniert im Wageninnern. Hannes versuchte mit einem zusammengefalteten OSTSEE-BLICK das Menschenmögliche, ohne realistische Chance, die nervtötenden Insekten tatsächlich loszuwerden.

Möglicherweise waren sie durch den Fischgeruch angezogen worden. Der Pick-up diente Papa als Lieferwagen, wenn er morgens seinen frischen Fang zu den Fischgeschäften bis nach Wismar karrte. Da konnte er natürlich mit den Kisten so vorsichtig hantieren, wie er wollte, und sogar den Duftspender auf der Fensterablage benutzen, der Geruch setzte sich fest, da half auch kein teures Eau de Toilette.

Heiner versuchte sich auf seinem Handy mit kleinen Videospielchen abzulenken. Wir saßen verschwitzt und verdreckt in Papas Ford F-150, die dämlichen Fliegen schwirrten um unsere Köpfe, aus den Lautsprechern dudelte Radio Meck-Pomm und presste einen Evergreen in den Äther: »Wann ist ein Mann ein Mann?«

Ich machte mir nichts aus Musik, wenn überhaupt, mochte ich Soundtracks. Falls Hannes einmal Musik hörte, waren das Fußballlieder, am liebsten Vereinshymnen. Die Club-Songs von Barcelona oder Rostock waren echte Ohrwürmer, davon bekamen wir Gänsehaut, nicht von Grönemeyer-Genöle.

Es war ein warmer Sommerabend, die Luft flirrte, und die Klimaautomatik lief auf Hochtouren.

»Und jetzt?«, fragte Hannes.

»Mach mal andere Musik!«

Bei Heiner piepte ohne Unterbrechung das Handy, am liebsten spielte er Moorhuhnjagd, darin war er ziemlich geschickt.

»Nach Hause ist zu früh«, bemerkte ich trocken und startete den Motor.

»Nach Hause geht gar nicht«, gab Hannes zu bedenken. »Wenn die Bullen das Feuer gemeldet kriegen und die abgefackelte Finnhütte sehen, dann suchen die uns zuallererst in Fährdorf. *Capito?*«

Da hatte unser Monkey einmal logisch kombiniert.

»Lasst uns hinüber in die Scheune. Da kommt heute eh keiner hin.« Ohne vom Display aufzublicken, hatte Heiner eine Lösung parat: der Bauernhof am anderen Ende von Brandenhusen!

Da hatte sich Heiner als sechzehnjähriger Bengel schon einmal ein ganzes Wochenende lang versteckt gehabt, als er von daheim ausgebüxt war. Sein Fernziel war gewesen, im Wismarer Hafen auf einem Schiff anzuheuern, um einen Törn um den Globus zu machen oder zumindest bis Pattaya zu segeln. Weit war er damals nicht gekommen – nicht einmal herunter von der Insel.

Als wir um kurz nach zehn auf dem Gutshof vor der großen Scheune parkten, wirkte alles wie ausgestorben. Die Menschen gingen hier früh ins Bett und machten noch früher die Lichter aus. Über dreihundert Meter weiter westlich sprühten die Funken über die Baumkronen und wehte eine schwarze Rauchfahne über die Insel.

In die andere Richtung hatte man einen einmaligen, schönen und weiten Blick bis hinüber aufs Festland; in der Hansestadt Wismar erhellten die ersten Lichter die Silhouette des Hafens, und die gewaltige grün-graue Dockhalle der Schiffswerft war über die spiegelglatte Wismarbucht hinweg klar und deutlich zu erkennen. Die Szenerie am Horizont wirkte vertraut und gleichzeitig entfernt wie auf einem anderen Stern.

Die alte Scheune stand sperrangelweit offen. Sie war nie verschlossen und so riesig, dass wir samt Pick-up hineinfahren konnten. Hannes sprang aus dem Wagen und schob das große Holztor hinter uns zu. Für die Nacht bereiteten wir uns einen Schlafplatz im Stroh. Heiner summte schief und krumm eine doofe Melodie, dann erinnerte er sich und holte jubelnd Mamas Verpflegungskorb aus der Werkzeugbox.

»Wir haben noch Bratklöpse! Und Apfelmus!«

Jeder nahm sich ein paar Fischfrikadellen. Schweigend mümmelten wir in uns hinein. Rückblickend war der Tag etwas ineffektiv verlaufen, dennoch schienen wir uns wortlos einig, dass zumindest ein Anfang geschafft war.

Auch der Nachtisch schmeckte, nur der Kaffee war schon ein bisschen lau.

Langsam wurde es dunkel. Ein paar Minuten später schnarch-

te Heiner entspannt vor sich hin, dann begann neben mir ein leises Wimmern.
»Was ist los?«, fragte ich meinen Bruder.
»Nix!«, seufzte Hannes. Und nach einem kurzen Moment der Stille fuhr er fort: »Dass der Schimmelpfennig so übel verdroschen wurde, das ist schon schwer zu verdauen. Aber dass die Pokale einfach weg sind, vielleicht schon verbeult oder kaputt ... das macht mich fix und alle.«

Im Grunde war Hannes der Labilste von uns dreien und der mit der blühendsten Phantasie. Eine Weile grübelte ich über seine Befürchtungen nach und konnte seine Angst zutiefst nachempfinden.

In die Stille der Scheune hinein ertönte ein lang anhaltendes Brummen. Zuerst klang es, als hätte einer der beiden neben mir unangenehme Blähungen, doch der nicht enden wollende Pups wurde zunehmend lauter und entpuppte sich als nervtötender südafrikanischer Bienenschwarm. Eine Vuvuzela – die neueste Klingelerrungenschaft auf Heiners Handy. Im Halbschlaf tastete er nach seinem Telefon und schaltete es aus. Danach schliefen meine Brüder tief und fest im Stroh, geradewegs so, als lägen sie zu Hause in ihren Zimmern.

Morgen, da war ich mir felsenfest sicher, müsste etwas Konkretes passieren, da hätten wir konsequenter und schneller zu handeln. Ich war der Älteste von uns dreien und stand auch deshalb in der Verantwortung.

Über uns hörte ich jetzt das kehlige Geschrei einer Seemöwe. Spät noch glitt sie über die Dächer von Brandenhusen und über unser provisorisches Quartier ...

44. Spielminute

»Hier ist Radio Wissemara mit dem besten Musikmix am Samstagnachmittag. Wir rufen jetzt kurz vor der Halbzeitpause noch einmal unseren Reporter in Marstal auf Ærø. Unseren Mann im Stadion: Klaus Poltzin! Klaus, hörst du uns?«

»Liebe Kollegen, liebe Hörer! Der SC Ankerwinde, das muss man einmal so drastisch sagen, enttäuscht vor allem im Abschluss auf ganzer Linie. Heiner Jensen steht ein ums andere Mal völlig neben sich. Vor fünf Minuten erst hat er einen Ball blind übers Tor ... was sag ich, fünfzehn Meter übers Tor gedroschen. Bälle, die er sonst mit Leichtigkeit macht, verstolpert er ein ums andere Mal.

Schleiaal, ich will es nicht beschreien, aber Schleiaal 06 ist dem Ausgleich näher als die Ankerwinde einem zweiten Tor. Die 1:0-Führung ist für uns mittlerweile mehr als schmeichelhaft, fast ein Geschenk. Schleiaal spielt schlau, Schleiaal spielt mit Schmackes ... Und Foul! Foul! So ein unnötiges taktisches Foul am Mittelkreis.

Vielleicht fünfzig Meter vor dem Kasten von Keeper Hannes Jensen jetzt ein Freistoß für die wirklich klasse aufspielenden Männer um Kapitän Lars Mettauge ...

Freistoß von Mettauge ... steil vors Tor auf Tore Franzen. Franzen! Aaahhh! Nein! ... Jetzt der Schuss!? ... Ohhhh! ... Und da ist der Ball im Tor! Der Ball ist im Tor ... Tor für Schleiaal 06 ... das 1:1 im Anschluss an eine völlig überflüssige Standardsituation!

Meine Damen und Herren ... 1:1. Was hab ich gesagt?! Ich hatte es vorhergesagt, es tut mir aufrichtig leid, meine lieben Hörer und Fans draußen an den Radios in unserer fernen Hansestadt ...

Franzen verfehlt, aber Holler Gehrke trifft volley! I don't believe it! Ich kann das nicht glauben! Wie kann der da frei zum Abschluss kommen ...?

Gehrke macht die Kiste ... und es steht 1:1. Enttäuschung pur bei den mitgereisten Wismarer Fans. Pfiffe. Buhrufe jetzt gegen das eigene Team ...

Ich habe es geahnt, ich habe es euch angedeutet. Schleiaal 06 gleicht kurz vor dem Halbzeit-Tee aus ...

Der feine Freistoß von Mettauge. Franzen kommt nicht mehr an den Ball. Aber der Gehrke, der Teufelskerl. Die konsternierte Abwehr von Wismar ... und vor allem Abwehrbollwerk Horst Jensen verharrt wie eine Salzsäule auf der Linie ... Was ist nur mit unserem Horst los? Horst ...!?

Mann! Hooorst ...! Man möchte ihn wachrütteln! Es ist Finale, und die Abwehr schläft den Schlaf der Gerechten ...

Es steht zwar erst 1:1, aber ich weiß nicht ... Ich weiß nicht, wie sie dieses Spiel gewinnen wollen. Da stimmt es nicht mit der Einstellung. Da stimmt es nicht mit der Zuordnung. Da ist der Trainer gefragt. Toto Peach wird gleich in der Umkleide ein Machtwort sprechen müssen, die Männer neu motivieren, neu einstellen.

Das Finale ist zwar noch längst nicht verloren, aber es muss etwas passieren, sonst sehe ich für die zweite Halbzeit schwarz.

Und damit gebe ich erst einmal zurück ins Studio in unsere Hansestadt Wismar. Kollegen, tut unseren Spielern einen Gefallen und spielt eine Musik, die ihre Moral stärkt ... Ja?«

RADIO WISSEMARA

3

Dienstag, den 28. Juli

Am Morgen lag eine geschlossene Wolkendecke tief über der gesamten Wismarer Bucht. Nur abgekühlt hatte es sich kaum. So ähnlich, das hatte ich in einem fesselnden Reiseprospekt gelesen, musste das Wetter in tropischen Regionen wie auf Phuket sein: schwül, feuchtwarm; eine Atmosphäre, die einem den Atem raubte. Für die ansonsten stets frische Ostseeluft total ungewöhnlich.

Im Pick-up lagen einige Schmeißfliegen steif auf dem Rücken. Die die Nacht überlebt hatten, reichten, um weiter Ärger zu stiften. Auf der Fahrt über den Damm zum Festland schaffte es Heiner mit Glück und Geschick, ein paar der lästigen Fluginsekten aus dem Wageninnern durchs Fenster zu verscheuchen.

Für das weitere Vorgehen brauchten wir eine solide finanzielle Basis, und deshalb wollten wir am Vormittag in Wismar unser Sparbuch plündern. Hannes hatte es vorsichtshalber aus der alten Blechbüchse aus Mamas Küchenschrank genommen und zu seinen teuren Trainingsanzügen gelegt.

Unser eigentliches Ziel hieß Boltenhagen. Die Ossenköppe vom dortigen Vizemeister SpVgg Torpedo waren als ewiger Landesligist zutiefst neidisch auf unsere Erfolge. Sechsmal hintereinander verpasste Vizehagen die Meisterschaft: einmal Vierter, zweimal Dritter, dreimal Zweiter – aber nur der Erste stieg in die nächsthöhere Verbandsliga auf! Als wir vor Jahren noch selber in der Landesliga kickten, hatten sie gegen die Ankerwinde nicht den Hauch einer Chance und kein einziges Mal gewonnen. Dass das auch in Zukunft nicht passieren würde, dafür wollten wir Jensens sorgen. Was lag für die Torpedianer näher, als dem aufgestauten Frust mit einer Stippvisite im feindlichen Lager freien Lauf zu lassen? Wohl wissend, dass der Erzfeind aus Wismar zum selben Zeitpunkt die Ehre Mecklenburg-Vorpommerns auf dem fernen Ærø verteidigte. Die Spielvereinigung Torpedo Boltenhagen! Ein begründeter Verdacht. Dem wollten wir nachgehen.

Bereits kurz nach sieben ertönte das erste Mal Heiners nervige Telefon-Tröte: Schwesterchen Inga. Sie habe die Nacht daheim bei den Eltern verbracht und vergeblich auf uns gewartet. Mama mache sich Sorgen, erzählte sie. Wo wir denn steckten? Ob wir am Abend ihren Anruf nicht gehört hätten? Und – darauf zielte die Litanei ab – ob wir mit dem Brand in Brandenhusen in Verbindung stünden?

Inga war unser geliebtes Schwesterherz, aber sie war auch Polizistin. Wir hatten beschlossen, ihr nichts über unseren Aufenthaltsort und die nächsten Pläne zu berichten.

»Je weniger du weißt, desto weniger kommst du in Fisimatenten mit Hansen und der Kommandantur.«

Während wir seelenruhig im Stroh lagen, hatten Kommissar Hansen und seine Assistentin Inga den Tatort Finnhütte, keine vierhundert Meter entfernt, kriminalistisch unter die Lupe genommen.

Beim alten Bauern von Brandenhusen stand nicht nur die Scheune immer offen, auch sein Schlafzimmerfenster. Seine Frau war durch die starke Rauchentwicklung aufgewacht, hatte ihren Mann wach gerüttelt, und der hatte Punkt zehn die Freiwillige Feuerwehr in Kirchdorf auf Poel alarmiert, die wiederum noch vor ihrem Ausrücken die Kommandantur in Wismar benachrichtigt hatte.

»Klarer Fall von Brandstiftung«, hatte die eindeutige Schlussfolgerung aus Hansens Ermittlungsarbeit gelautet. Wie der so etwas aus einem Haufen Asche herauslesen konnte, sollte sein Geheimnis bleiben.

»Horst! Baut keinen Bockmist! Hörst du? Kommt zurück und überlasst uns die Suche nach euren Pokalen. Bitte!«

Inga war bildhübsch, Modelmaße. Bisschen flach auf der Brust, frotzelte Heiner ein ums andere Mal. Eine Lappalie. Wenn Inga-Mäuschen dich aus ihren krass grasgrünen Augen ansah, dann schmolz man dahin – selbst als Blutsverwandter.

Wir Jensen-Brüder waren stolz, eine solch hübsche, schlaue Schwester zu haben. Wir hätten fast alles für sie getan und riskiert. Vielleicht waren wir ihr sogar ein bisschen verfallen, mehr aber nicht. Normal für die großen Brüder einer kleinen Schwester.

»Bitte, Horst! Denk an Mama. Denk an Papa. Auch er macht sich Sorgen, vor allem um sein Auto«, flötete sie in den Hörer. Allein ein Telefonat reichte, um wegen ihrer lieblichen Stimme langsam, aber sicher wankelmütig zu werden.

»Du beleidigst meine Intelligenz!«, brummte ich und dachte an den dicken Brando und wie souverän der Pate mit Unannehmlichkeiten umzugehen wusste. »Uns geht's gut. Wir schauen noch kurz bei Freunden vorbei, und danach kommen wir nach Hause. Versprochen, Mäusezähnchen!«

Ich gab Heiner sein Handy zurück, und der lauschte noch eine Weile wie betäubt Ingas sanfter Stimme. Ohne ein weiteres Wort zu erwidern, drückte mein kleiner Bruder dann das Symbol mit dem roten Hörer.

Wenn Inga gewusst hätte, wo wir uns derzeit befanden, wäre unsere Suche nach den Pokalen wahrscheinlich in den kommenden Minuten schnell und unbürokratisch ad acta gelegt worden.

Nach knapp fünfzehn Kilometern rollte der Ford F-150 auf seinen blitzenden Zwanzig-Zoll-Alus auf den verschlafenen alten Markt. Im ersten Stock der Kommandantur, dem früheren Offiziershaus der schwedischen Besatzung im 18. Jahrhundert, residierte heute, mit Blick auf den gesamten Wismarer Marktplatz, die Polizei samt Oberkommissar Olaf Hansen und seiner Kriminalassistentin in spe. Im Erdgeschoss logierte Ackermann mit seiner Bank. Dort hatten wir – sicher und zinsbringend – unser mühevoll Erspartes auf die hohe Kante gelegt.

Mittlerweile hatte ein feiner sommerlicher Sprühregen eingesetzt, kaum jemand war auf dem riesigen Marktplatz zu sehen, auch in der nahen Einkaufszone herrschte das eher ruhige Treiben eines trüben Wochenanfangs.

Mir kitzelte es in der Nase, als wir die verwaiste Schalterhalle der Bank betraten. Es roch unangenehm streng nach Reinigungsmittel. Die nette Sachbearbeiterin bot uns dreien den einzigen Stuhl vor ihrem Schreibtisch an, und während ich mich setzte, blätterte sie gewissenhaft durch unser Sparbuch.

»Da ist leider nichts zu machen«, bemerkte sie im freundlichsten Ton der Überzeugung.

»Wie, nichts zu machen?«, fragte ich verblüfft zurück. »Da sind sechstausendfünfhundertvierzig Euro drauf.«

»Das stimmt zwar«, entgegnete sie immer noch sehr freundlich, »aber das Sparbuch hat eine halbjährliche Kündigungsfrist und ist zudem auf Frau Hertha Jensen ausgestellt und nicht auf Horst, nicht auf Hannes und erst recht auf keinen Heiner Jensen. Die Angaben in meinen Unterlagen sind unzweideutig. Sie haben keine Vollmacht für das Konto und somit auch keine Befugnis, über die Gesamtsumme noch über Teilbeträge zu verfügen. Dafür benötigen Sie zumindest eine schriftliche Einverständniserklärung Ihrer verehrten Frau Mutter.«

Heiner meckerte: »Was soll die Scheiße? Das ist mit Mama ausgemacht.«

Und Hannes reklamierte: »Das ist unser Geld, das haben wir von unseren Einkünften als Fußballer des SC Ankerwinde Wismar monatlich gespart.«

»Für schlechte Zeiten«, ergänzte ich scharf. »Und wir haben jetzt schlechte Zeiten.«

Die Sachbearbeiterin stand pikiert auf, ging in ein Büro und kam kurze Zeit später mit dem nächsthöhergestellten Banker im Schlepptau zurück.

»Die Herren Jensen!«, rief der etwas zu begeistert. »Das ist ja mal eine angenehme Überraschung! Wissen Sie, ich hab meinem Sohn eine Dauerkarte geschenkt ...«

»Wir haben wenig Zeit!« Hannes wollte es kurz machen.

»Ich habe von Ihrem Malheur gehört, ist ja schrecklich ... Gibt es denn schon Spuren oder einen Verdacht?«

»Wir brauchen Geld!«, erhöhte ich den Druck.

»Ich verstehe Ihren Unmut, Herr Jensen.« Der Mann machte erst ein mitfühlendes und im nächsten Moment ein hilfloses Gesicht. »Aber meine Kollegin hält sich allein an die Anordnungen unseres Bankgesetzes. Diese allgemeingültigen Gepflogenheiten sind jederzeit im Schaukasten unseres Eingangsbereiches für jeden Kunden einzusehen ...«

Er zeigte mit einer fahrigen Geste vieldeutig Richtung Ausgang. Weiter kam er nicht. Ich wusste nicht, wie, aber plötzlich schob sich neben mir eine Pistole ins Blickfeld – zweifelsfrei eine

Neun-Millimeter-Makarov. Hannes lud kurz und knackig durch und hielt den Lauf mittig auf die Stirn der urplötzlich entgeisterten Physiognomie von Herrn Ackermanns Untergebenen. Vincent Vega ist nichts dagegen ...

»Wir gehen jetzt alle ganz langsam zur Kasse«, begann Hannes in einem für ihn bedrohlich ausgeglichenen Tonfall.

Wir hatten Glück, wir waren in diesem Moment die einzige Kundschaft. Der Rest war wie Netze einholen. Der nervöse Kassierer händigte uns in einem Jutesack, wie befohlen, exakt sechstausendfünfhundertvierzig Euro in kleinen Banknoten aus.

Der Banker mit der Kanone am Kopf transpirierte ganz außergewöhnlich, als er meinte, mehr sei so früh am Morgen sowieso nie in der Kasse.

»Wir nehmen uns nur, was uns zusteht. Basta!«, kommentierte Heiner den Blick in den Baumwollbeutel, fischte eines der Geldbündel heraus und blätterte mit dem Daumen flink die Scheine durch.

Hannes entwickelte rasch eine routinierte Professionalität: Er schleifte seine Geisel im Schwitzkasten bis zum Ausgang und ließ sie im richtigen Augenblick polternd zu Boden gleiten. Drei Schüsse in die Luft – oder exakter in die bröselnde Stuckdecke. Ackermanns Angestellte stießen spitze Schreie aus. Märchenhaft wie Schneeflocken im Hochsommer rieselte der feine weiße Kalk aus dem Schalterhallenhimmel.

Als die schwere Glastür im Erdgeschoss der Kommandantur hinter uns ins Schloss fiel, hieß es Beine in die Hand nehmen, auf allerkürzestem Weg zum Pick-up und dann Bleifuß.

Keine Ahnung, ob Papa das gerne gesehen hätte, jedenfalls erlebten wir den Ford F-150 erstmals mit quietschenden, qualmenden Reifen. Wie ein olivgrüner Blitz schlitterte der schwere Schlitten über das nasse Kopfsteinpflaster des altehrwürdigen Marktplatzes, von dort direkt in die Mecklenburger Straße und dann mit Karacho an zitternden Fachwerkfassaden vorüber.

»Scheiß Fliegen!«, schimpfte Heiner, schlug um sich und zählte im Beutel die Geldscheine durch. »Aber zumindest sind wir optimal getarnt.«

Keine Zeit, blöde Geistesblitze zu analysieren. In der Ferne eine Sirene, und die machte nervös. Hatte der verschüchterte Kassierer gar nicht bang, den klammen Finger auf den Knopf der Alarmanlage gedrückt. Das gleichmäßige Heulen im Norden vermischte sich deutlich mit einem aufgeregten Martinshorn aus dem Osten.

»Wo hast du den Ballermann her?«, schrie ich Hannes an.
»Hab ich mir nach der Jugendweihe gegönnt.«
»Bist du bescheuert!«, brüllte ich.
»Schnäppchen ...«
»Das ist 'ne Makarov!«, funkelte ich ihn böse an. »Die gab's bei NVA und Stasi!«
»Geile Nummer!«, lachte Heiner aufgekratzt dazwischen.
»Für 'nen Hunni auf'm Schwarzmarkt!«, erzählte Hannes begeistert. »Bauen die Russen schon seit dem Zweiten Weltkrieg. Sondermodell! Hat 'ne eigene Seriennummer. Hier. Guck mal!« Stolz wies er auf eine vierstellige Nummer, eingraviert auf der linken Seite des Pistolenlaufes. »Null, null, null, eins!«, las er laut und ehrfurchtsvoll vor.

»Geile Nummer!«, brüllte mir Heiner ein zweites Mal ins Ohr. »Wem die wohl gehört hat?«

»Das ist Wahnsinn!«, fauchte ich meinen jüngsten Bruder an.
»Das ist Monkey-Monkey!« Und Hannes lud noch mal durch.

Sein Ruf war nie der allerbeste gewesen. Mit der Nummer in der Bank feilte er in Windeseile an seinem Image, der total abgedrehte Jensen zu sein. Schweißperlen standen in seinem Gesicht, langsam strich er eine feuchte Strähne aus der Stirn und grinste fast selig über beide Wangen.

»Vielleicht Erich!«, sinnierte Heiner. »Obwohl ... der war schon tot, glaube ich. Oder Egon oder ... Mann! Vielleicht gehörte die Jelzin oder Putin höchstpersönlich!«

Wildeste Spekulationen schossen ins Kraut. Wer weiß, vielleicht war die Waffe nur ein billiger Nachbau, eine Raubkopie, und Hannes hatte sich übers Ohr hauen lassen. Die Russen jedenfalls vertickten nach der Perestroika fast alles, was in den Kasernen nicht niet- und nagelfest war und westlich von Oder-Neiße Anklang fand.

Aus dem Sprühregen waren dicke Bindfäden geworden, der

Pick-up rutschte über das Pflaster und suchte sich den kürzesten Weg hinaus aus den Altstadtgassen. Schemenhaft erkannte ich, wie sich hier und da Gardinen vor den Fenstern der Hanse-Häuser bewegten. Dahinter erahnte man die Gesichter der Wismarer Bürger, die in ihren Zimmern hockten und den lieben langen Tag neugierig aus dem Fenster guckten.

Die Gesamtsituation hatte sich merklich angespannt. Olaf Hansen hatte einen seiner äußerst seltenen emotionalen Ausbrüche, wusste unsere Schwester wenig später telefonisch zu berichten. Als ihr Chef aus der ersten Etage der Kommandantur die Treppe nach unten gespurtet war, so ihr detailgenauer Bericht, hatte er die künstliche Schneedecke, die Bescherung in der Schalterhalle und den geschockten Banker betrachtet und unmissverständlich geflucht:

»Das ist eine Frechheit, wie sie die Stadt noch nicht gesehen hat!«

Olaf »Ole« Hansen war kein Mann großer Worte. Der Oberkommissar war siebenundvierzig und damit an der Kante zur fünfzig, ein ruhiger, fast stoischer Polizist, der in seinen fünfundzwanzig Berufsjahren eine Menge erlebt hatte. Auch äußerlich ein unauffälliger Typ: Meistens trug er Bluejeans – Jacke wie Hose. Sein einziges auffälliges Merkmal waren seine großen, abstehenden Ohren, die in diesem Moment vor Aufregung feuerrot glühten.

»Ein Banküberfall mitten in unserer Kommandantur!«, hatte er persönlich beleidigt gezetert.

Die rasche Auswertung der Aufzeichnungen der Sicherheitskameras auf dem kleinen Schwarz-Weiß-Monitor in Ackermanns Büro hatte keinen Zweifel zugelassen.

»Das sind doch Ihre Brüder!«

Inga Jensen hatte sich nicht wohlgefühlt in ihrer Haut.

»Was bauen die denn für einen Mist. Am helllichten Tag, vor laufenden Kameras und dann direkt unter der Polizeistation.«

Olaf Hansen war sauer gewesen und in einem Dilemma, schließlich betraf es die Familie seiner neuen Assistentin.

Als vor ihren Augen auf dem Bildschirm noch einmal die

Schüsse in den Schalterhimmel abgefeuert worden waren, war Hansen kurzzeitig vor Gram ganz weiß um die Nase geworden.
Am Telefon zeigte ich mich nicht nachtragend. Was sollte Inga anderes tun? Sie hatte uns natürlich als ihre drei Jensen-Brüder identifiziert.
»Wo habt ihr die Pistole her?«, fragte sie mich.
Interessante Frage, auf die ich ihr noch keine endgültige Antwort geben konnte. »Schwarzmarkt ...«
Schwarzmarkt konnte alles und gar nichts bedeuten.
Vor Ingas Augen begann eine bis dahin heile Welt zu zerbröseln. Denn so wie wir unsere kleine Schwester achteten, so war sie stets stolz auf ihre drei begnadeten Fußballerbrüder gewesen.
Oberkommissar Olaf Hansen soll dann wortwörtlich gesagt haben: »Frau Jensen! Sie sind meine Assistentin, und das werden Sie auch bleiben. Es tut mir sehr leid für Sie, dass Sie in diesem Fall persönlich betroffen sind. Sie dürfen sich, wenn Sie es wünschen, jederzeit beurlauben lassen. Bevor Sie jedoch vorschnell eine Entscheidung treffen, möchte ich Ihnen meine Einschätzung der Lage mitteilen.«
Nach einer Kunstpause erläuterte mir Inga dann seine Strategie am Handy.
»Hansen meinte, dass in der Tatsache, dass ihr meine Brüder seid, für alle Beteiligten auch eine große Chance liegen würde. Wenn wir denn einen guten Draht zueinander hätten. Und den haben wir doch, Horst, oder?«
Hör auf zu heulen und sei ein Mann, dachte ich und sagte nur: »Klaro.«
»Ich soll euch davon überzeugen, aufzugeben und euch zu stellen. Vor allem für das spätere Strafmaß nicht unerheblich, sagte Hansen.«
Ingas praktische Erfahrungen im Polizeidienst reichten noch nicht aus, um in dieser verzwickten Situation einen klaren Kopf zu behalten. Für sie war es natürlich kaum vorstellbar, nach den eigenen Brüdern als vermeintlichen Verbrechern zu fahnden. Instinktiv spürte sie jedoch, dass wir ihre Hilfe brauchten, wenn wir einigermaßen glimpflich aus der Nummer wieder herausfinden wollten.

Mitten auf unserer Flucht ließ ich sie eine Weile ihr Herz ausschütten und stellte sie dann vor die ultimative Frage:
»Und was ist mit den Pokalen?«
»Noch keine heiße Spur.«
»Siehst du …«
Für einen Moment herrschte bedrücktes Schweigen. Darin machte sich die Gewissheit breit, dass nicht wir diejenigen waren, die sich auf dem Holzweg befanden.
»Wir haben gestern begonnen, die Funktionsträger im Verein zu verhören. Dem Platzwart geht es miserabel, der kann sich nicht selbst äußern. Seine Frau konnte uns jedoch einen ersten Tipp geben«, erzählte Inga freimütig. »Dem gehen wir nach. Als Nächstes knüpfen wir uns euren Trainer vor. Es besteht die Möglichkeit, dass der oder die Täter aus dem Vereinsumfeld stammen …«
»Quatsch!«, unterbrach ich sie brüsk.
»Lass uns ein wenig Zeit. Ich verspreche dir, wir schnappen die Pokaldiebe.«
Im Hintergrund rückte die Polizeisirene langsam näher. Heiner schaute zunehmend kribbelig aus dem Heckfenster, Hannes fuchtelte etwas zu hektisch mit der Kanone herum.
»Die werden ihrer gerechten Strafe nicht entgehen.«
»Horst! Wenn ihr zur Abwechslung mal nachdenkt, statt wild in der Gegend herumzuballern, könnten auch euch vielleicht sachdienliche Hinweise einfallen.«
Das klang angriffslustig bis vorwurfsvoll, aber viel zu amtlich. Hannes riss mir Heiners Handy aus der Hand, während ich die Fahrbahn kurzzeitig verlassen hatte und auf der Beifahrerseite mit Schmackes über den schmalen Bürgersteig holperte.
Hannes raunte ungeduldig ins Telefon, dass wir keine Zeit für Schwätzchen und die Pokale oberste Priorität hätten.
»Bevor alles zu spät ist!«, fügte er hinzu. »Du machst deinen Kram und wir unseren. Hast du das verstanden?«
Abrupt beendete er das Gespräch, stierte dann einen Moment lang nachdenklich das stumme Telefon an, während Heiner stellvertretend eingeschnappt meinte: »So spricht man aber nicht mit seiner Schwester.«

»Papperlapapp.«
Nervosität wegen der geklauten Pokale, dachte ich noch, nicht mehr und nicht weniger. Mann! Wenn ich gewusst hätte ...
Abermals komischer Handyton: das Ploppen einer Bügelflasche. Kurznachricht der Schwester:
Baut keinen Mist! Bitte! Eure Inga.

Unmittelbar nach dem Gespräch musste Hansen dann die Kollegen der Verkehrspolizei in Schwerin und Rostock verständigt und um Amtshilfe gebeten haben.
Auf der neuen A 14 in südlicher Richtung, der B 105 zur Autobahnauffahrt nach Lübeck, der Bundesstraße 104 gen Rostock und der B 106 Richtung Schwerin, den Ausfallstraßen nach Gadebusch, Grevesmühlen, Klütz, der Insel Poel und natürlich der Autobahn A 20 gen Polen via Rostock wurden innerhalb kürzester Zeit Straßensperren errichtet beziehungsweise Kfz-Kontrollen durchgeführt – ohne Erfolg.
So etwas nannte sich wohl reine Intuition. Jeder andere hätte auf der Flucht so schnell wie möglich Reißaus genommen, die Hansestadt Wismar verlassen und wäre unweigerlich in eine dieser gemeinen Verkehrskontrollen geraten. Eskalationspotenzial, das wir jetzt wirklich nicht brauchten.
Ich fuhr einmal im Kreis – nicht einfach so, sondern mit Köpfchen. Von der Mecklenburger rechts in die Kurze Baustraße, dann mit Allrad durch die dortige Dauerbaustelle in die lange Baustraße, von der Claus-Jesup- einen nervösen Haken in die Wollenweberstraße, links Neustadt, rechts Breite Straße, und keine Minute später hatten wir das Blaulicht hinter uns abgehängt. Im Schritttempo rollte der Pick-up durch die Bademutterstraße und dort links in die Toreinfahrt zur Pension »Pour La Mère«. Ohne die Altstadt auch nur für eine Sekunde verlassen zu haben, waren wir untergetaucht. Die Wege in Wismar waren oftmals verschlungen, dafür aber immer die kürzesten.
In der Pension standen einige Zimmer leer und zur Auswahl – normal am Wochenanfang. Trotz unseres Coups und der sechstausendfünfhundertvierzig Piepen machten wir nicht auf dicke Hose und nahmen gemeinsam ein großes Doppelzimmer. Der ein-

ladende Raum trug die Zimmernummer 32, lag im Parterre, mit einer breiten Fensterfront zur Bademutterstraße hinaus.

Carsten Kracht, der kahlköpfige Wirt, kannte uns vom Sehen. Er gehörte zu der Kategorie von Fans, die in unregelmäßigen Abständen – meist nur bei schönem Wetter – das Stadion »An der Thorweide« aufsuchten, um Hannes' Glanzparaden, meinen Kampfgeist und Heiners feine Schusstechnik zu bewundern.

Er stellte keine Fragen und bat nur, den großen Pick-up nicht auf dem Hof zu belassen, sondern später auf den geräumigen Parkplatz der Pension gegenüber in der Bademutterstraße auszuweichen. Er erwarte noch heute eine treue Gästegruppe aus Sachsen, die den gesamten Innenhof für ihre Fahrräder benötigen würde.

»Gebongt, Cheffe!«, biederte sich Heiner an, obwohl er es besser wissen musste. Olivgrün hin oder her, die Karre war zu auffällig, um sie für jedermann sichtbar auf offener Straße zu platzieren. Da brauchte nur eine Politesse vom Ordnungsamt auf Knöllchenfang zu sein, und rucki, zucki war unser Unterschlupf aufgeflogen.

»Für eine Nacht!« Ein Fünfzig-Euro-Schein wanderte von einer Hand zur anderen. »Stimmt so.«

»Rechnung?«

»Nicht nötig.«

»Zustellbett?«

»Nicht nötig. Unser Kleiner nimmt das Sofa.«

»Auch gut«, brummte der Wirt und drückte mir im Gegenzug den Schlüssel am schweren Messingknauf in die Hand. »Schönen Aufenthalt.«

EINE SILBERMÖWE KREIST ÜBER DER KOMMANDANTUR.

Das dezente Glockenspiel der Marienkirche schlug leise zwölfmal zu Mittag, als Olaf Hansen und Inga Jensen im Büro der Kommandantur saßen und den bisherigen Stand der Ermittlungen prägnant zusammenfassten.

»Am Sonntag kommt die Mannschaft des SC Ankerwinde in feucht-fröhlicher Stimmung aus Dänemark zurück«, begann der

Oberkommissar zu rekapitulieren. Hansen stand auf und stellte sich ans Fenster, mit Blick auf den Marktplatz und das Rathaus direkt gegenüber. »Am Samstag hat der Schimmelpfennig die unversehrte Vitrine noch abgestaubt, am Abend eine zwielichtige Person im Flutlicht des Stadions gesehen und danach den Rasen gemäht.«
Bis hierhin war alles durch die Aussagen seiner Frau belegt.
»Von Samstag auf Sonntag klettert jemand unter Gewaltanwendung in die Geschäftsstelle, findet Einlass in den VIP-Bereich, zerstört die Glasvitrine, stiehlt deren Inhalt, verdrischt den aus seinem Schlaf aufgescheuchten Platzwart und spaziert samt Beute seelenruhig durch die Haupttür wieder hinaus.«
Hansen kratzte sich am Kopf und wandte sich seiner Assistentin zu. »Zweiundzwanzig Pokale, eine nicht bezifferte Anzahl Mannschaftswimpel und etwa zehn gerahmte Fotos aus der Vereinshistorie. Richtig, Fräulein Jensen?«
Die Angesprochene bestätigte Hansens Aufzählung mit kurzem Kopfnicken. Sie kannte das bereits, ihr Chef erwartete jetzt keine Antwort, der war kombinierend in seinem Kriminallistenhirn unterwegs und duldete keinerlei Ablenkung.
Olaf Hansen war noch nicht lange Leiter der Kommandantur in Wismar. Er hatte sich, nach der Trennung von seiner Frau, von der fernen Insel Rügen hierher auf den vakanten Posten des Dienststellenleiters versetzen lassen. Olaf Hansen war gebürtiger Wismarer, hatte seine Ausbildung in Schwerin genossen, und nun lebte er wieder im Haus seiner Mutter Hanna Hansen in der Böttcherstraße Nummer 35. Ole, wie ihn seine vierundsiebzigjährige Mutter stets liebevoll nannte, war ein sehr guter Polizist, der schon in seiner kurzen Amtszeit in der Hansestadt beeindruckende Erfolge vorweisen konnte.
Wenn er auch nicht immer der gesprächigste Kollege schien, seine Kriminalassistentin war sich sicher, dass sie noch eine ganze Menge von ihrem Vorgesetzten lernen konnte.
»Was will jemand mit den ollen Pokalen?«
Inga Jensen schluckte die Bemerkung hinunter.
»Versuchter Totschlag wegen einem Haufen Vereinsreliquien. Keinerlei Fingerabdrücke. Das war kein Anfänger.«

Keine Frage, eine Feststellung. Sie schaute zu ihm hinauf.

»Was war das Motiv?« Hansen setzte sich zurück auf seinen quietschenden Schreibtischstuhl. »Vereinsinterne Querelen?«

Dieses Mal war die Frage nicht rhetorisch gestellt, sondern wartete auf eine Antwort.

»Nicht bekannt, Herr Hansen«, begann Inga Jensen zu referieren. »Die Erste Herren spielt seit vier Jahren in der Verbandsliga, meist nur erfolgreich gegen den Sturz in die Sechstklassigkeit. Davor ein Jahr Regionalliga Nord, danach leider gleich der sang- und klanglose Wiederabstieg.« Fräulein Jensen musste dazu nicht in Unterlagen oder Notizen blättern. Die Statistiken des SC Ankerwinde kannte sie durch ihre Brüder wie aus dem Effeff.

»Letzte Woche auf Ærø errangen sie zum dritten Mal hintereinander den Titel des dänischen Tilsiter-Turniers. Die Stimmung im Club und auch im Umfeld war ausgelassen und harmonisch.«

»Keine konkreten Verdachtsmomente.«

»Keine. Bis auf die altbekannte Geschichte von den Animositäten zwischen den Rockern aus der Kneipe ›Zur Pelzplauze‹ am Ziegenmarkt und dem harten Kern der Ersten Herrenmannschaft der Ankerwinde.«

Die Lederjacke vom Samstagabend! Die Kuttenträger vom Ziegenmarkt waren den Wismarer Polizeiorganen schon lange ein Dorn im Auge. Bei der handfesten Keilerei vor etwa fünf Jahren in der Fußballkneipe »Ankerklause« in der Mecklenburger Straße hatte eine Einheit der berüchtigten Hells Angels, die aufs Engste mit den Rockern aus der »Pelzplauze« in Verbindung gebracht wurden, ordentliche Prügel kassiert. Nicht die Kopfschmerzen, aber die Schmach wirkte aufseiten der Biker bis heute nach. Keiner vertrug sich mit keinem, das war Feindschaft pur und zwar bis in alle Ewigkeiten, und deshalb ging man sich lieber aus dem Weg.

»Alibis überprüfen! Vor allem vom Wirt des Rockertreffs!«, ordnete Olaf Hansen an. »Wie hieß der doch gleich? Wichmann ... Wichsmann ... Henning Wichsmann! Ein ungeschliffener Kerl. Hat einiges auf dem Kerbholz. Wenn auch eine Lederjacke im Stadion noch keinen Beweis darstellt.«

Erneut trollte sich der Kommissar grübelnd ans Fenster. Der Standpunkt vom ersten Stock der Kommandantur bot über den historischen Marktplatz eine der schönsten Aussichten der gesamten Altstadt. Von hier hatte man das untrügliche Gefühl, die Sorgen, die Freuden, das Leben der Wismarer Bürger zu überblicken, den Menschen nahe zu sein.

In diesem Moment kreuzte Gregor Mahlzan das altehrwürdige Marktpflaster, vermutlich auf dem kurzen Weg hinüber ins Verlagshaus des OSTSEE-BLICK, deren redaktioneller Abteilungsleiter er war.

»Was ist mit Mahlzan, dem Vereinsvorsitzenden?«

»Befragung am Nachmittag um fünf, nach seinem Dienstschluss, im Büro im Entenweg.«

»Was denken Sie über ihn?«

»Eine einwandfreie Reputation. Er liebt sein Amt und den Club«, brachte es Inga präzise auf den Punkt.

»Fritze Schimmelpfennig?«

»Seit zwei Jahrzehnten Platzwart ohne Fehl und Tadel.«

»Wie läuft es sonst so im Verein?«

»Die finanzielle Situation ist zwar nicht rosig. Das Stadion ist meist nicht mal halb voll. Immer gegen den Abstieg bringt den Leuten auf Dauer keinen Spaß. Dreihundert Dauerkarten und im Schnitt tausend Zuschauer – zum Leben zu wenig, aber ich denke, zum Sterben fast noch zu viel.«

»Sponsoren oder andere Geldgeber?«

»Kann ich momentan noch nichts Exaktes zu sagen. Dafür müsste ich Einblick in die Buchhaltung bekommen.«

»Tun Sie das! ... Der Kassenwart?«

»Krischan Beeck ...«, antwortete Inga und musste dann kurz in den Unterlagen blättern. »Er ist seit fast vier Jahren im Amt, lange arbeitslos, Gelegenheitsjobs. Mahlzan hat ihm eine Chance gegeben, die hat er genutzt. Ein penibler Schatzmeister mit ausgeprägtem Hang zur Sparsamkeit.«

»Hanseatische Tugend – nicht verkehrt für solch einen Job«, schlussfolgerte Hansen. »Was ist mit Peach, dem Trainer?«

»Disziplinfanatiker, Taktikfuchs. Und als Mensch ... introvertiert, geachtet, aber nicht geliebt, würde ich meinen.«

Nach den Aussagen der Spieler, rekapitulierte Hansen, sei Peach der Einzige gewesen, der vorzeitig und mit eigenem Pkw aus Dänemark zurückgekommen sei.

Das sei korrekt, bestätigte Inga. »Toto Peach hat eine ausgeprägte Phobie vor der See. Er stammt aus Cardiff. Seit seiner Überfahrt nach Europa soll er nie wieder eine längere Schifffahrt gemacht haben, sagt man. Mahlzan buchte der Mannschaft für die Heimfahrt den kürzeren Weg über die Ostsee nach Rostock. Drei verschiedene Fähren, über vier Stunden auf hoher See.«

»Mahlzan wird von der Angst des Trainers gewusst haben, oder etwa nicht?«

»Der Trainer lebt ziemlich zurückgezogen. Es ist bekannt, dass er Feierlichkeiten meidet und auch keinen Alkohol trinkt.«

»Hmm ... Toto? Woher dieser komische Vorname? Englisch klingt anders.«

»Ein Spitzname. Eigentlich heißt er Trevor. Trevor Peach. Waliser. Seit drei Jahren in Wismar, davor in Schwerin. Es kursieren zwei clubinterne Anekdoten«, begann die Jensen-Schwester aus dem Nähkästchen zu plaudern.

»Tun Sie sich keinen Zwang an«, forderte Hansen sie auf.

»Die erste besagt, Peach hätte zu früheren Zeiten intensivere Kontakte zum ›Café Queen‹ in Schwerin gepflegt, ein ins Visier des Landeskriminalamtes geratenes Wettbüro, spezialisiert auf internationale Fußballtipps. Sein nicht unbescheidenes Trainergehalt hätte er mit todsicheren Tototipps aufzubessern gewusst.«

Hansen zog interessiert die Augenbrauen hoch.

»Das klingt nach mehr als bloßer Anekdote. Da sollten wir uns vom LKA ein paar Akten kommen lassen, Fräulein Jensen.« Und bevor seine Assistentin ohne Verzögerung zur Tat schreiten wollte, bremste Hansen sie kurzzeitig aus: »Was ist mit Erklärung Nummer zwei?«

»Die andere Geschichte weist Peach als Großvetter dritten Grades mütterlicherseits des einstigen sizilianischen Fußballhelden Andrea ›Lottó‹ Bolzano aus. Es muss da zwischen Wales und Sizilien gewisse Berührungspunkte beider Familien gegeben haben. Genaueres weiß man nicht.«

»Andreas Bolzano ...?« Hansen überlegte und überlegte noch

mal genauer und fragte dann: »War der nicht Fußballer? So ein kleiner Knirps mit Glatze?«

Olaf Hansen hatte vielleicht einmal gegen einen Ball getreten, aber zeit seines Lebens niemals Fußball gespielt. Er war auch kein Fan und schon gar kein Kenner der Materie. Nur in einem war er selbst von Sportstatistikern nicht zu schlagen, der Kommissar hatte ein sensationell gutes Namens- und Personengedächtnis. Und dieser Lottó, der war einmal in allen Zeitungen der Welt abgebildet gewesen, auch im OSTSEE-BLICK. Eine ziemlich große Nummer! Das reichte, selbst um sich in Hansens Anti-Fußball-Hirn zu verewigen.

»Andrea Bolzano!«, verbesserte seine Assistentin. »Andrea Lottó Bolzano wurde bei der Weltmeisterschaft 1990 in Italien Torschützenkönig und mit zwei der wichtigsten Fußballtrophäen aus purem Gold ausgezeichnet: dem Goldenen Schuh als bester Torjäger und dem Goldenen Ball als bester Spieler des WM-Turniers.«

Olaf Hansen pfiff anerkennend durch die Zähne, ohne dass er auch nur in Ansätzen den tatsächlichen Stellenwert der beiden Auszeichnungen einzuschätzen wusste. Das ahnte auch Inga Jensen, als sie eine kurze Pause machte, um die Informationen wirken zu lassen. Der Kommissar forderte sie schließlich auf, fortzufahren.

»In der Folge kickte Lottó Bolzano einige Jahre bei Juventus Turin, dann bei Inter Mailand, um dann ein zwielichtiges Engagement bei Júlolo Iwata in der japanischen J-League anzunehmen. Bis er dann im Jahre 1999 urplötzlich von der Bildfläche verschwand. Seit über zehn Jahren gibt es keine einzige Spur von ihm.«

»So ein Kleinwüchsiger ... mit Vollglatze!«, wiederholte der Kommissar gedankenverloren und nickte dazu.

Sein Verbleib sei völlig ungeklärt, wiederholte seine junge Kollegin, man wisse nicht einmal, ob der kleine große Mann überhaupt noch am Leben sei.

Olaf Hansen schaute Fräulein Jensen musternd an und schwieg eine Weile. Sie war verunsichert, ob ihre gerade geäußerten wilden Spekulationen um Lottós Leben oder Tod überhaupt hierher in die Wismarer Kommandantur und zu diesem Fall gehörten.

»Na, was erzählt man sich denn so in eingefleischten Fußballerkreisen«, baute Hansen ihr die Brücke, »was mit dem italienischen Lottó letztendlich geschehen ist?«

»Er soll verrückt geworden und unter neuer Identität zurück nach Europa gekommen sein. Manche behaupten, er lebe völlig zurückgezogen. Inkognito. Verarmt. Auf einem Hof in Kalabrien, um dort Kampfesel zu züchten.«

»Kampfesel?«

»Soll es geben. Sizilianische Variante vom balinesischen Hahnenkampf.«

Hansen staunte und traute sich nicht, umgehend Bedenken anzumelden.

»Andere vermuten dagegen, er sei in mafiöse Kreise geraten, und die nutzten seinen fußballerischen Sachverstand, um illegale Geschäfte im Wettmilieu zu organisieren.«

»Donnerlüttchen. Letzteres hört sich auf alle Fälle naheliegender an als die Sache mit den Eseln. Gibt es denn aktuell Kontakte zwischen dem Waliser Toto und dem Italiener Lottó?«

»Nicht dass ich wüsste, Chef.«

»Sollten Sie überprüfen, Fräulein Jensen.«

Seine Assistentin versprach ein etwaiges Verhältnis zwischen Toto Peach und Lottó Bolzano aufs Genaueste zu durchleuchten.

Nach einer längeren Pause fragte der Kommissar betont freundlich: »Wie sind Ihre Brüder so? Wie sind sie drauf? Wie weit würden die drei gehen? Vorstrafen haben sie keine, wie ich Ihren Notizen entnehmen konnte.«

»Sie spielen Fußball – mehr nicht«, sagte Inga Jensen. »Sie tun das mit Leidenschaft!« Und nach kurzer Bedenkzeit präzisierte sie: »Sie leben für den Fußball!«

Hansen guckte nachdenklich und wiederholte nur: »Sie leben für den Fußball.« Er zog eine Frischhaltebox aus seiner braunen Arbeitstasche und wickelte ein Pfeffermakrelenbrötchen aus. Fachmännisch inspizierte er den Belag und biss genießerisch hinein.

»Mittag!«, erklärte er lapidar und kaute eine Weile stoisch vor sich hin. Dann murmelte er schmatzend zwischen kräftig knatschenden Zähnen hindurch: »Sie leben nur für ihr Fußballspiel. Und plötzlich drehen sie durch ...«

Inga Jensen bemerkte, wie ein paar Pfefferkörner auf die Schreibtischplatte kullerten. Der Fisch duftete nach Meer und Lotte Nannsens Räucherofen. Der Kommissar akzeptierte keine Alternative, stets holte er seine Leibspeise von Lottes Verkaufskutter im Wismarer Alten Hafen. An der langen Kaimauer war die Konkurrenz groß, mindestens vier nostalgische Seelenverkäufer boten täglich fangfrischen Fisch, filetiert und gebraten, geräuchert oder in Brötchen garniert. Lotte Nannsen war mit fünfundsechzig Jahren die Dienstälteste an Bord. Mittlerweile wusste sie ganz genau, wie Hansen seine Makrele mundete.

Der Kommissar schmatzte gedankenverloren vor sich hin und nahm dann den Faden wieder auf. »Quasi über Nacht werden sie zu Brandstiftern und Bankräubern.«

»Na ja, wenn man es so formulieren will.«

Inga Jensen mochte viel lieber betonen, dass die Brüder sich nur die Summe aus der Kasse hatten geben lassen, die auf ihrem gemeinsamen Sparbuch angelegt gewesen war.

»Seit wann und von wem haben sie die Waffe?«

»Ich weiß es nicht«, erwiderte die Assistentin ehrlich. »Ich wusste bis heute nicht, dass sie über eine verfügen.«

»Das macht sie gefährlicher, als sie eigentlich sind.«

Das stimmte. Zumindest schienen die Jensen-Brüder unberechenbarer geworden zu sein. Dessen war sich seit wenigen Stunden auch die Schwester bewusst.

»Ich kenne meine Brüder. Sie können sicher schrecklich wütend werden, wenn es um den Verlust ihrer Pokale geht oder irgendjemand etwas Schlechtes über ihren Verein oder ihre Leistung sagt. Dann könnten sie auch schon mal zulangen. Prügeleien würden sie nicht aus dem Weg gehen, Herr Hansen, aber sie werden keinem Menschen gegenüber von der Schusswaffe Gebrauch machen.«

»Haben sie schon getan«, erwiderte der Kommissar trocken.

»Sie haben in die Decke geschossen ...«

Eine Weile schwiegen sie sich an. Vergeblich suchte Hansen in seinem Schreibtisch etwas zum Nachspülen und würgte dann den letzten Fischbissen einfach hinunter.

»Die Pokale symbolisieren das Leben Ihrer Brüder. Sie sind ihre Wertmaßstäbe«, philosophierte Olaf Hansen. »Ihre Welt hängt seit Sonntag sozusagen in den Angeln. Das müssen wir uns strategisch zunutze machen, Fräulein Jensen.«

Er zog seine Jeansjacke von der Lehne, sprang auf und rief schon fast im Hinausgehen: »Es hilft nichts. Wir werden Ihren Eltern einen kleinen Besuch abstatten müssen.«

Mama und Papa in dieser unangenehmen Situation mit der Polizei zu konfrontieren, die beiden quasi mit hineinzuziehen, das war alles andere als feinfühlig. Heiner gab unserer Schwester in einem Telefonat unsere Bedenken mit auf den Weg über den Damm hinüber nach Fährdorf.

Im Pensionszimmer fühlten wir uns sicher. Endlich konnte man in Ruhe duschen, sich rasieren und die vom Ruß verdreckten Klamotten notdürftig säubern. Außer Hannes hatte bei der Abreise niemand an Wechselwäsche gedacht.

Heiner meinte, das sei auch noch gar nicht nötig. Er fläzte sich mit seinem Handy-Videospiel auf dem roten Plüschsofa, lüftete glücklicherweise nicht mal seine Cowboystiefel und musste dennoch die eine oder andere hartnäckige Fliege vertreiben.

Hannes schlüpfte gerade in eine neue Trainingsklamotte, als er brüderlich anbot, mir Seife und Rasierzeug auszuborgen. Unverhohlen kramte ich in seinem offenen Koffer nach dem Kulturbeutel, da traf mich fast der Schlag. Zwischen einem Dutzend T-Shirts, Unter- und Jogginghosen lag nicht nur der russische Ballermann vom Banküberfall samt beeindruckender Hunderter-Patronen-Schachtel, es lugte auch noch ein anderes glänzendes Metall hervor.

»Was macht denn der in deinem Koffer?«, fauchte ich ihn an.

»Mitgenommen … von zu Hause«, antwortete Hannes in Rätseln.

»Willst du mich verarschen?«

Auch Heiner guckte verdutzt vom Display auf. »Mensch! Das is'n Ding! Da ist ja einer der Pokale!«

Keine dreißig Zentimeter hoch, kleine silberne Henkel mit goldenen Verzierungen, machte kaum etwas her. Aber immerhin: Den Pokal hatten wir in der Winterpause vor drei Jahren beim Hallenturnier vom FSV Dynamo Kühlungsborn gewonnen.

»Der gehört doch zur Sammlung in unserer Vitrine!«

Den habe er bei der letzten Weihnachtsfeier ausgeborgt, räumte Hannes ein, um mit Gerissenheit hinzuzufügen: »Gehört nun uns!«

»Wie?«, fragte ich ungläubig.

Es gebe zwei Schlüssel zur Vitrine, erzählte Hannes freimütig, einen habe der Präsi und einen der Schimmelpfennig. Letzterer sei bei der Weihnachtsfeier von zu viel Apfelkorn auf seiner Pritsche eingedöst.

»Da hab ich mir seinen Schlüssel kurz genommen. Und als das gemütliche Beisammensein in der Clubkneipe ›Zur Kurzen Ecke‹ ausartete, hab ich mir den Pokal entliehen. So einfach war das.«

»Das geht nicht!«, kommentierte Heiner, sprang vom Sofa und nahm die Trophäe sichtlich angetan in beide Hände. »Da kriegst du Ärger vom Schimmelpfennig und mit Mahlzan erst recht!«

Seine Augen glänzten heller als das Metall. Uns war auf einmal sehr feierlich zumute. An dem Cup hingen schöne Erinnerungen: Das Jensen-Trio hatte den damaligen Finalgegner vom 1. FC Sparta Heringsdorf fast im Alleingang mit einem demoralisierenden 5:1 auf seine Schickimicki-Insel zurückgefeuert.

»Kein Riesenpott. Aber schön!«, betonte Heiner versunken.

»Und blank wie ein Babypopo!« Hannes strahlte stolz in die Runde. »Hab ich mit Papas japanischer Spezial-Fettcreme für seine Platin-Angelhaken eingeschmiert. Und dann ordentlich poliert.«

Heiner streichelte gerade mit seinem Handrücken versonnen über das Edelmetall, als er stutzte und dann für einen überschaubaren Moment nachdachte. Dabei kam selten Gutes heraus.

»Hannes! Du hast die Pokale geklaut!«

»Du spinnst wohl!«, zischte der scharf zurück.

»Du bist der Pokaldieb!«, schrie Heiner.

Da hatte der Mittlere dem Jüngeren schon eine geknallt. Friedensstifter spielen hatten überhaupt keinen Sinn, das kannte ich von manch wilder Keilerei in Jugendtagen. Sollten die beiden sich eine Weile austoben.

Als die wackelige Kommode am Fußende des Bettes zerbrach, packte ich dann doch besser beherzt zu und zog den einen vom anderen herunter.

»Hört sofort auf!«, keifte ich. »Wollt ihr uns die Bullen auf den Hals hetzen?«

Heiner tupfte mit einer Klopapierrolle an seiner Lippe herum. Hannes hielt sich den Dynamo-Pokal gegen das anschwellende linke Auge.

»Solidarität ist unsere Stärke!«, brachte ich sie auf Linie. »Zusammenhalten wie Pech und Schwefel! Nur so kriegen die Bullen uns nicht am Arsch und wir über kurz oder lang unsere geliebten Pokale.«

Sie nickten stumm, der Streit war geschlichtet, so etwas ging rasch bei uns Jensen-Brüdern.

Hannes erklärte, dass er den Kühlungsborn-Pokal nur hätte ausleihen wollen, ihn aber später nicht unauffällig hätte zurückbringen können. Also habe er ihn in seinem Zimmer im Kleiderschrank deponiert. Schließlich habe er ihn in den Koffer gelegt, weil man unterwegs nie wüsste, wem man begegnen würde. Da müsse man vielleicht mal verdeutlichen, warum wir auf Achse seien und wie die Pokale ungefähr ausgesehen hätten.

Heiner verstand das und schwor leichtsinnig, sich wegen der Pokale nicht mehr zanken zu wollen und auch niemanden mehr zu verdächtigen. Anschließend teilten wir unsere Ersparnisse aus dem Besuch in Ackermanns Bank in drei gleich große Bündel. Hannes erklärte sich bereit, in der türkischen Pizzeria in der Altböterstraße zwei Kutter-Pizzen mit extra viel Krabben und für Heiner einen Jumbo-Döner-Kebab springen zu lassen. Unser Mittelstürmer strahlte übers ganze Gesicht. Damit war der Zwist zwischen den beiden endgültig vom Tisch.

Ein bitterer Beigeschmack blieb aber. Der unverhoffte Fund des zweiundzwanzigsten der verschwundenen Pokale verdeutlichte noch einmal unsere tiefe Verunsicherung. Er symbolisierte unser Gefühl von Einsamkeit. Ohne die übrigen einundzwanzig Auszeichnungen fühlten wir uns nackt und elend.

Plötzlich Bienenstock in Reinkultur. Nochmals Inga-Mäuschen am Apparat: Wir sollten uns stellen. Wir sollten das Geld zurückgeben. Noch ließe sich mit Kommissar Hansen und der Staatsanwältin reden. Im Grunde sei bislang noch nicht viel passiert.

»Habt ihr die Pokale gefunden?«, fragte ich ganz nüchtern und wartete die Antwort erst gar nicht ab. »Eben. Wie geht's Papa und Mama?«

Hansen sei gerade vom Hof gefahren, er habe die Eltern befragt.

Weitere Einzelheiten waren ihr diesmal nicht zu entlocken.

Sie nuschelte nur, Papa und Mama fühlten sich unwohl. Papa wolle am Abend nicht mal zum Fischen in den Breitling.

»Verdammt! Was soll das heißen?«

»Kommt zurück, Jungs! Wir bitten euch!«, flehte sie voller Kummer in ihrer reizenden Stimme.

Nicht nur bei mir stieß sie mit ihrer Bitte auf Granit.

»Ohne Pokale? Niemals!«

4

Mittwoch, den 29. Juli

Die Nacht war kurz. Heiner schlief seelenruhig auf dem Sofa, Hannes und ich unruhig im Doppelbett. Abgesehen von Heiners unablässigem Gefurze, das nicht von seiner Vuvuzela stammte, sondern wahrscheinlich dem Jumbo-Döner geschuldet war, nervten die Fliegen, das Licht der Straßenlaterne (das trotz dicken Vorhangstoffes ins Pensionszimmer schien) und die noch spät an der Fensterfront vorbeikarriolende tiefergelegte Kompaktklasse der Wismarer Szene. Von Fährdorf auf Poel war man das einfach nicht gewohnt. Die Nächte am Ufer des spiegelglatten Breitlings zeichneten sich durch Rabenschwärze und Totenstille aus. Das bedeutete Eins-a-Lebensqualität.

Heiner schaute aufs Handydisplay, der Akku ging langsam zur Neige. Später schwor er, es sei exakt drei Uhr dreiunddreißig gewesen. Durch das Laternenlicht fielen diffuse Schatten in den Raum. Flüsternde Stimmen drangen von der Bademutterstraße undeutlich ins Zimmer. Hannes krabbelte auf allen vieren aus dem Bett, bewaffnete sich aus dem Koffer, um seitlich neben dem Vorhang auf die schmale Gasse hinauszuspähen.

»Und?«, flüsterte ich hinüber.

Er robbte zurück, legte einen Zeigefinger auf die Lippen und verdrehte merkwürdig die Augen.

»Monkey-Monkey?«, fragte Heiner aus müden Klüsen.

»Hansen?«, riet ich.

Hannes wackelte mit dem Kopf, was so viel heißen sollte wie: fast oder ungefähr.

»Die Polypen!«

Hannes nickte und hatte endlich die Sprache wiedergefunden: »In voller Montur. Helm, Nachtsichtgerät, kugelsichere Schutzweste.«

Ich schlüpfte in einen seiner Trainingsanzüge, sammelte notdürftig die wichtigsten Utensilien zusammen. Heiner lauschte konzentriert an der Zimmertür: leises Trippeln, kurze Anweisungen, dann schwere Schritte ... eine knarrende Treppe hinauf.

Hinauf? Warum hinauf? Zimmer 32, Parterre, großes Fenster zur Bademutterstraße!

Heiners unverschämt logische Lösung: »Die suchen jemand anders!«

»Klar, du Dussel!«

Für den »Dussel« wollte Heiner Hannes wieder an den Hals. Drohend zeichnete ich mit der Fingerkuppe einen imaginären Schnitt die Kehle entlang, worauf Heiner die Zähne zusammenbiss und schwieg.

Eine unwirkliche Ruhe. Einen Spaltbreit öffnete ich die Zimmertür. Dicht gedrängt standen wir beieinander. Dann ein lauter Knall, berstendes Holz, Schreie. »Polizei!« Poltern. Noch einmal: »Polizei!« Eine Explosion. Auf der Flurtreppe gleißendes Licht, Blendgranate! Keine Frage. Das alles schräg über unseren Köpfen: erste Etage, Zimmer 33, Einzelzimmer mit Balkon zum Hof hinaus.

Genau unter dieser Balustrade stand seit gestern Mittag der Pick-up unberührt auf seinem angestammten Platz – umzingelt von etwa zwei Dutzend Fahrrädern.

Hannes sprang filmreif hinters Steuer, Heiner gewohnheitsmäßig auf die Rückbank, ich warf Sporttaschen und Koffer auf die Ladefläche.

Mein durchgeknallter Bruder gab im Hinterhof Vollgas, und die Bullen antworteten mit Warnschüssen mitten ins Schwarzblaue hinein. Mit qualmenden Reifen rumpelte der Ford F-150 im ersten Gang über ein paar störrische Drahtesel, bog im zweiten in die Einfahrt, bretterte im dritten gnadenlos durch das verschlossene Holztor, das in tausend Teile zersplitterte, bog nach rechts in die Einbahnstraße und jagte im vierten Gang die Bademutterstraße hinauf – gegen die Fahrtrichtung. (Im selben Augenblick soll sich Papa im Ehebett einmal um die eigene Achse gedreht haben.)

Im Rückspiegel sah ich einen stocksteifen Kommissar mit offener Futterluke unter der Straßenlaterne stehen. Wie ein verendender Karpfen schnappte er abrupt nach Luft, dann schmiss er wutentbrannt den Rest seines Brötchens auf den Gehweg. Eine lauernde Sturmmöwe stürzte gekonnt hinterher und holte sich den Leckerbissen in null Komma nix.

»Die Deppen filzen das falsche Zimmer!«, rief Steuermann Hannes. Sein Lachen klang fies und wirr. »Hahaha! Total Monkey-Monkey! Ey Mann, ey!«

»Jemand hat uns verpetzt!«

»Kracht, das Verpetzer-Arschloch!«

Heiners Formulierung traf des Pudels Kern. Carsten Kracht, der Wirt vom »Pour La Mère«, hatte bestimmt den Bankraub in den Nachrichten geguckt, im regionalen Nordmagazin in N3 oder auf Wismar TV.

Klar wie Kloßbrühe: Der Pensionswirt war giftig, schließlich hatten wir vergessen, unseren Wagen umzustellen, und besetzten den ganzen Tag seinen Hinterhof, den er seiner sächsischen Fahrrad-Reisegruppe als großräumige Abstellfläche versprochen hatte. Mindestens einer der Hobbyradler aus Sachsen lag gerade gesichert in Handschellen, röchelnd vom Qualm der Blendgranate in seinem Einzelzimmer, erster Stock, Hinterhof, und beschwerte sich zu Recht über die viel versprochene, gänzlich fehlende Mecklenburger Gastfreundschaft.

»Das war eine Sondereinheit aus Schwerin. Über so was verfügt die Wismarer Kommandantur nicht«, analysierte ich den Einsatz eines guten halben Dutzends schwerbewaffneter Elitekameraden in der kleinen Pension.

»SEK!«, brüllte Hannes vor Freude und klatschte mit der flachen Hand eine fette Fliege auf dem Tachogehäuse platt. Er donnerte mit heulendem Motor im fünften Gang über die Hafenstraße, riss kurz hinter dem sogenannten »Schiefen Haus von Wismar« das Lenkrad herum und rutschte versetzt übers Kopfsteinpflaster auf den Pier am Alten Hafen. Am Kai, knapp vor den Kuttern der Fischbrötchenverkäufer, kam der F-150 schaukelnd zum Stehen.

Für Seevögel ist vier Uhr morgens keine nachtschlafende Zeit, dennoch glotzten die bräsigen Möwen komisch von der Kajüte des nächsten Fischkutters herüber. Ein paar Lachmöwen flogen eine aufgeregte Begrüßungsschleife, während eine Handvoll

Raubmöwen lautstark krächzte und dann wie um die Wette meckerte.

Heiner war nicht der Hellste, aber der Schnellste. Wie täglich trainiert, sprang er auf Lotte Nannsens Kutter, machte sich dort unter Plastikplanen zu schaffen. Damit war auch der geduldigsten Möwe der frühe Morgen verdorben.

Kurz reckte er seinen Kopf heraus und rief völlig begeistert: »Frühes Frühstück!« Ebenso gekonnt kletterte er mit einem kompletten Kühlschrank zurück auf die Kaimauer.

»Was'n das'n da?«, fragte ich völlig entgeistert.

»Lottes übrig gebliebene Fischbrötchen bleiben über Nacht immer an Deck.« Fix hievte er den Kühlschrank rumpelnd auf die Ladefläche des Pick-ups.

»Woher weißt du das?«

»Von Papa.«

Gerade noch verteilte Heiner erste herrlich gekühlte Fischbrötchen, als auf Höhe des Getreidespeichers im sogenannten Baumhaus die Lichter aufflackerten. Ein wirrer Haarschopf streckte sich heraus, um schlaftrunken durch den Hafen zu keifen, was der Krach mitten in der Nacht zu bedeuten habe.

Hafenmeister Henne war nicht mehr der Jüngste, zudem hatte er ein klitzekleines Alkoholproblem. Stets stakste er mächtig schwankend auf dürren Beinen, zumeist in überdimensionierten Gummistiefeln, über das Holperpflaster seines Hafenareals. Ungefähr in der Minute, als Henne mit einer Taschenlampe bewaffnet bei Lottes Fischkutter eintraf, hatten sich die Seemöwen auf dem Kajütendach längst wieder entspannt.

Der Pick-up schoss im sechsten Gang durch die Lübsche Straße Richtung Gägelow mit dem Fernziel Boltenhagen. In dieser Nacht hängten wir nicht nur spielend den lahmen Henne ab, wir waren schneller, als jede Polizei erlaubt und jede Straßensperre errichtet werden konnte.

Nur diese beschissenen Schmeißfliegen, die machten uns langsam rasend. Das penetrante Summen raubte einem den letzten Nerv. Keiner wusste einen Rat, geschweige denn die Ursache für ihre aufgeregte Vielfliegerei. Die Viecher schienen im Fischgeruch von

Papas schönem Pick-up wie die Maden im Speck zu überleben, sich sogar exponentiell zu vermehren. Jedes Kind weiß, dass diese metallisch, blau und grün glänzenden Ekelinsekten gerne auch Scheißfliegen genannt werden. Nicht ohne Grund.

»Mmhhmm, das ist ein leckeres Fischbrötchen«, schwärmte Heiner.

»Fischbrötchen«, betonte ich, »der Grundstein eines jeden nahrhaften Frühstücks.«

»Pulp Fiction«, flüsterte Hannes.

Direkt vor der Kleinstadt Klütz ging schräg hinter uns irgendwo über der Wismarbucht in Dunkelorange die Sonne auf. Parallel durchzuckte unmittelbar vor uns ein Blitz in Grellweiß das Morgengrauen.

»Hattori Hanzo!«, murmelte ich erschrocken.

Hannes stieg voll in die Eisen, setzte zurück und hielt neben einem unscheinbaren Starenkasten.

Mecklenburg schien regelrecht gepflastert mit solch zermürbender Abzocke-Technik! Die neueste Statistik besagte, dass in Meck-Pomm alle zweitausend Meter eine Radarfalle stehe. Spitzenwert in deutschen Landen.

Heiner holte eine riesige Rohrzange aus Papas Werkzeugkiste und prügelte von der Ladefläche gnadenlos auf den Flitzer-Blitzer ein.

»Nützt nichts, die Fotos werden mittlerweile digital abgespeichert«, kommentierte ich gelassen seine Frustreaktion.

»Scheiß der Hund drauf!«, keifte Heiner durch das geöffnete Fenster und tobte sich aus. Die stationäre amtliche Geschwindigkeitsmesseinrichtung baumelte böse zerbeult und ausgefranst von ihrer Stahlsäule herab.

»Wir müssen das Fahrzeug wechseln«, schlug Hannes vor.

»Niemals!«, fuhr Heiner dazwischen. »Dieser Wagen gehört zur Familie. Der ist sogar wertvoller als jeder noch so schöne Pokal, wenn ihr versteht, was ich meine. Außerdem sind wir in Olivmetallic bestens getarnt.«

Wir ließen Heiners Äußerung unkommentiert stehen. Besser für ihn, besser für alle, besser für den Zusammenhalt der Jensen-Gang.

Alternativen der Fortbewegung waren aber auch schwer vorstellbar. Wenn man einmal einen solch großen, obszönen Pick-up gefahren hat, dann will man nie mehr etwas anderes kutschieren. Und das war nicht nur die Einstellung von Amis oder Asiaten oder Afrikanern, die seit je Pick-ups bauten oder liebten. Das war auch unsere Erfahrung.

Ein kluger Kopf beschrieb das einmal als moderne Sucht nach Flexibilität. Alles, was zum Menschen gehöre, vor allem an materiellen Besitztümern, müsse auf eine Ladefläche passen. Alles Übrige sei unnötiger Ballast.

Mir gefiel das. Für unsere Fußballausrüstung, die verlorenen Pokale und diversen Fotoalben würde die großzügige Ladepritsche jedenfalls eben gerade ausreichen.

Heiner schaffte Platz, feuerte Lotte Nannsens geleerten Kühlschrank gegen den zerdepperten Starenkasten und gab damit beiden definitiv den Rest.

Die dritte Etappe führte uns Richtung Westen, nach fünfundzwanzig Kilometern ins pulsierende Ostseebad Boltenhagen. Hier war nicht erst seit der Wende der Tourismus zu Hause. Eine kleine Mecklenburger Gemeinde mit knapp zweieinhalbtausend Einwohnern und jährlich anderthalb Millionen Übernachtungen von Feriengästen. Boomtown Boltenhagen – von solch beeindruckenden Zahlen konnten Wismar und Poel nur träumen. Dafür spielten wir den besseren Fußball.

Den Ford parkten wir in der Ostseeallee, zu Fuß marschierten wir das kurze Stück über die beliebte Strandpromenade direkt hinaus auf die schmale hölzerne Seebrücke. Die vielen Fischbrötchenbuden, Softeiswagen und Strandkörbe waren um sechs Uhr morgens noch fest verschlossen. Auch für einen Besuch bei unseren Spezis von der Spielvereinigung Torpedo war es noch zu früh. Einige wenige Walker marschierten mit Pudel, Dackel oder Konsorten den endlosen weißen Sandstrand entlang.

Am Ende der Seebrücke, vor einem Schiffsanleger, hockten wir uns auf die verwitterten Holzbalken, zwischen uns ein Tablett mit Lottes feinen Fischbrötchen und einem sagenhaften Blick hinaus auf die morgendliche ruhige See.

»Karibik des Ostens« nannten viele Sommerfrischler dieses sehr ansehnliche Stück Ostseeküste, wahrscheinlich ohne jemals in fernen exotischen Gefilden gewesen zu sein. Nicht nur die Palmen und Papageien fehlten ... Die gab es (laut Prospekt) zuhauf auf Phuket und in Pattaya. Tagträumerei ...

»Schon ganz schön schön schon hier ...«, fasste Heiner den friedlichen Anblick, die saubere Luft und unser wohliges Gefühl unnachahmlich zusammen.

Doch die freundliche Stimmung wurde schnell getrübt. Eine Raubmöwe kreiste dreist über unseren Köpfen, ortete die restlichen Fischbrötchen: dreimal Bismarck, zweimal Pfeffermakrele, zweimal Lachs, einmal Rollmops und einmal Krabbe mit Mayonnaise. Dem Vogel lief wahrscheinlich das Wasser im Schnabel zusammen.

Papa belieferte regelmäßig Lotte Nannsen und ihren Verkaufskutter mit Frischfisch aus dem Breitling. Anzunehmen, dass der Belag gestern früh vor unserer Veranda noch fischfidel im Flachwasser des Meeresarms geschwommen war.

Hungrig machte sich die riesige Möwe bemerkbar, flatterte ungeniert vor einem reich gedeckten Frühstückstisch herum. Hannes holte zum Nachspülen drei Büchsen Lübzer aus seiner Sporttasche. Heiner griff spontan zu.

Ich nuschelte nur: »Zu früh für Bier.«

»Stell dich nicht an.«

»Wir sollten auf unsere Fitness achten.«

»Nächste Woche Saisonauftakt gegen Schwalbe Schwerin!«, erinnerte sich Heiner und reichte Hannes die Bierdose zurück. »Da müssen wir fit sein, wie 'n Turnschuh.«

Exakt in dem Moment, als Heiner seinen Arm wegen der Blechbüchse gen Hannes streckte, schoss die Raubmöwe im Sturzflug auf ihn herab, hackte einmal kräftig mit dem scharfen Schnabel zu und erwischte Heiners Handinnenfläche. Der jaulte vor Schmerz und Entsetzen auf, ließ erschrocken sein Makrelenbrötchen fallen und deutlich hörbar einen fahren.

»Scheiße! Verflucht!«, schrie er wie am Spieß.

Noch bevor er aufsprang, flog die Möwe eine zweite Attacke, schnappte sich das Fischbrötchen von der Brücke und war in null

Komma nichts von einem Schwarm Artgenossen umgeben, die sich keinen Torraum entfernt auf der Brücke mit Gezänk und Gezeter um die fette Beute balgten. Die Biester hüpften auf und ab, vollführten kurze zackige Flugeinlagen, schlugen mit den harten Schnäbeln nach den Konkurrenten.

Schmerz und Beleidigung ließen Heiner wütend aufspringen, um den hinterhältigen Angreifern ans Gefieder zu wollen. Die Vögel stoben flatternd auseinander, nur um sich wie zum Hohn ein kleines Stückchen weiter lässig auf die hölzerne Balustrade der Seebrücke zu hocken.

»Mann, Heiner! Du blutest ja!« Neugierig betrachteten wir seine verletzte Flosse, als er gedemütigt zu uns zurückschlich.

»Komplett Monkey-Monkey, die Biester!«, staunte Hannes und stopfte sich den Rest seines Lachsbrötchens hinter die Kiemen.

Unser Jüngster jammerte erst und fing schließlich an zu weinen. Heiner war nicht nur der Schnellste, er war auch der Härteste von uns dreien. Seine Reaktion war ungewöhnlich und irritierte mich. Offen gestanden, bei näherer Betrachtung entpuppte sich der Pikser als mächtiger Hieb. Eine tiefe Fleischwunde zierte seine rechte Handfläche. Das Blut lief ihm über die Finger und tropfte von dort auf die Planken der Seebrücke.

»Das musst du kühlen«, wollte ihm sein Bruder helfen.

»Blöder Arsch! Wie soll ich das denn hier kühlen?«, lamentierte er. »Verdammter Klugscheißer ... du ... du ...«

»Heinele, reg dich nicht auf!«, setzte unser Goalie noch eins drauf. »Ein kleiner Pikser von einer Lachmöwe, und du tust so, als würdest du dran krepieren ...!«

Die komische Koseform hatte Heiner bei einem Besuch einer Thai-Hanoi-Phili-Ficki-Bar in Rostock von einer korpulenten Laotin verpasst bekommen. Die halbe Mannschaft hatte sich über »Heinele« lustig gemacht. Immer wenn man ihn triezen wollte, hieß er Heinele. Und prompt ging Heiner in die Luft.

Alltag zwischen Brüdern, nicht der Rede wert. Das klaffende Loch in der Hand musste gestopft und die Blutung gestillt werden. Sonst versaute er die ganze Rückbank von Papas Auto.

Um die nächste Ecke der Strandpromenade hatte die »Sonnen-

Apotheke« praktischerweise Notdienst, und das hieß vierundzwanzig Stunden lang geöffnet. Wir besorgten Salbe und Mullbinden und umwickelten die Verletzung. Fitness hin oder her, unser Mittelstürmer spülte mit einem Lübzer zwei Aspirin hinterher. Der betagte Pillendreher kannte kein Pardon, der war richtig verärgert über die Seemöwen an der Boltenhagener Brücke. Man solle das Problem handhaben wie in Wismar, nörgelte er.

»Kopfgeldprämie für Raubmöwen! Einzig wirkungsvolle Methode, die gefährlichen Vögel ein für alle Mal loszuwerden.«

Einfach abknallen, keifte er, das seien echte Unruhestifter, die wöchentlich mindestens einen Schwerverletzten auf dem Gewissen hätten. Meist zahlungskräftige Urlauber, die dann neben der klaffenden Wunde noch eine seelische Delle davontrügen und im Zweifelsfall nächste Saison nicht wiederkämen.

»Raubmöwen! Gift für den Tourismus!«, resümierte der Apotheker.

Keine acht Uhr und es brummte der künstliche Bienenschwarm: Hansen sei sauer wegen der verkorksten Razzia heute Nacht im »Pour La Mère«. Die Fahndung laufe auf Hochtouren. Die Ergreifung der Jensen-Brüder habe in ganz Mecklenburg-Vorpommern höchste Priorität. Für seine Verhältnisse hörte Hannes dem Schwesterherz gewissenhaft zu, schlug dann aber die harte Linie ein.

»Sag deinem Chef, dass uns das kaltlässt. Hansen kann mich kreuzweise, *capito*? Bevor der die Pokale findet, wird die Ankerwinde deutscher Meister. Wir sind jetzt die Jensen-Gang, wir werden gejagt, und wir jagen umgekehrt jeden, der sich an den Pokalen vergriffen oder ihnen einen Kratzer zugefügt hat.«

»Wem von euch gehört die Waffe?«, fragte Inga ihren Besitzer.

»Tut nichts zur Sache.«

»Wo habt ihr die Pistole her?«, hakte sie nach.

»Woher? Woher? Immer nur woher. Wohin ist die entscheidende Frage!«, gab Hannes ausweichend, aber schlau zurück.

Sie hätten erste Indizien, versuchte Inga ihn zu beschwichtigen. Sie hätten Wirt Wichsmann von der »Pelzplauze« vernommen, weil einer mit Rockerjacke am Abend vor dem Einbruch im Stadion aufgetaucht sei. »Kein Alibi und nur eine äußerst fadenscheinige Begründung, warum er die Person nicht gewesen sein konnte. Er trage keine Lederjacke mehr. Völlig out. Längst veralteter Achtziger-Jahre-Stil.«

»Ich scheiß auf die ›Pelzplauze‹. Ich scheiß auf die Rocker! Ich scheiß erst recht auf die Lederjacke!«, brüllte Hannes pampig in den Hörer. »Du willst uns nur weichkochen!«

Toto Peach sei auch nicht ganz astrein, der stünde trotz seines hohen Trainergehalts im Verdacht, regelmäßig zu zocken und dabei Wettschulden anzuhäufen.

»Toto! Niemals! Der haut keinen um, der ist Vegetarier. Der kann nicht mal 'ner Fliege was zuleide tun.«

Jedenfalls nehme Kommissar Hansen sukzessive das komplette Vereinsumfeld auseinander, sei sich jedoch auch darüber bewusst, dass es rein sportliche Motive geben könne.

»Na, logo!«, posaunte Hannes. »Deshalb sind wir in Boltenhagen, weil hier die Idioten von Torpedo wohnen.«

Ich schlug die Hände vors Gesicht. Heiner griff beherzt zum Handy und unterbrach sogleich das Telefonat. Hannes hatte sich im Eifer verquatscht, sich die Würmer aus der Nase ziehen lassen.

»Seid wann boxt du dir die Bälle selber ins Netz?«

»Nur noch zwei Balken Batterie«, stellte Heiner beim Blick auf sein Display fest. »Bald alle.«

»Hast du kein Ladekabel?«, brummte Hannes, um vom eigenen Fauxpas abzulenken.

»Vergessen«, nahm Heiner die Steilvorlage auf. »Ab zum Sportplatz, Torpedo zerlegen, und dann endlich nach Hause.«

»Nach Hause?«, wiederholte ich mitleidvoll. »Nach Hause, nach Hause, immer nur nach Hause …«

»Klar, Horst. Handy am Ende. Und ich will zum Doktor in Kirchdorf, woanders geh ich nicht hin mit der kaputten Kralle. Und nächsten Montag hab ich die nächste Schicht im Schlachthof.«

Der erste Verband war völlig mit Blut durchtränkt, das sah – mit Heiners Worten – schon schön brutal aus.

»Sag bloß, dir fehlen deine Schweinehälften mehr als unsere Pokale, wie?«

Mit lautem Ploppen traf eine neue SMS ein:

Kommt zurück! Wir können über alles reden. Auch mit Hansen! Horst! Hör einmal auf mich! Bitte! Schwesterliche Grüße, Inga.

Als wir zu unserem Wagen kamen, entdeckten wir ein Knöllchen hinterm Scheibenwischer. Die Frühschicht für Politessen begann in der Saison unmittelbar nach Sonnenaufgang. Heiner zerknüllte mit der gesunden Linken den Zettel und schmiss ihn achtlos weg. Der Pick-up blubberte voller Tatendrang aus seiner engen Parkbucht.

Das Trainingsgelände der Spielvereinigung Torpedo Boltenhagen lag am Ortsrand, ausgerechnet neben dem Klärwerk. Na dann prost Mahlzeit! Unser Wagen rollte knirschend über die Kieselsteine des großzügigen Parkplatzes. Wir hielten vor einer funkelnagelneuen, sehr schicken Spielstätte.

Vielleicht war ja die appetitliche Nachbarschaft der Grund, weshalb das Gelände total verwaist war. Nicht mal irgendwelche E- oder F-Jugend-Butscher flitzten so früh am Morgen über den teuren Kunstrasen. Auch auf den drei angrenzenden Tennisplätzen schlich noch keine schlohweiße Kundschaft herum. Nur der Platzwart tuckerte mit seinem Trecker und einem Hänger, auf dem zwei Aluminium-Torgehäuse bedrohlich schaukelten, rund um das Spielfeld.

Er zeigte auf Anhieb Verständnis für unsere Situation, hatte von unserem Ärger schon gehört.

»Das tut man nicht. So was gehört bestraft.«

»Und wo sind nun die Pokale?«, fragte Heiner ganz forsch.

»Na, bei mir sind sie nicht, wenn ihr das meint«, antwortete Schimmelpfennigs Berufskollege freiheraus. »Wir haben Sommerpause, die Mannschaft ist noch in Ferien. Heute kicken nur die Alten Herren. Freundschaftsspiel gegen ein Touristenteam. Organisiert vom Kurdirektor. Wegen Schlechtwetter. Damit die Urlauber was zu tun und zu gucken haben.«

Wir schauten in den wolkenlosen Himmel und wussten nicht, ob er uns veräppeln wollte. Platzwarte sind merkwürdige Menschen, alles Individualisten, keiner wie der andere. Sie haben zwar die mehr oder weniger gleichen Aufgaben zu verrichten, aber in ihrer Haltung zur Platznutzung und ihrem Auftreten als Herren der heiligen Rasenfläche können sie unterschiedlicher kaum sein. Fritze war eher introvertiert, penibel, zuweilen schroff. Dieser hier war im ersten Umgang locker, anscheinend für jeden Plausch aufgeschlossen und mehr der Typ Teamplayer.

»Aber wenn ihr schon mal hier seid, könnt ihr mit anpacken und für nachher die Tore aufbauen.«

Keine zwanzig Minuten später standen die Alugehäuse mittig an den Kopfenden des Feldes, die Eckfahnen in den zylindrischen Löchern am Spielfeldrand, und die Linien waren frisch mit dem Kreidewagen nachgezeichnet. Das Spiel konnte beginnen.

Auf Nachfrage gewährte uns der Torpedo-Platzwart einen suchenden Blick in seinen Geräteschuppen, in die großzügigen Umkleidekabinen und sogar ins elegante Clubhaus: ein paar lächerliche Wimpel und drittklassiges Edelmetall, nicht der Rede wert. Aber von unseren Trophäen keine Spur.

Trotz triefender Wunde wollte Heiner den Haufen Strandhopser komplettieren, schließlich hatte der Kurdirektor einen feinen Cup für den Sieger ausgelobt. Da kam ich auf *die* Idee!

Wenn hier keine Pokale waren, der Hansen jedoch beim Raub von sportlichen Motiven ausging, dann kam mit ein bisschen Phantasie der geschlagene Finalgegner aus Schleswig-Holstein in Betracht.

Heiner: »Schleiaal 06?«
Hannes: »Monkey-Monkey!«
»VfR Schleiaal 06!«
Ich wollte keine Zeit verlieren, rannte los.
Heiner stolperte hinterher.
»Das ist weit ... sehr weit ...«

Kurz hinter der ehemaligen innerdeutschen Grenze zuckte es nicht nur krachend durch die dunkelgraue Wolkendecke, es knirschte auch einmal gewaltig im Getriebe. An der nächsten Tankstelle wollten wir Öl nachkippen, nicht dass Papa sich Sorgen machen musste. Hannes kippte sich das dritte Bier hinter die Binde. Und trotz blutverschmierten Mullverbands schien auf Heiners Handy gerade sein uralter Moorhuhnjagdrekord zu kippen.

»Reine Nervennahrung.« Mein Bruder zerknüllte seine leere Büchse und warf sie achtlos aus dem Fenster. Der andere ballte vor Freude die Fäuste, um im nächsten Augenblick forschend seine Verwundung zu inspizieren.
»Das muss identifiziert werden.«
»Desinfiziert!«, korrigierte ich ihn.
»Desinfiziert. Und Luft muss ran. Sonst eitert das.«
Je weiter wir fuhren, desto wolkenverhangener und diesiger wurde es. In nordwestlicher Richtung braute sich das nächste Donnerwetter zusammen.

Bis hierher waren wir nie allein, sondern stets als Team mit dem SC Ankerwinde auf Reisen gewesen. Mit einer Ausnahme: In der Vorweihnachtszeit hatten uns Papa und Mama einmal nach Hamburg begleitet, wir wollten uns gemeinsam das berühmt-berüchtigte Millerntor angucken. Heimspiel Sankt Pauli gegen Union Berlin. Große Fanfreundschaft, total enttäuschendes Gekicke. 0:0 und die Stimmung war bescheiden. Dazu eine Hundekälte.

Einziger Aufreger war die Begegnung mit Piraten-Paule, einem durch und durch überzeugten Paulianer. Am Leib trug er das legendäre Böklunder-Würstchen-Trikot anno 1996, auf dem Kopf einen mächtig schwankenden braun-weißen Zylinder, dazu wärmten ihn zwei Dutzend braune oder schwarze Schals (aus jeder seiner Spielzeiten einer, wie er stolz erklärte), die er um Hals, Arme und Hüfte gewickelt trug. Aber die feierliche Krönung waren seine mattschwarzen Weihnachtskugeln mit Totenkopf-Emblem als Ohrgehänge für vier Euro fünfundneunzig das Stück.

Nach dem Grottenkick waren wir gerade am alten Clubhaus vorbeiflaniert, als wir Piraten-Paule an eine Alufelge unseres Pick-ups schiffen gesehen hatten. Das hatte natürlich ein großes Hallo gegeben: Eine Beleidigung hatte die andere gejagt. Eine Kelle die nächste ergeben. Papa hatte ihm eine Weihnachtskugel vom Ohr gerissen, sie vor seinen Augen zertreten. Paule war ernsthaft sauer geworden und hatte fünf Euro Schmerzensgeld gefordert. Plötzlich hatte ich unter vorweihnachtlichem Mitgefühl gelitten und ihm einen Heiermann in die hohle Hand gedrückt.

Da war genauso überraschend ein Sixpack Astra-Plörre aus seinem schwarzen Totenkopf-Ranzen gewandert, und wir hatten spontan auf die Freundschaft getrunken.

Eigentlich feine Kerle, die Jungens vom Millerntor. Mit Piraten-Paule im Schlepptau waren wir über den Hamburger Dom geschlendert, gleich nebenan aufs Heiligengeistfeld. Riesenrad, Achterbahn, alles vom Feinsten und mit Karacho durch den schneidenden Wind. Paule hatte im freien Fall fast einen Liter Export göbeln müssen, wenig später war er verloren gegangen. Ansonsten war der Klamauk zwischen Feldstraße und Millerntor nur teuer und dröge gewesen. »Party auf Pauli« hatten wir uns anders vorgestellt.

Wie auch immer: Heute sollte es das erste Mal allein in den Westen der Republik gehen. Über Lübeck, nach Kiel und dann fast bis zur dänischen Grenze, in den Kreis Schleswig-Flensburg – zum Finalgegner von Ærø.

Fast einhundertfünfzig Kilometer einwandfreie Bundes-, Landes- und Dorfstraßen. Wenn nicht sintflutartiger Regen die Strecke langsam zur Rutschbahn gemacht hätte.

An der Tankstelle Rümpel rollten wir endlich an eine Benzinsäule. Ich fischte Papas Sonnenbrille aus der Deckenablage und setzte sie mir lässig auf. Als ich aus dem Wagen stieg, schwirrte ein Schwarm dicker Fliegen ins Freie.

»Ihr solltet öfter mal lüften«, rümpfte ein Mercedes-C-Klasse-Fahrer an der gegenüberstehenden Säule die Nase. Und als ob er etwas gutzumachen hätte, fügte er fragend hinzu: »Schönes Wetter heute, wie?«

Blöder Fatzke. Meinte wohl, weil wir aus dem Osten kämen, könnten wir eine Sintflut nicht von einer Dürre unterscheiden.

Hannes hüpfte im weißen Trainingsanzug zickzack zwischen den Pfützen hindurch in den Tankshop. Ich prüfte ratzfatz Luftdruck, Kühlwasser, Ölstand.

An der Kasse stand einer im roten Overall und musterte uns skeptisch. Hinter mir schon wieder die C-Klasse.

»Schluckt 'ne Menge, das Schlachtschiff, wie?«

Der Dämlack ging mir mit seiner Fragerei langsam auf die Nerven. Hannes hatte sich mit einer Tüte voller Bierbüchsen, einem

Familienkarton Schokoküsse und einem halben Dutzend Tageszeitungen eingedeckt, überließ mir das Bezahlen und lief zurück zum Wagen.

»Macht genau hundertachtundzwanzig«, forderte der Overall von mir, »inklusive Luft und Liebe.«

»Stimmt so, Meister. Und nicht alles auf einmal ausgeben.«

Vor seinem erstaunten Blick zog ich drei Fünfziger aus meinem Geldbündel und reichte sie ihm über den Verkaufstresen. Der Kassierer staunte, während mich der Mercedes-Fahrer nur konsterniert anstarrte.

Zurück im Ford. Hannes reichte süße Schaumbälle herum. Der V8-Motor fauchte stilvoll vom Hof. Der Regen prasselte gegen die Frontscheibe.

»Mohrenköpfe können sie am besten im Westen, muss man ihnen lassen.«

Im Innenspiegel sah ich, wie Tankwart und C-Klasse gemeinsam aus dem Shop geeilt kamen, uns wie in einem B-Movie hinterherschauten und der Mann im Overall sich etwas in die Handfläche kritzelte.

Es war klar, dass der Arsch sich nicht die Höhe des Trinkgeldes, sondern unser Nummernschild notiert hatte. Die regionalen Zeitungen waren auf unsere Story angesprungen und gespickt mit wüsten Reportagen und großflächigen Fotos von den angeblich »gemeingefährlichen Jensen-Brüdern«.

»Wir werden berühmt!«, rief Heiner enthusiastisch, stopfte sich zwei Schokoküsse gleichzeitig in die Backen und strahlte übers ganze Gesicht. Der klebrige Schaum quoll ihm unappetitlich zwischen seinen Zähnen hindurch.

»Du Idiot!«, widersprach ich ihm. »Das bedeutet, jeder da draußen kennt unsere Visagen. Und jeder, der einigermaßen passabel lesen kann, weiß, was wir wollen.«

Das »Lübecker Echo« titelte: »Bankräuber-Trio auf der Flucht«. Der »Rostocker Bote« verschärfte den Ton mit: »Kaltblütige Gangster aus Wismar!« Die »Kieler Posse« spekulierte gierig: »Bankraub erster Schritt eines Rachefeldzugs?« Der Wismarer OSTSEE-BLICK verhielt sich am objektivsten. Auf der ersten Seite hatte Mahlzan ein großes Foto von unseren Eltern drucken lassen und darunter Mama mit den Worten zitiert: »Jungens, kommt bald wieder!«

Es folgte ein Interview mit Hertha Jensen, die nichts auf ihre Söhne kommen ließ. Papa wurde nicht erwähnt. Der flickte derweil bestimmt seine Fischreusen. Der Bericht über den Besuch in Ackermanns Bank war ebenfalls sehr zurückhaltend formuliert. Auf unseren Präsidenten war Verlass. Dann ein Exklusiv-Interview mit Oberkommissar Olaf Hansen, der schon im ersten Absatz resümierte, dass das Verhalten der Jensen-Brüder blinder Aktionismus sei, der zu gar nichts führe.

Es goss in Strömen, der Scheibenwischer arbeitete auf Höchstgeschwindigkeit.

Heiner genoss die Schaumküsse wie die Zeitungsartikel, ohne die Situation im Geringsten zu begreifen.

»Versteh dich nicht, Horst. Ist doch voll cool. Wir werden zu Stars! Vielleicht kommt noch das Fernsehen auf den Trichter. Und dann gibt's vielleicht richtig Kohle wie bei echten Schauspielern!«

»Der, der die Pokale geklaut hat, wird von den Schmierblättern bestens unterrichtet, wo wir gerade sind und wo wir als Nächstes suchen werden. Die Berichte sind scheiße.«

Wer es geschafft hatte, unbemerkt in unser Allerheiligstes einzudringen, unser Wertvollstes zu stehlen und danach komplett von der Bildfläche zu verschwinden, der konnte auch eins und eins zusammenzählen, das war meine feste Überzeugung.

Heiner guckte eingeschnappt, pulte eine krepierte Schmeißfliege vom seitlichen Fensterglas und zerlegte sie in ihre Bestandteile. Augen, Flügel und Mundwerkzeuge der Totenfliege waren gut ausgebildet. Sauberes Sezieren mit den bloßen Fingernägeln war nicht von vornherein zum Scheitern verurteilt.

Die Fliegen waren lästig und auch ein bisschen eklig, aber das eigentlich Schlimme war die Geräuschkulisse, das unablässige dumpfe, monotone Brummen. Das machte mich auf Dauer ganz bräsig.

Hannes schaute Heiner bei dessen konzentrierter Beschäftigung eine Weile angewidert zu und meinte nur kopfschüttelnd: »Die schmarotzen doch vor allem auf Misthaufen oder Kuhfladen

oder ähnlich geruchsintensiven Scheißhaufen. Warum fühlen sich die Fliegen bei unserem Bruder nur so verdammt wohl?«
Über die Kopflehne hinweg wollte Heiner ihm eine donnern.
»Du Arschgeige! Glaubst du, ich bin blöd, oder was?«
Die Handgreiflichkeit artete in einem Gewühl aus, bei dem der Ford F-150 bei strömendem Regen auf der überfluteten Bundesstraße schwer ins Schlingern geriet. Aquaplaning vom Feinsten. Frei von Bodenhaftung überholten wir auf der Standspur einen dänischen 7,5-Tonner, wobei links der Außenspiegel über Feindberührung klagte und sich ächzend auf Nimmerwiedersehen wie ein Spacelab-Geschoss in den Orbit verabschiedete.

Neben Schrammen und Beulen durch die brachiale Tordurchfahrt in Wismars Altstadt addierten sich die leichten Blechschäden an Papas Pick-up mittlerweile auf ein erkleckliches Sümmchen. Zu allem Überfluss funktionierte die automatische Klimaanlage nicht mehr. Sie gab zwar Kühlgeräusche von sich, arbeitete aber kaum noch. Die Scheiben im Wageninnern beschlugen, und es wurde unerträglich schwül – vielleicht vergleichbar mit einem erdrückend feuchtwarmen Monsun-Tag in Pattaya oder auf Phuket.

Hannes trank Bier, Heiner auch. Beide schwiegen eisern. Ich schleppte den Ford durch zwei ausgewachsene Staus, einer mitten durch das Winnetou-Kaff Bad Segeberg, der nächste bei einer Großbaustelle unmittelbar vor der Landeshauptstadt Kiel.

EINE SCHWARZKOPFMÖWE FLIEGT ÜBER DAS HANSE-KLINIKUM.

In Friedenshof starb Fritze Schimmelpfennig an den Folgen seines zertrümmerten Schädels. Die Ehefrau vom Platzwart saß bis zuletzt an seinem Krankenbett auf der Intensivstation, hielt ihrem Fritzchen die Hand und schaute immer wieder besorgt auf die Instrumente, die irgendwann einfach nichts mehr anzeigen wollten. Aus seinem Koma war er nie mehr erwacht. Das Ende einer treuen Fußballplatz-Seele.

Der Leiter des Hanse-Klinikums Friedenshof informierte umgehend Hansen in der Kommandantur und der seine Assistentin.

»Es geht jetzt nicht mehr nur um Raub und schwere Körperverletzung«, seufzte der Kommissar, »ab sofort haben wir es mit Raub*mord* zu tun. Das ist einen ganzen Zacken schärfer. Die Staatsanwältin wird mir die Hölle heißmachen.«
Polizei und Medien würden sich auf die flüchtigen Jensen-Brüder stürzen, dachte Inga Jensen, auch wenn die Jungs gar nichts mit dem Tod vom Platzwart zu tun hätten. Das war so klar wie das Amen in der Nikolaikirche.
Da klingelte ein weiteres Mal das Telefon auf Hansens Tisch. Er nahm ab, horchte, brummte zustimmend, schrieb etwas auf einen Zettel, dankte und legte auf.
»Die Situation spitzt sich zu, Fräulein Jensen.«
»Und?« Sie war auf alles gefasst.
»Rümpel.« Der Kommissar schob ihr den Zettel hinüber.
»Rümpel?«
»Meldung von einer Tankstelle in Schleswig-Holstein. Die Brüder sind auf dem Weg nach Norden. Der Tankwart hat sie zweifelsfrei identifiziert.«
»Was sollen wir tun?«
»Wir weiten die Großfahndung offiziell auf das Nachbarbundesland aus. Ich ruf bei den Kollegen in Kiel an. Fräulein Jensen! Unsere Dienstwege müssen sich leider für eine geraume Zeit trennen.« Er fixierte seine Assistentin und nickte dann ermunternd. »Sie werden gleich morgen früh mit dem Auto nach Kiel fahren und erwarten dort die Unterstützung der Kollegen vom LKA. Heften Sie sich an ihre Fersen, Fräulein Jensen. Wenn einer die drei auf ihrem irrsinnigen Trip aufhalten kann, bevor noch etwas Schlimmeres passiert, dann sind Sie es. Ich zähl auf Sie!«
»Warum kommen Sie nicht mit, Chef?«
»Die kriminelle Energie Ihrer Brüder in allen Ehren, Fräulein Jensen. Aber wir haben jetzt einen Mord aufzuklären. Einer von uns beiden muss in Wismar die Stecknadel im Heuhaufen finden.«

Die prasselnde Dauerdusche verwandelte sich in nicht minder fiesen Nieselregen. In Kiel trafen wir auf Knuddel und auf Daisy. Das war völlig unnötig und brachte außer einem äußerst kurzweiligen Spaß ansonsten nur Probleme. Die Aussicht auf eine Fußballerfete gemeinsam mit den mehr oder weniger bekannten Kickern vom SV Holzbein Kiel, die immerhin schon in der Regionalliga Nord angelangt waren, lockte uns an wie der berühmte Haufen die Fliegen.

Obwohl mit zwanzigtausend Einwohnern der bevölkerungsreichste Stadtteil, war Kiel-Mettenhof ein gottverlassenes Trabantenviertel. Hoch- und Plattenbauten der siebziger Jahre – fast wie im Osten. Jeder dritte Mettenhofer arbeitslos – schlimmer als im Osten.

Doch wo kein Geld und keine Zukunft ist, da weiß man oft am schönsten zu feiern. Wir hatten den heißen Tipp am Nachmittag an einer Fischbude am Hafen bekommen: fetteste Fan-Party in Mettenhof, im vierundzwanzigsten Stockwerk des sogenannten »Weißen Riesen«, dem längsten Wohnklotz des Viertels. Bei Knudsen klingeln, da würde die Luzie abgehen wie sonst nur bei Schmidts die Katze.

Schon um acht hing dort eine bunte Mischung Mettenhofer Macker ab, alles harte Jungens in Lederklamotten oder Trainingsanzügen oder beides kombiniert. Das kalte Bier floss in Strömen, die wabbeligen holsteinischen Bratwürste gab es in Massen vom Grill auf dem großen Balkon, von dem man einen atemberaubenden und augenbeleidigenden Blick über die gesamte Siedlung und somit über halb Mettenhof hatte.

Die Mettenhofer Party-Miezen waren auch nicht von Pappe, kürzeste Minis, höchste Pumps. Heiner begann schnell zu säuseln und schwer zu transpirieren.

»Statt Fischfrikadellen gibt's heute Frischfikadellen«, tönte er dummdreist und in freudiger Erwartung.

Von einer Zuckerschnute zur nächsten flatterte er mit seinen langen Haaren und mimte den coolen Hecht im Karpfenteich. Wir anderen kamen nur zum Gaffen. Hannes und ich wurden ein bisschen herumgereicht wie leicht behämmerte Exoten aus dem fernen verhärmten Osten, die ungewöhnlicherweise verdammt gut kicken konnten und nun den Pokaldieben auf den Fersen waren, mit einer ordentlichen Portion Dresche im Angebot und Gepäck.

Eine Tageszeitung (mit großen Buchstaben und noch größeren

Fotos) ging von Hand zu Hand, die Mettenhofer erkannten uns und zeigten sich beeindruckt. Doch wollte von den Pokalen niemand etwas gehört, geschweige denn gesehen haben. Mein Bruder kippte belämmert ein paar Biere auf ex. Ich quatschte eine fachliche Runde mit Gastgeber Knudsen über den neuen Cheftrainer vom SV Holzbein, dem Ossi und früheren Nationalspieler Steffen Freundlich, der die Kieler – langfristig gesehen – in eine noch besser bezahlte Fußballregion hieven sollte und heute mit ein paar Ersatzspielern zum feuchtfröhlichen Gelage mit den treuesten Fans angerückt war.

Mir begann die Nase zu jucken, meist ein untrügliches Zeichen, dass Ärger in der Luft lag. Hannes fiel es als Erstem auf: Unser Heiner war seit einer Viertelstunde nicht mehr gesehen worden und nirgendwo auffindbar.

Heiner und die Schnecken: eine unendliche Geschichte! Von den elf Freundinnen der »Wismar Wildcats« hatte er, wenn man die Aktion mit Uschi am letzten Sonntag im Cabrio auf dem alten Markt hinzuzählte, bereits neun getunt: erst tiefergelegt, dann die Spur verbreitert. Es war ein Rätsel. Als zweifacher Torschützenkönig der Verbandsliga Nordost verfügte er zwar über das nötige Selbstbewusstsein und ein interessantes Image. Auch sein äußeres Erscheinungsbild hob sich wohltuend von der grauen Masse der üblichen Wismarer Junggesellen ab. Die für ihn richtige Strategie war sicherlich auch seine nonverbale Flirtweise. Meistens schaute er den Mädels nur schamlos in die Augen. Das allein ließ erste Hemmungen fallen. Aber dass alles Weitere hinterherrutschte, konnte auch der tiefste Verführerblick nicht erklären.

Während Heiner seinen Möglichkeiten freien Lauf ließ, gehörte ich eher zur Kategorie introvertierter Typ, der mehr seine Ruhe will und im Stillen genießt. Mittlerweile hat sich das kolossal geändert, aber das ist eine andere Geschichte.

Hannes hatte mit Anfang zwanzig eine echte Perle. Wie ihr richtiger Name war, wusste ich nicht mehr. Alle hatten sie nur »Perle« genannt. Eine Saison lang hatte sie hinter Hannes' Kasten gestanden und ihn angefeuert. Manchmal hatte ihre Anwesenheit auch fatale Ablenkung bedeutet, in der Regel jedoch war unser Keeper mit »Perle« im Rücken über sich hinausgewachsen.

Eine echte Zuckerschnute, zwei Jahre älter als mein Bruder, verführerischer Lolita-Blick. Warum auch immer: »Perle« hatte auf Torhüter und bereits ein Jahr später hinter dem Hansa-Gehäuse im Rostocker Ostseestadion gestanden. Seitdem hatte die Hanse-Kogge ein ernsthaftes Torwartproblem beklagt und war in der laufenden Saison mit satten fünfundsechzig Gegentreffern aus der ersten Bundesliga abgestiegen. Hannes hatte sich seitdem nie wieder verliebt, er schien bis heute über »Perles« Abgang nicht wirklich hinweggekommen zu sein.

Unser Hippie war da anders. Der nahm es, wie es kam, und vor allem nie ernst. Die chronologische Reihenfolge der Ausbeute seiner Volltreffer unter den »Wildcats« kriegte ich nicht mehr zusammen, alphabetisch ging es leichter: Angie, platinblond, zickiges Archiv-Mäuschen von Radio Wissemara. Die süße Bille, blonde Korkenzieherlocken, zwölfte Klasse Geschwister-Scholl-Gymnasium. Feli, blonder Pagenschnitt, üppige Anwaltsfachgehilfin aus Fischkaten. Jenny, damals rothaarig, Reinigungsfachkraft, sattelte später auf Hebamme um. Die eitle Nicki, dunkelblond, Visagistin, mit Ambitionen zur Schauspielerei. Swantje, fast eins neunzig, kurze blonde Haare, die längsten Beine der Welt, mit Hauptschulabschluss auf immer und ewig Hartz IV. Die Naturblondine Trixi, schüchterne Sonderschülerin, nach mehrfacher Brustvergrößerung zweitmächtigste Oberweite des Teams. Uschi, die Teamleaderin, einzige brünette Wildkatze, Verkäuferin in der Anker-Apotheke in der Dankwartstraße. Und die nimmersatte Wiebke, blonder Wuschelkopf, Kassiererin in der Drogerie Am Markt, die hatte Heinele sogar zweimal vernascht. Die einzigen, die die Laufwege des Stoßstürmers noch nicht gekreuzt hatten, waren Effi und Lolly. Die Erste galt als verkehrt herum, die andere war von Montag bis Mittwoch die heimliche Gespielin von Trainer Toto Peach, munkelte man …

Eine lange Liste von Eroberungen, die in Mettenhof ihre Fortsetzung finden sollte: Denn der schnörkellose Mittelstürmer spielte auch im »Weißen Riesen« filigrane Torjägerkanone. Heiner hatte sich mit der Oberbraut der Kieler Fangemeinde – von allen nur Knuddel gerufen (Mia Wallace in Strähnchenblond) – in die engste aller Besenkammern verdrückt.

Knuddel war ein Geschoss und ein Biest! Kaum hatten wir die Fünf-Raum-Wohnung im »Weißen Riesen« betreten, war die Wasserstoffblondine mit ihrer jungen Hundedame Daisy auf dem Arm vor allen auf zackigem Balzkurs stöckelnd hin und her gewackelt. Dazu trug sie ein rosarotes Strickkleidchen, das bereits einen halben Meter über den Knien endete. Signalfarbe für Sehbehinderte. Niemandem, aber auch wirklich niemandem konnte das entgangen sein ... mit Ausnahme des Gastgebers.

Das eindeutig zweideutige Glucksen und Wiehern aus der kleinen Besenkammer am Flurende wollte gar kein Ende nehmen. Knudsen hatte mir gerade die Aufstiegstaktik von Holzbein Kiel verklickern wollen, da hielt er inne und runzelte die Stirn. Trainer Freundlich kam vorüber, machte eine lustige Grimasse und klopfte vehement gegen die Besenkammertür, vor der das wollknäuelgroße Wollknäuel Daisy hockte und erbärmlich jaulte.

»Und?«, rief er feixend durchs furnierte Sperrholz hindurch. »Ist drin, der Fisch?«

Hannes schmunzelte, und ich nieste einmal laut und befreiend. Cooler Spruch, netter Typ, der Steffen Freundlich. Knudsen dagegen machte ein Gesicht wie sieben Tage Regenwetter – etwas, was für ihn und Kiel nicht besonders außergewöhnlich erschien.

Knuddel gehörte zu Knudsen! Die beiden waren seit drei Jahren ein Paar. Knudsen hielt Knuddel an der kurzen Leine, weil er der Vorsitzende des größten Fan-Clubs in Kiel-Mettenhof war und deshalb einen Ruf zu verlieren hatte.

Als die Sperrholzplatte der Besenkammer zerborsten in ihren Angeln hing, flitzte erst die kleine Daisy auf und davon und dann Knuddel mit hopsenden Brüsten flink hinterher, das rosarote Kleid nur mehr um die Hüften geschlungen. Der Stoßstürmer stand grinsend mit herabgelassener Hose zwischen den Pfosten. Das anschließende Handgemenge zwischen Hausherr und Heiner war kurz, aber heftig.

Keine Minute nach dem ersten Volltreffer hatten wir zwischen den Ringseilen im Flur über den Wohnkäfig durch den Schlafzwinger die Kurve gekratzt und waren vierundzwanzig Etagen hinunter schneller gespurtet als ein halbes Dutzend alkoholisierter und emotionalisierter Mettenhofer mit dem Fahrstuhl.

Der Ford F-150 stand goldrichtig, quasi in der ersten Startreihe, direkt vor der Haustür. Der Motor jaulte im Leerlauf wie ein Formel-1-Bolide. Wir wussten nicht, wohin, sahen im Rückspiegel noch den wutentbrannten Gegner und gaben einfach Vollgas. Das Viertel und auch die unmittelbare Umgebung waren uns völlig fremd, deshalb folgten wir einfach blindlings der Ausschilderung Richtung Kieler Stadtzentrum.

Wegen einer Tussi solch einen Ärger zu provozieren, war in unserer Situation so unnötig wie ein Kropf. Heiner wollte schwelgen, wir straften ihn mit Nichtbeachtung. Dann entdeckte er hinter sich etwas Hopsendes, Rutschendes, Mickriges. Was die Männer um Knudsen nicht geschafft hatten, musste für Daisy ein Kinderspiel gewesen sein. Bei der Verfolgung bis vor die Haustür hatte das Schoßhündchen ungeahnte Gassigeh- oder Sprungqualitäten bewiesen. Jetzt hockte der braun-graue Zwerg Nase auf der Ladefläche unseres Pick-ups und genoss bei knapp hundert Stundenkilometern Fahrtwind den Ausblick auf sein markiertes Territorium.

Nach der Vollbremsung an der ersten roten Ampel ließ ich auf Heiners Quengelei hin das Heckfenster herunter, und der kleine Hund hüpfte gekonnt auf die Werkzeugkiste, von dort ins Wageninnere und dann direkt auf Heiners Schoß. Der Beginn einer wunderbaren Freundschaft.

»Bolonki!«, wie unser Jüngster fachmännisch feststellte. »Die brauchen nur ganz wenig Futter und Auslauf.«

»Na, dann ist er ja hier richtig«, scherzte Hannes, um boshaft hinzuzufügen: »Wirf ihn raus, wir haben keine Zeit für Schmusehündchen.«

»Ein Mädchen«, stellte Heiner begeistert fest. »Bolonki kommen aus Russland. Ist die nicht süß? Die hat bestimmt gemerkt, dass wir Ostler sind.«

Daisy sprang lustig und keck herum und leckte Heiner mit der winzigen rosa Zunge übers glückliche Gesicht. Ihre Steuermarke in Herzchenform hing an einem weißem Perlenhalsband, das mit rosarotem Strass veredelt war, dessen Steine perfekt mit Knuddels kurzem Kleidchen korrespondiert hatten. So ein Bolonka ist extrem klein, wuschelig und unwiderstehlich. Fast so hinreißend und verlockend wie das Frauchen. Das hätte uns vorab zu denken geben sollen. Als wir später auf dem zentralen überdachten Omnibusbahnhof parkten und uns im Pick-up, versteckt zwischen den Bus-Ungetümen, für ein paar Stunden, soweit das eben ging, ausruhen wollten, zeigte Heiners putziges Schoßhündchen, was es von Knuddel gelernt hatte: Untreue. Als wären sie immer schon ein Paar gewesen, kuschelte sich Daisy an sein neues Herrchen und begann schon bald ganz leise zu schnarchen.

Der Sender im Autoradio piepte das zehnte Mal zur vollen Stunde. Anschließend dudelte leise der legendäre Carl-Douglas-Klassiker »Kung Fu Fighting« durch die Speaker, als eine Fußsohle in feinster Bruce-Lee-Manier gegen die Fensterscheibe meiner Fahrerseite knallte. Das Glas vibrierte, hielt aber stand, nur mein abgelegtes Ohr dröhnte wegen der Druckwelle auf Kirchturmglockenniveau.

Wir waren zwischen zwei Bussen eingekeilt, von einer Horde mit Baseballkeulen bewaffneter Mettenhofer Fußballfans umzingelt, die – vielleicht mit Ausnahme von Knudsen – alle Knuddel liebten, aber nie auch nur ein einziges Mal sich die feuchten Hände an ihrem heißen Körper verbrennen durften und nun beauftragt waren, erst Daisy zu befreien und dann Rache für ihren Chef zu üben.

Das schuf natürlich Animositäten, da kochten böse Hormone im Leibe, sodass nicht allein der Motor, sondern auch dessen Haube unter krachenden Schlägen heulte. Der Bolonka heulte auch, aber nicht vor Heimweh. Im Gegenteil: Erst krallte er sich zitternd und Schutz suchend an Heiners Brust, dann verkroch er sich unter dem Fahrersitz und ward nicht mehr gesehen. Das Allradgetriebe leistete gute Arbeit, zwei Kieler Knilche ließ der Ford verbogen hinter sich auf dem Asphalt zurück. Die Reifen quietschten, die zweihundert Pferdestärken zogen uns wiehernd im gestrecktem Galopp aus der Gefahrenzone.

Das war knapp! Erst dreißig Kilometer, das heißt eine gute Viertelstunde, später beruhigte sich das Glockengetöse in meinem Labyrinth zwischen Steigbügel, Hörschnecke und Trommelfell. Hannes erinnerte sich glücklicherweise erst jetzt seiner Makarov im Handschuhfach. (Ein Massaker hätte das unrühmliche vorzeitige Ende unserer Reise bedeutet.) Das nächste Ortsschild zeigte an: Eckernförde. Auf der rechten Seite schwappte die Ostsee träge an den Strand, trotz Dunkelheit sah das alles anders aus als in Meck-Pomm. Unterm Fahrersitz jaulte es zart klagend. Eine Tatsache: Ab jetzt suchten wir zu viert.

Der Himmel grollte noch, hielt seine Schleusen aber weitestgehend geschlossen. Vor der Kreisstadt Schleswig wollten wir ein Hotelzimmer beziehen. Die Jensen-Gang war gestresst, verschwitzt, todmüde. Die letzten Tage und vor allem Nächte forderten ihren Tribut, sie steckten jedem von uns böse in den Knochen. Hannes studierte die Landkarte, fand dann ein Plätzchen, dessen Name fast an zu Hause erinnerte.

In Fahrdorf – kurz vor den Toren Schleswigs gelegen – war es zwar nicht so idyllisch wie im heimischen Fährdorf, aber der einzige Gasthof konnte sich sehen lassen, hatte geräumige Zimmer, eine gutbürgerliche Küche, und die Mitnahme von Hunden stellte kein Problem dar.

Die Ähnlichkeit der Dorfnamen musste ein gutes Omen für erquickenden Schlaf und ein perfekter Ausgangspunkt für den morgigen Besuch des Dr.-Willi-Kuhr-Stadions, des Trainingsgeländes des VfR Schleiaal 06, sein.

Der Dynamo-Pokal bekam einen Ehrenplatz auf Hannes' Nachttisch. Daisy hüpfte zu Heiner auf den Schoß, woraufhin der sein Telefon achtlos mir in die Hand drückte.

Die Vuvuzela ertönte kurz nach elf. Diesmal säuselte keine Inga in mein fiependes Ohr, sondern Gregor Mahlzan in seiner Funktion als Redaktionsleiter des OSTSEE-BLICK.

Malle war voll in seinem Element: Wir dürften nicht vergessen, wo wir herkämen und immer noch hingehörten, begann er umständlich. Er wünsche sich als Hauptverantwortlicher des Vereins und des wichtigsten öffentlichen Wismarer Presseorgans ein Exklusiv-Interview zwischen dem BLICK und den Jensen-Brüdern. Das sei eine einmalige Gelegenheit, die er uns biete, unsere ganz persönliche Wahrheit zu veröffentlichen.

»Wer die Wahrheit sucht«, philosophierte ich müde, »hat häufig sehr viel zu leiden.«

»Ganz richtig, ganz richtig!«, schwadronierte Mahlzan weiter. »Die anderen Blätter wollen euch in der Luft zerreißen, dem brutalen Leser zum Fraß vorwerfen, das Team der Zukunft an norddeutscher Ostseeküste lebendig begraben. Aber wir ...«, betonte er voller Inbrunst, »wir stehen an eurer Seite. Ihr seid Wismarer Gewächse, ihr gehört zu uns. Ihr seid die Säulen des SC!«

Ehrlich, ich hatte den Präsidenten nie so geschwollen daherreden hören – nicht mal auf einer der berühmten Weihnachts- oder Jahresendfeiern.

Hannes und sogar Heiner fanden das auch merkwürdig. Wir bekamen von Malle Mahlzan eine Stunde Bedenkzeit und diskutierten das Für und Wider.

EINE ZWERGMÖWE SCHWINGT SICH ÜBER DEN ENTENWEG.

Wie verabredet, besuchte Oberkommissar Olaf Hansen Gregor Mahlzan am späten Nachmittag in den Redaktionsräumen des OSTSEE-BLICK und konfrontierte ihn mit der finanziellen Schieflage seines Vereins.

Inga Jensen hatte gute Vorarbeit geleistet, ihre Recherchen hatten es in sich: Seit vier Wochen waren keine Rechnungen mehr bezahlt worden. Fritze Schimmelpfennig und auch Krischan Beeck hatten seit drei Monaten kein Gehalt beziehungsweise keine Aufwandsentschädigung mehr erhalten. Selbst die Spieler waren vertröstet und allein der Trainer pünktlich bezahlt worden.

»Unser wichtigster Mann«, entgegnete Mahlzan.

»Ein Mann mit interessanter Vergangenheit«, erwiderte Hansen verblümt.

»Was wollen Sie damit andeuten?«

»Wie soll es mit der Ankerwinde weitergehen?«

»Irgendwie geht es immer weiter«, antwortete der Präsident.

»Nach meinen Recherchen beläuft sich die Versicherungssumme für die Demolierung des VIP-Saales, der Kristallvitrine und der geklauten Pokale auf knapp zehntausend Euro.«

»Peanuts!« Gregor Mahlzan winkte verächtlich ab.

»Versicherungsbetrug ist kein Kavaliersdelikt.«

»Herr Hansen, passen Sie auf, was Sie sagen!«
Dann verlangte er seinen Anwalt.
»Haben Sie einen nötig?«, fragte der Kommissar genüsslich.
»Sie waren zum betreffenden Zeitpunkt in Dänemark, Sie haben ein hieb- und stichfestes Alibi.«
»Eben«, entgegnete Malle.
»Mittlerweile geht es um Mord«, erhöhte Hansen den Druck.
»Drei lumpige Monatsgehälter sind kein Motiv«, fauchte Malle daraufhin.
»Es sind schon Menschen für weit geringere Summen umgebracht worden.«
Hansen hatte nichts in der Hand außer Vermutungen. Schon im Hinausgehen brummte er verärgert: »Bauer bleibt Bauer, selbst wenn er auf einem seidenen Kissen schläft.«
Mit Einschüchterungsversuchen überführe man keinen Täter, rügte die Staatsanwältin Hansens Vorgehensweise anschließend am Telefon, jetzt kriege sie eine völlig überflüssige Diskussion mit Mahlzans Anwalt.
Als Nächstes wollte sich Olaf Hansen den Trainer vorknöpfen. Total absurd!

Spärliches Laternenlicht fiel durch die Jalousien. Aus dem angrenzenden Badezimmer wehte ein muffiger Geruch zu uns herein, an der Decke klebte Schimmelpilz. Die Wanduhr tickte. Daisy schlief. Hin und wieder fuhren auf der Straße vereinzelte Autos vorüber. Leises Grollen eines entfernten Gewitters. Aus einem Nachbarraum drangen viel zu aufgeregte Stimmen herüber – vermutlich aus einem lauten Fernsehgerät. Die Kulisse klang nach unsäglicher Spielshow.
Lang gestreckt saß Hannes auf dem Doppelbett und betrank sich. Nach jedem dritten tiefen Schluck erschreckte er uns mit einem noch tieferen Rülpser. Heiner hockte in einem Sessel und kraulte mit der verletzten Hand die flauschigen Löckchen seines Spielkameraden, mit der anderen versuchte er nebenher auf Moorhuhnjagd zu gehen. Ich wanderte unruhig hin und her. Unsere permanenten Begleiter, die Scheiß-Schmeißfliegen, summten aufgekratzt durch den Raum; keine Ahnung, wie die den Weg aus

dem Wagen in den Gasthof und dann zu uns ins Zimmer gefunden hatten.

»Navi!«, spottete Heiner, um sich dann flüsternd zu ärgern: »Mist! Nur noch ein Balken im Display.«

Spätestens morgen früh würde ich ihn unter die Dusche stecken. Seinen Mief hielten nur mehr Vierbeiner aus: ein unerträgliches Gemisch aus Schweiß und alten Socken.

Heiner: »Wolltest du schon mal jemand anders sein?«

Hannes: »Jemand anders?«

Heiner: »Ja! Ein anderer eben.«

Hannes rülpste und versuchte wiederholt eine zerknüllte Astra-Büchse in den Papierkorb am anderen Ende des Raumes zu feuern. Seine Trefferquote blieb bei null. Ein ums andere Mal erschreckte das Scheppern auf dem Holzfußboden die zarte Daisy. Sie winselte klagend und legte das Köpfchen wieder zwischen ihre flauschigen Beinchen.

Hannes: »Wie meinst du das?«

»Wie ich es sagte.«

»Ein anderer sein … als Muschel oder als Möwe oder als Mensch, oder was?«

Die Uhr an der Wand tickte. Fast Mitternacht.

Heiner: »Pelé wäre nicht schlecht oder Cruyff.«

Hannes: »Ein Kaaskopp? Niemals.« Er gähnte.

Heiner: »Warum nicht?« Er kraulte mit dem kleinen Finger Daisys Nacken.

Hannes: »Dreimal nur Vize ist doch kacke.« Er rülpste.

Heiner: »Beste Fußballschulen der Welt.«

»Dann lieber Jaschin oder noch besser … Higuita.«

»Warum ausgerechnet Higuita?«

»El Loco – ›der Verrückte‹.«

»Also doch!«

Hannes nahm einen kräftigen Schluck aus seiner letzten Büchse.

»Was?«

»Na, du kannst dir doch vorstellen, jemand …«

Hannes unterbrach ihn barsch: »Ich wollte noch nie jemand anders sein.«

Er zerknüllte die Büchse und verfehlte abermals sein Ziel.

Easy Rider, dachte ich.
Da riss uns Heiners Telefon-Fanfare aus der Versenkung. Endlich. Mahlzan.
»Wir machen's, Präsi!«
»Das ist eine weise Entscheidung! Ihr seid echte Männer! Ich verlängere euch die Verträge, verdoppele eure Gehälter. Wie viel kriegt ihr monatlich?«
»Siebenhundertfünfzig pro Nase.«
»Sagen wir: ab der Rückrunde einen ganzen Tausender! Ist das ein Wort? Mach ich euch glücklich?«
Malle Mahlzan klang komisch, aber wir waren zu müde, um jedes Wort auf die Goldwaage zu legen. Tausend Euro – das ließ sich hören! Davon konnte man fast schon leben, vorausgesetzt, man blieb mit dem Arsch auf Papas Sofa und mit den Füßen unter Mamas Tisch.
»Schimmelpfennig ist tot.«
»Schimmel ... ist was?« Ich verstand nicht sofort.
»Die Schläge auf dem Kopf waren zu viel für ihn.«
Zu viel Schläge. Ich schwieg und überlegte, dann fluchte ich beschwörend und voller Hass: »Wir kriegen das Schwein!«
»Wer weiß, wer das war.« Mahlzan klang wieder so komisch.
»Wann ist Beerdigung?«, fragte ich.
»Freitagmittag.«
»Das schaffen wir nicht. Und die Pokale sind wichtig.«
»Macht euch keine Sorgen, Jungs. Für die Witwe und die Beerdigung wird gesorgt. Ich kümmere mich persönlich darum. Ihr trefft morgen mein Reporterteam. Das Interview widmen wir Fritze Schimmelpfennig. Was sagt ihr jetzt? Der hätte es garantiert so gewollt. Fritze hing an unseren Pokalen ... wie wir alle.«
»Gut ...«, überlegte ich, »morgen früh um neun.«
Ich studierte Schleswig-Holstein auf der Landkarte, stieß mit dem Zeigefinger auf die Autobahn A 7, die haarscharf an Schleswig vorbeiführte. Ein Zentimeter südlich davon der letzte Rastplatz vor der deutsch-dänischen Grenze: »Hüttener Berge«.
»Um neun ... auf der Raststätte ›Hüttener Berge‹!«
»Neun ist zu früh!«, unterbrach mich Malle hektisch. »Das schaffen meine Männer nicht. Elf Uhr, früher geht's nicht.«

»Gut, Präsi. Punkt elf, ›Hüttener Berge‹. Und keine Bullen ...«
Im Nachhinein glaube ich, dass ich mir das hätte verkneifen sollen. Gregor Mahlzan klang plötzlich wieder so komisch unterkühlt, als er sagte: »Der Hansen weiß gar nichts. Aber eure Inga macht mir Sorgen. Die soll morgen die Verfolgung aufnehmen und euch so schnell wie möglich nach Wismar in den Fürstenhof verfrachten. Wenn ihr wisst, was ich meine. Also Jungs, nehmt euch in Acht vor eurer Schwester ...«

Inga-Mäuschen in Schleswig-Holstein! Der Gedanke gefiel mir gar nicht. Plötzlich war es glasklar, dass nicht nur wir die Wahrheit über unsere Pokale suchten. Es gab auch eine Wahrheit, die begonnen hatte, nach uns zu suchen.

81. Spielminute

»Noch einmal geben wir über die Ostsee hinüber zu Klaus Poltzin an der Reeperbanen auf Ærø! Wie steht's? Wie sieht's aus für den SC Ankerwinde? Wendet sich das Blatt noch zum Guten? Klaus, bitte! Du bist auf Sendung ...«

»Das Spiel wogt jetzt hin und her. Nichts für schwache Nerven, das kann ich euch sagen ...

An der Strafraumkante geht Uwe Hanselmann, der Abwehrchef von Schleiaal 06, vorbei, umspielt Achim Lachhuber. Ach was, vernascht den Lachhuber regelrecht ... Cornelsen bringt den Ball in die Mitte ... und ... Tor. Nein! Tor. Franzen ...!

Kaum auf Sendung, da ist das 2:1 für den VfR Schleiaal 06 gefallen ... Solch ein Mist noch einmal. Solch ein Mist! Aber das war doch Abseits!? Das war ganz deutlich, ganz glasklares Abseits! Das kann man doch nicht geben ...

Es gilt ... es gilt. Verdammt und zugenäht!

In der 81. Minute die 2:1-Führung für die Schleswig-Holsteiner, für die Männer um Mettauge. Das wird eng, Jungs ...

Und es gibt ... noch einen Platzverweis! Au Backe! Ein Platzverweis für ... Fred Schreckenberger! Das auch noch! I can't believe it! Warum? Warum nur ...?

Mein dänischer Kollege ... Ja? ... Gleich neben mir, der dänische Kollege, der meint: ... wegen Reklamation! Das heißt nichts anderes als wegen Gemecker!

Wegen einer Abseitsstellung reklamiert unser Abwehrrecke Fred Schreckenberger, und jetzt muss der Schreckenberger dafür runter ... und das kurz vor dem Ende. Der SC Ankerwinde muss das Spiel mit zehn Mann zu Ende bringen ... Welch ein Verlust! Welch eine Benachteiligung ...

Freunde, Fans, auch Freundinnen, die ihr jetzt am Radio diese Reportage mit dem Herzen verfolgt! Das kann man so nicht stehen lassen. Das ist ein absoluter Skandal, was hier vor sich geht. Der

Titelverteidiger aus Wismar wird hier auf Ærø beim Finale um den Tilsiter-Cup nach Strich und Faden verschaukelt. Wen wundert's: Das Schiri-Gespann kommt von hier. Ich will nichts gesagt haben, aber das muss doch einmal offen angesprochen werden. Wie kann der Veranstalter die Schiedsrichter stellen, wenn das eigene Team gestern an der Ankerwinde kläglich gescheitert ist? Das gibt es doch nirgendwo, so etwas nennt man Wettbewerbsverzerrung ...
  Ein klares Abseitstor von Tore Franzen bringt Schleiaal 06 hier in Führung ... Tor von Tore Franzen, der Scorer der Schleswiger. Sein Vorname ist Programm ...
  Die Jensen-Brüder treiben jetzt die Ankerwinde nach vorn. Jetzt geht's ja gar nicht mehr anders ... Nur noch nach vorn. Nur noch wenige Minuten und man liegt fast uneinholbar 1:2 zurück.
  Ein Abseitstor und eine Hinausstellung für unseren Innenverteidiger Schreckenberger. Das darf doch alles nicht wahr sein ... Ist das denn noch zu fassen? Ich gebe noch einmal zurück ins Studio und melde mich dann gleich nach der nächsten Musik mit der Abschlussreportage ...«

RADIO WISSEMARA

5

Donnerstag, den 30. Juli

Eine trostlose Landschaft – die Schleswigsche Geest. Mitten im Hochsommer wirkte alles fast wie im Winterschlaf. Die Felder, die Moore, die Wiesen, die Bäume: ocker, neblig, grau. Selbst die Menschen – wenn man denn überhaupt mal welche sah – aschfahl, gebeugter Gang, ungesunde gelbliche Augäpfel. Zumeist war jedoch auf den Straßen keine Seele zu sehen.

Die Raststätte »Hüttener Berge« lag einige Kilometer vor der Autobahnausfahrt Jagel und damit unweit von Schleswig. Wir waren eine Stunde zu früh. Den Ford parkten wir auf einer Lkw-Stellfläche, genau zwischen den Lastern und Brummis, deren Aufgabe es war, massenweise Güter im Grenzgebiet zwischen Deutschland und Dänemark hin- und herzutransportieren, und die hier nur rasteten, weil der Fahrtenschreiber sie dazu zwang.

Heiner klagte bereits seit dem Frühstück in Fahrdorf über seine verletzte Hand, sie würde jucken, zunehmend schmerzen und langsam, aber sicher anschwellen. Zumindest war die Blutung gestillt.

Mit ein bisschen Salbe und Aspirin würde er schon noch eine Zeit lang durchhalten, meinte Hannes.

Was Heiner jedoch noch weitaus stärker beunruhigte, war das Verschwinden des letzten Balkens und damit die Aussicht auf ein jähes Ende von Telekommunikation und Moorhuhnjagd.

Erst rief Mahlzan an, um sich zu vergewissern, dass wir uns auch an die Abmachung hielten.

Dann eine neue Kurznachricht von Inga:

Wo steckt ihr? Ich bin auf dem Weg, euch abzuholen. Meldet euch! Inga.

Keine fünf Minuten später war überraschenderweise Papa Heinz in der Leitung, um zu erfahren, wie es uns und seinem Auto ergehe.

»Alles gut, Papa«, beruhigte Heiner, »und wie geht's Mama?«

»Auch gut. Was macht das Auto?«
»Flutscht wie 'ne Eins ...«
»Das ist schön ...«
»Noch was?«
»Mama fragt, wann ihr nach Hause kommt.«
»Wenn wir die Pokale haben.«
»Verstehe. Grüß deine Brüder!«
»Mach ich. Tschüss.«
»Und schreibt mal 'ne Karte, vor allem wegen Mama.«
»Ich schreib gleich heute.«
»Und fahrt vorsichtig.«
»Wir fahren vorsichtig, Papa.«
»Gibt's sonst noch was?«
»Wir haben jetzt einen Hund an Bord, total süß.«
»Aha ... Wie heißt er?«
»Eine Sie. Sie heißt Daisy. Ist uns zugelaufen.«
»Aha ...«
»Haart auch nicht. Versprochen.«
»Das ist gut. Tschüss. Passt auf euch auf.«
»Klar, Papa.«

So war das mit Papa. Es sei denn, wir sprachen über Fußball oder über Fischfang im Detail.

Der letzten Vuvuzela ging fast die Puste aus. Inga dann nur noch in Bruchstücken: Sie sei auf dem Weg zum LKA nach Kiel ... Hansen habe einen neuen Verdacht ...

Zum Abschied erklang die Melodie von »We are the Champions«, aber kurz und bündig, dann nur noch Ödnis und Leere in Heiners Akku und seinem Blick ...

»Alle!«, jammerte Heiner. »Keine Moorhuhnjagd mehr ...«
»Wir brauchen ein beschissenes Kabel«, lamentierte Hannes.

Unser Moorhuhn-Junkie griff sich Daisy und marschierte in den Raststättenshop, um das Geforderte zu besorgen.

Kurz vor elf rollte eine dieser lächerlichen japanischen Reisschüsseln auf den weitläufigen Parkplatz der Raststätte »Hüttener Berge«. L200, Möchtegern-Pick-up, 18-Zöller, schlappe hundertvierunddreißig PS, kein Vergleich. Schon beim Aussteigen erkannten wir das eingespielte Duo des BLICK: Raimund Tomsen, Chefreporter, und Franz Pickrot, Fotograf. Hatte Gregor Mahlzan tatsächlich seine besten Leute geschickt.

»Moin.«

»Moin.«

»Moin.«

»Moin.«

»Pike« Pickrot, wie man ihn in Wismar nannte, machte keinen Pieps und fing sogleich an, mit der gezückten Spiegelreflex zu knipsen. Das ging nicht lange gut. Plötzlich kurvte eine Polizeistreife im Schneckentempo den Parkplatz entlang, zwei steife Streifenmützen beobachteten misstrauisch die Szenerie.

Daisy kläffte von Weitem, Heiner kam ohne Kabel (dafür mit Kaffee und Kuchen) zurück, packte erst die Einkaufstüte und den Bolonka auf die Rückbank und dann Raimund Tomsen am Kragen, deutete zu den Bullen und zischte: »Du hast uns verpfiffen!«

»Keine Spur!«, gab Tomsen zurück.

»Verpfiffen!«, wiederholte Hannes.

»Niemals!«, beteuerte der Chefreporter.

»Bullen kreuzen nie zufällig irgendwo auf!«, philosophierte ich.

Der blau-silbernen Passat drehte einen verdächtigen Halbkreis auf dem Gelände und blieb etwa eine Spielfeldhälfte von den Pickups entfernt stehen.

»Wenn nicht du, dann der!« Ich zeigte auf den Fotografen, der verächtlich schnaubte und sein Teleobjektiv abschraubte. »Ich? Nie und nimmer.«

»Du bist doch nur der Handlanger vom Mahlzan, deinem Chef!«, warf ich ihm an den Kopf.

»Ich hab keinen Chef. Ich bin Freelancer!«

»Willst du uns verarschen?«, schrie ihn Heiner nervös an.

Die Polizisten gafften phlegmatisch herüber.

»Scheiße, Mann! Wenn ich gewusst hätte, dass die so dämlich sind, dann wäre ich erst gar nicht hergefahren!«, raunzte Pike seinem Kollegen zu und hantierte mit der Kamera. »Ein für alle Mal: Wir sind so sauber wie der ›Weiße Riese‹ in Mettenhof …«

»Mettenhof? Wieso Mettenhof?«, rief ich überrascht. Unser Kieler Wollknäuel fing sofort an zu knurren.

»Was weißt du von Mettenhof?«, regte Heiner sich auf.

Und Hannes blaffte ihn an: »Bestellt Mahlzan einen schönen Gruß und dass das keine Art ist, so mit seinen besten Spielern umzugehen!«

In diesem Moment schien die Situation sonnenklar. Entweder hatte Mahlzan die Bullen eingeweiht, oder die beiden Trottel vom BLICK hatten uns schon länger verfolgt und waren ihrerseits von den Polypen beschattet worden.

»Wir hauen ab!«, befahl ich.

»Wartet!«, ereiferte sich ein nervöser Tomsen. »Das ist ein Missverständnis! Ehrlich! Wir brauchen eure Story, ihr seid unser Aufmacher für morgen. Wir bringen die Jensen-Gang groß raus …«

Mittlerweile hatten die schicken Autobahnmützen das Fenster heruntergekurbelt, um besser beobachten und lauschen zu können. Stumpf wie zwei Ochsen starrten sie uns an. Hannes war heiß aufs Fahren, deshalb überließ ich ihm das Lenkrad. Pike schoss ein paar schnelle Fotos, dann sprangen auch die Reporter in ihren Mitsubishi.

Wir brausten vom Rastplatz auf die A 7 Richtung Norden. Hinter uns der schlappe Pick-up von Pickrot und in dessen Schlepptau der Bullenpassat. Hannes trat aufs Gaspedal. Als er den fünften Gang etwas zu hastig einlegte, knirschte es einmal heftig im Getriebe.

»Die verfolgen uns!« Heiner rieb an seiner Handfläche herum. Daisy glotzte hechelnd von einem zum anderen. Über den einzigen Außenspiegel hatte ich einen idealen Blick auf den Geleitzug.

Die letzten Reserven mobilisierend, setzte der lahme Peterwagen zum Überholversuch an, ächzte erst an den Reportern vorbei und dann auch noch an unserem F-150. Wild schwang der Beifahrerbulle eine Kelle aus dem Seitenfenster. Die Polizei hatte Funk an Bord, das war klar, ich wollte keine wilde Verfolgungsjagd mit Tatütata et cetera pp. Nachdem ich mit Hannes ein ernstes Wort gewechselt hatte, kurvte er artig hinter dem Polizeiwagen her. Erste Ausfahrt rechts, dann links auf die Dorfstraße, nach zweihundert Metern in die nächste Parkbucht.

»Haddebyer Noor«, stand in gelben Buchstaben auf grünem

Schild. Ein weiterer Hinweis verriet: noch zwei Kilometer bis Busdorf. Haddebyer Noor, Busdorf, mit dem flinken Finger landete ich auf meiner Straßenkarte in Meggerdorf. Namen seien Schall und Rauch, hieß es. Im nördlichsten Bundesland sollte man sie ernst nehmen. Fahrzeugschein, Führerschein, Personalausweis, das übliche Tamtam. Die beiden Streifenbeamten umrundeten unseren Pickup. Der Wagen vom BLICK parkte keine zehn Meter dahinter. Pike hatte sich samt Kamera hinter einem Knick verpieselt. Beamte mochten es nicht, während des Dienstes fotografiert zu werden. Tomsen hockte in einem roten Plastik-Klohäuschen und litt anscheinend unter schlimmster Blasenschwäche.

Eine steife Mütze lugte in den Wagen, vertrieb die eine oder andere freche Fliege vor der Nase, rümpfte dieselbige, gab die Papiere zurück und fragte zum Abschluss misstrauisch, wohin wir wollten.

»Dänemark. Urlaub machen«, meinte ich schlagfertig.

»Waffen, Sprengstoff, Messer dabei?«

Mein Blick sprach Bände, auch Hannes staunte.

»Ich wiederhole: Waffen, Sprengstoff, Messer dabei?«

»Nichts für ungut, Herr Wachtmeister«, blökte Heiner belustigt von hinten. »Der Kampfhund heißt Daisy und beißt keinen Beamten.«

»Waffen, Sprengstoff, Messer darf man trotz EU nicht über die Grenze mitnehmen.« Der Dorfsheriff plusterte sich auf und fügte verkniffen hinzu: »Waffengesetz, Paragraf 28 und 29, Absatz 1 und 2, dazu Paragraf 31, Absatz 1. Ausnahmen von der Regel regelt Paragraf 12, insbesondere Absatz 3.«

Hannes wollte ernsthaft wissen, was die Ausnahme von der Regel sei.

»Eine Ausnahme wäre zum Beispiel, wenn Sie Förster wären und nach Dänemark zur Ausübung Ihrer Jägerei fahren. Gehen Sie jagen?«

»In gewisser Weise schon«, nuschelte Hannes.

»Ich wiederhole: Fahren Sie nach Dänemark, um Ihren Beruf als Jäger ...?«

»Nö!«, versuchte ich den Disput abzukürzen.

»In dem Fall ist der Grenzübertritt mit Waffen jeglicher Art nach Paragraf 52, Absatz 3 des Waffengesetzes strafbar ...«

»Klugscheißer!«, murmelte Hannes.

»Wie bitte?« Dem Beamten entglitt sein amtliches Lächeln.

Heiner wollte witzig sein. »Können wir die Wasserstoffbombe hinten in der Werkzeugkiste lassen?«

»Schlüssel abziehen! Gurte lösen! Aussteigen!«, bellte der Oberbulle im Kasernenhofton. »Und zwar gaaanz laaangsam!«

Heiner entschuldigte sich, er habe nur Spaß machen wollen, das sei doch lustig gewesen, man könne doch in Ruhe noch mal über den Scherz nachdenken.

Ich hätte ihm fast eine Ohrfeige verpasst.

»Halt die Fresse, Heiner, und geh uns jetzt nicht auf den Senkel!«, schnauzte ich ihn an.

Als ich mich nach vorn wandte, war Hannes schon aus dem Auto gestiegen und zielte mit dem Lauf der handlichen Makarov auf den vorlauten Kollegen und fragte treublickend, aber hinterlistig: »Meinten Sie etwa so was?«

Der Angesprochene ließ sofort kraftlos seine Dienstwaffe fallen, und beide Dorfsheriffs reckten in Zeitlupe die Arme wie Kleinkinder in den Himmel.

Mein Bruder zielte in den offenen Peterwagen und verschoss das halbe Magazin. Der kläffende Knirps lag einmal mehr unter unserem Fahrersitz. Ein paar Nebelkrähen flogen erschreckt auf und protestierten gegen die Knallerei. Ein Zischen, ein Fiepen, und der Polizeifunk hatte sein Leben gegeben. Die beiden Beamten glotzten, als wären sie die einsamsten Außenposten am äußersten Rande des Universums.

»Monkey-Monkey!«, brüllte Hannes und lachte wie irre.

Der Oberbulle wimmerte, er habe Frau und Kinder und nichts gegen uns persönlich und schon gar nichts in der Hand. Wir könnten doch so tun, als habe es die Begegnung nie gegeben.

Das Paar Handschellen aus dem Einsatzwagen passte den Uniformierten wie angegossen. Heiner nahm ihnen die Mobiltelefone ab, pulte, als hätte er das schon lange geplant, die Akkus heraus und strahlte, als einer der beiden tatsächlich perfekt in sein eigenes Handy klickte.

Die Kollegen vom BLICK wollten schleunigst wieder auf ihren Kutschbock springen, da überlegte es sich der Fotograf plötzlich anders und zückte nochmals die Kamera. Hannes bot ihm das Motiv für den morgigen Aufmacher. Mit seiner Makarov im Anschlag stellte sich er sich wie bei einer Exekution neben den Oberbullen und zielte mit der Wumme auf dessen Hinterkopf. Wachtmeister Oberschlau wollte mit einem hanebüchenen Monolog über das völlig unausgereifte, innerhalb der EU überzogene Waffengesetz Zeit gewinnen. Wir taten ihm den Gefallen, ließen ihn sich im Paragrafen-Dschungel verheddern, bis er von sich aus die Schnauze hielt. Hannes neigte sich leicht zur Seite, um den Reportern mit der Knarre im Genick des Polizisten eine martialische Pose anzubieten, da löste sich überraschend ein Schuss.

Das war nicht geplant, das war nicht gewollt. Das war ein beschissener Zufall. Bei der Verrenkung für ein gutes Foto hatte Hannes irgendwie das Gleichgewicht und dadurch die Kontrolle über die Waffe verloren. Glücklicherweise streifte die Patrone nur den rechten Oberarm. Ein Uniformträger wälzte sich jaulend am Boden, was in Anbetracht der Handschelle und der Verkettung mit seinem Kollegen nicht einfach war.

Der Schreck saß uns tief in den Gliedern und lähmte einen Moment lang alle Beteiligten. Hannes schüttelte sich kurz und guckte fragend auf seine Makarov. Daisy flitzte aufgeregt um das sich wälzende Nervenbündel und leckte neugierig an den roten Schlieren herum, die sich auf dem sandfarbenen Boden verteilten.

Die Namensgebung wollte es, dass sich gleich hinter dem Parkplatz ein Moor ausbreitete. Die fette Aaskrähe auf dem Dach des Toilettenhäuschens beobachtete neugierig das Polizeifahrzeug, das im Leerlauf nach einem kleinen Schubser wie geschmiert den kurzen Hang hinuntertrudelte und mit der Motorhaube voneweg in der braunschwarzen Erdpampe versank.

Wenig später saß der verletzte Beamte im Klohäuschen, sein Kollege stand draußen daneben, und die gemeinsame Handschelle verband beide durch einen Lüftungsschlitz des Plastikklosetts. Für die Schmeißfliegen (innen) und Nebelkrähen (außen) ein fetter Festtagsschmaus.

Raubvögel singen nicht, dachte ich und blickte drohend zum

japanischen Pick-up-Verschnitt. Tomsen und Pickrot verstanden. Sie hatten uns nicht gerade angefeuert, aber auch keinerlei Anstalten gemacht, die prekäre Situation zu schlichten, geschweige denn sie zu unterbinden. Stattdessen machte sich der Reporter fleißig Notizen. Der Fotograf hatte seine Contenance zurückgefunden und schoss Fotos vom Feinsten, wie er nicht müde wurde zu betonen.

Der Wagen im Sumpf, der Beamte im Plumpsklo, der russische Bolonka setzte eine letzte Duftmarke an eine der Polizeimützen, die sich wie ein Stillleben auf dem Rasen darboten, und schon ging die Fahrt weiter von Busdorf bis nach Schleswig. Ein Katzensprung.

Gleich hinter dem Ortsschild stand fast vis-à-vis vom Landesmuseum »Schloss Gottorf« die Pension »Zum Schwarzen Schwan« und warb mit einer Tafel an der Hausfront und preisgünstigen Zimmern zu fünfundzwanzig Euro die Nacht inklusive Frühstück um potenzielle Gäste. Den Wagen konnte man unauffällig, schräg hinter dem Haus, auf einer kleinen Privatauffahrt parken, das erschien uns nach dem Missgeschick mit dem Hilfssheriff von Vorteil.

Das Haus war ein echter Knallbonbon im tristen Schleswiger Einerlei: von außen grell-orange gestrichen, drinnen himmelblau gekachelt.

»Oranje boven!«, brüllte Heiner am Empfang.

Die Rezeptionistin guckte erst fragend, begrüßte uns dann mit slawischem Akzent und reichte uns den Schlüssel mit der Nummer 11. »Drei-Bett-Zimmer nach vorn raus, mit Rundblick über die Friedrichstraße mit dem Oberlandesgericht und dem Gottorfer Damm. Größtes und schönstes Zimmer.«

Nachdem sie uns glaubhaft versichert hatten, nie auch nur ein einziges Wort mit einem Polizisten über uns gesprochen zu haben und auch den Zwischenfall am Moor auf der Stelle zu vergessen, quartierten sich die Männer vom OSTSEE-BLICK mit unserer ausdrücklichen Genehmigung gegenüber in Raum Nummer 5 ein.

»Zwei-Bett-Zimmer nach hinten raus mit schönem Blick auf die Schlei.«

Mir gefiel das zwar nicht wirklich, ich wurde aber von Heiner und Hannes überstimmt. Die Hartnäckigkeit der Schmierfinken war mir ein Dorn im Auge, andererseits konnte man die Presse für spätere Belange vielleicht im eigenen Sinne nutzen.

Das größte Zimmer der Pension war ziemlich klein, schlicht, stickig und muffig; Boden, Bett, Bad, auch hier alles in Himmel- bis Blassblau gehalten. Durch die geschlossenen trüben Fenster hörte man den Autoverkehr. Es roch wie in einem Altersheim.

Für unsere Verhältnisse diskutierten wir ziemlich professionell das weitere Vorgehen. Die Bank, Heiners Hand, der unglückliche Schuss – klar, dass die Luft dünner wurde. Der Tod des Platzwarts schlug zwar aufs Gemüt, bestärkte uns jedoch auch in unserem Entschluss, die Täter zu finden, um sie nicht nur zur Rechenschaft zu ziehen, sondern auch unsere Rache an ihnen zu vollstrecken.

Irgendwie war Daisy momentan der einzige Lichtblick. Sie tollte herum und kringelte sich auf dem abgewetzten Läufer und brachte uns ständig zum Lachen.

Der Streifschuss fand keine Erwähnung mehr. Im Grunde waren wir keinen Schritt weiter, auch wenn Heiner seine gesunde Hand dafür ins Feuer gelegt hätte, dass sich die Pokale in Schleswig befänden.

Die Spieler von Schleiaal hatten ein Motiv, das Finale von Ærø war dumm gelaufen, und die Männer um Mettauge hatten sich schon unmittelbar nach Spielschluss um den wunderschönen Wanderpokal zutiefst betrogen gefühlt. Hätten wir keine Sportlehre im Leib gehabt, hätten wir vielleicht ähnlich überzogen reagiert.

Wie ein Blitz stach es durch mein Gedankenchaos:

»Nichts scheint im Leben gefährlicher, als wenn sich die totale Hingabe aufgrund von Enttäuschung plötzlich komplett umdreht!« Das war schlau. Ich hatte das einmal gelesen, der Satz hatte sich eingeprägt und erhielt jetzt eine neue, vordem ungeahnte Dimension.

»Die haben sich Ersatz geholt. Die wollen uns wehtun!«, analysierte Heiner auf seine unnachahmliche Art.

»Die Affen kriegen auf die Glocke. Noch heute!«, schwor Hannes.

»Ruhig Blut!«, versuchte ich die Gemüter abzukühlen. »Das war nicht einfach zu schaffen. Denkt mal logisch! So wie wir waren die Schleswiger in Marstal auf Ærø. So wie wir mussten die erst mal runter von der Insel.«

»Wir haben die halbe Nacht gefeiert, die nicht«, gab Hannes zu bedenken.

»Dann der weite Weg bis Wismar. Zeitlich und logistisch machbar, aber leicht war das nicht.«

»Logo«, meinte Heiner. »Trotzdem!«

Er schlug klatschend mit der Faust in seine verletzte Hand, verzog vor Schmerz das Gesicht zur Grimasse, rollte sich aufs Bett, und der Schmusehund leckte ihm die Tränen. Dann nahm er die Hände auseinander, schrie wie am Spieß und sprang wie von der Tarantel gestochen wieder auf. Daisy hüpfte mit, sie zeigte sich begeistert von so viel ausgelassener Spielfreude. Heiner streckte uns seine Handinnenfläche entgegen. Mitten auf der eiternden Wunde saß eine schmarotzende Totenfliege, die sich (bei näherer Begutachtung) mit ihrem deutlich sichtbaren Leckrüssel festgesaugt hatte.

Ich riet ihm, sie wegzuschnipsen.

»Herausschneiden«, schlug Hannes vor, »oder ausbrennen.«

Voller Widerwillen packte er den schwarz-goldenen Brummer und zerquetschte den fetten Körper mit einem kernigen Knarzen.

Heiner pulte das zerrissene Tier aus der frisch aufgeplatzten Wunde heraus und säuberte sie dann unter dem laufenden Wasserhahn. Immerhin kam er auf diesem Wege erstmalig seit drei Tagen mit dem nassen Element in Berührung.

Inga hatte sich bislang nicht wieder gemeldet. Von Tomsen erfuhren wir, dass sie zurzeit in Kiel sei, um ihre Kollegen vom Landeskriminalamt zu treffen und das weitere Vorgehen zu besprechen. Noch konnte sie nicht wissen, dass wir die Landeshauptstadt längst wieder verlassen hatten. Es sei denn, Knudsen oder Knuddel hatten auf der Wache wegen der geflüchteten Daisy Rabatz gemacht.

Als wir das Hotelzimmer voller Tatendrang verließen, war es früher Nachmittag. Der kurze Weg sollte uns durch die Innen-

stadt Schleswigs und dann zum Stadiongelände von Schleiaal 06 führen.
Von Fährdorf auf Poel waren wir mindestens zweihundert Kilometer weit entfernt. Bei der Ankunft hatten wir uns noch gewundert, dass man in der Pension freie Zimmerauswahl hatte. Kein anderer Gast weit und breit! Niemand, der hierhin wollte oder sich hierher verirrte.
Ein trostloser Ort. Zwischen Gottorfer Damm und Lollfuß, wohin man blickte, überall gebückte Leute. Die beherrschende Stimmung: dumpf, grau, diesig. Wie die milchige Wolkendecke, die tief über den Dächern der Innenstadt und über der Schlei hing. Ein vierzig Kilometer langer, schlauchartiger Meeresarm der Ostsee, der nordöstlich von Schleswig im Dorf Kappeln beginnt, um am sogenannten »Wikingturm« im Herzen Schleswigs zu enden.
Was für Kiel der quaderförmige »Weiße Riese«, sei für Schleswig diese achteckige Betonsäule, ebenso viele Wohnungen auf engstem Raum und mindestens so hässlich, wie unsere auskunftsfreudige Rezeptionistin hatte erklären können. »Eine ästhetische Katastrophe – seit rund vierzig Jahren. Hilft auch nichts, dass sie dem grauen Kasten ein paar blaue Balkongeländer verpasst haben. Sollte man endlich sprengen, das fürchterliche Ding.«
Die letzten zwanzig Jahre waren an niemandem spurlos vorbeigegangen. Doch während man sich in Mecklenburg-Vorpommern der veränderten Situation entsprechend entwickeln und anpassen musste, hatten die Menschen in Schleswig-Holstein wenig bis gar nichts dazugelernt. Warum auch? Mussten sie ja auch nicht … Wie angewurzelt standen sie auf ihrem Grund und Boden. Dass das auf Dauer für niemanden gut war und etwas zutiefst Deprimierendes hatte, merkten indes nur die wenigsten.
In den siebziger Jahren hatten sie hier eine Bausünde nach der anderen zusammengeschustert. Da konnte man im Küstensaum von Meck-Pomm von Glück reden, dass die Mauer nicht früher gefallen war. Im Osten hatte man für modernen Schnickschnack nicht die Mittel, man begnügte sich zwangsläufig mit Flickwerk oder Platte. Heutzutage werden Bäderarchitektur oder Hansehäuser bis ins Detail liebevoll restauriert. In Mecklenburg lag

zwischen Ostseestrand und Asphaltstraße immer mindestens ein Dünengürtel, im Westen dagegen nur ein Maschendrahtzaun. Kein Wunder, dass niemand mehr an Schleswig-Holsteins Küsten Urlaub machen wollte. Verschandelte Landschaften, wohin man blickte.

»Auf der einen Seite der Innenstadt der altehrwürdige Schleswiger Sankt-Petri-Dom, auf der anderen der allmächtige Wikingturm – nicht weniger als ein Turmbau zu Babel!«, hatte unsere Rezeptionistin kritisiert. Keine Kreatur habe nach seiner Fertigstellung freiwillig in das hässliche Hochhaus einziehen wollen. Schließlich habe man die exklusiven Wohnungen mit unverbaubarem Schlei-Blick ans Rotlichtmilieu vermietet und später auf Kosten des Steuerzahlers an Arbeitslose und Sozialhilfeempfänger vergeben.

Immerhin, hatte ich karitativ gedacht, so hatte das Ganze am Ende doch sein Gutes.

Abgesehen von der Lage des Stadions des VfR Schleiaal 06, des Dr.-Willi-Kuhr-Platzes in Schleswig-Nord, wussten wir von diesem gottverlassenen Ort nicht viel. Eine sterbende Stadt, hieß es. In den letzten zwei Jahrzehnten hatte sich die Bevölkerung von über fünfunddreißig- auf unter fünfundzwanzigtausend Seelen reduziert. Die, die blieben, waren vor allem Alte und Kranke und Verrückte.

Denn die Stadt an der Schlei war weniger wegen ihrer Fußballkunst, sondern vor allem für ihre Irrenhäuser bekannt und berüchtigt. Weit über den Kreis Schleswig hinaus hatten sie einen gefürchteten Ruf. Die auskunftsfreudige Empfangsdame hatte uns mit einem ausufernden Monolog eingeweiht: am Hesterberg, in Klappschau, im Mühlenredder, am Stadtfeld, in Langstedt, Kappeln, Kropp, Sillerup oder Süderbrarup, um nur die größeren Einrichtungen zu nennen. Unzählige Heime in und um Schleswig herum.

Die Institution schlechthin – seit mehr als einem halben Jahrhundert – hieß LKV, das Kürzel für »Landesklinikum Vogelfrei«. Vor einigen Jahren wurde es privatisiert. Aber die Angst der Menschen vor dem LKV war geblieben.

Oder wie die Empfangsdame vom »Schwarzen Schwan« es

formuliert hatte: »Die haben die Blumenbeete neu gestaltet, den Häusern einen frischen Anstrich verpasst, das Personal reduziert und die Bettenanzahl massiv erhöht. Sogenannte Geisteskranke aus der ganzen Republik finden hier ihre letzte Heimat.«
Die gute Frau hatte dann noch gemunkelt, die Menschen, egal ob jung oder alt, würden geradezu panisch reagieren, wenn die Rede auf das ehemalige LKV komme.
»Und warum?«, hatte ich nachgefragt.
Und sie hatte geantwortet: »Wer einmal eingeliefert wurde, der ist geliefert. Der kommt da nie wieder raus.«

Mit dem Duo vom OSTSEE-BLICK im Schlepptau betraten wir zielstrebig das Stadion und Trainingsgelände des VfR Schleiaal 06. Der erste Eindruck zählte: War das ein vergammelter Fußballplatz! Verrottete Bandenwerbung, drei krumme Tribünenstufen. Überall schoss das Unkraut durch die Ritzen des zerfallenden Gesteins. Konnten die sich keinen Platzwart leisten? So musste der Vorhof zur Fußballhölle aussehen: alles verwahrlost, morsch und alt.

Hinter dem knapp tausend Zuschauer fassenden Rund des Hauptfeldes, vorbei an einem Umkleidetrakt, von dessen Mauern die alte Farbe blätterte, kraxelten wir eine schiefe, marode Steintreppe zum versandeten Trainingsplatz hinunter. Auf der einen Seite bolzte eine E- oder D-Jugend-Mannschaft, auf der anderen Hälfte übte ein knappes halbes Dutzend Männer Torschusstraining.

Eine Handvoll Schleiaale! Der Fliegenfänger Kalle Ingwersen stand im Tor. Eisenfuß Inge Wolf bildete mit Wolle Müller, der inthronisierten Spaßbremse, eine klägliche Mauer. An der Strafraumgrenze positionierten sich Schöngeist Schweini Schwitzke (weder verwandt noch verschwägert mit seinem Namenskumpel aus Bayern) und der knochentrockene Stoßstürmer Tore Franzen.

Eine ganze Fußballplatzlänge entfernt, brüllte Heiner derart, dass Daisy ihm vor Schreck vom Arm sprang und sich kläffend mehrfach um die eigene Achse drehte.
»Was für'n verrotteter Scheißverein!«

Verblüfft drehten sich die fünf Schleswiger zu uns um.
Hannes legte nach: »Trümmertruppe!«
Die Schleiaale schwärmten zusammen und bildeten mit verschränkten Armen eine Mauer des Schweigens.
»Wo sind die Pokale?«, brachte ich es sofort auf den Punkt.
Sie glotzten nur.
»Rückt sie raus, und wir sind sofort wieder weg.«
Bei Müller fiel der Groschen. »Die Jensen-Brüder!«
»So weit weg aus der Zone?«, krähte Ingwersen dummdreist dazwischen.
»Schnauze!«, zischte Hannes.
»Wir wollen keinen Ärger«, versuchte ich es diplomatisch, »wir wollen unsere Pokale, dann verdünnisieren wir uns.«
»Was für Pokale?«, fragte Schweini Schwitzke.
»Denen wurde der Pokal von letzten Samstag geklaut!«, spekulierte Inge und guckte knallwach aus seinen verkniffenen Schlitzaugen. »Den habt ihr eh nicht verdient.«
»Mecklenburger Ossenköppe!«, spitzte Lockenköpfchen Tore Franzen die Situation zu. »Der Ball war drin!«
Heiner energisch: »Der Ball war niemals drin!«
Ingwersen bekam vor Aufregung einen ganz roten Kopf.
»Klar war der drin.«
Könne er gar nicht wissen, verbesserte ich ihn, dafür sei er als Torwart viel zu weit vom Spielgeschehen weg gewesen.
»Der Ball war im Tor!«, versuchte es Franzen dieses Mal resolut wie ein Stoßstürmer.
»War er nicht!«, rief ich.
Alle vier Minipfoten von sich gestreckt, lag Daisy mitten zwischen den Fronten und spähte leicht begriffsstutzig hin und her. Hannes machte einen bedrohlichen Schritt auf Franzen zu, der daraufhin breitbeinig ebenfalls eine Drohgebärde machte, indem er wie ein Rummelboxer die Fäuste ballte.
Wolle Müller durchblickte die Sachlage am schnellsten: »Euch hat man eure Pokale geklaut? Scheiß auf eure Pokale! Müsst halt besser drauf aufpassen. Hier findet ihr euren Schrott jedenfalls nicht.«
»Und wenn wir sie hätten«, grinste Kalle Ingwersen gemein,

»dann hätten wir die eingeschmolzen und goldene Stollen draus gemacht, um euch beim nächsten Mal stilecht die Ärsche aufzureißen.«

Die fünf lachten über den coolen Spruch, und Inge Wolf knackte provozierend mit den Handknöcheln.

»Das ist nicht alles«, fauchte Hannes, »man hat uns auch den Platzwart totgeschlagen.«

»Das tut uns aber leid«, heuchelte Ingwersen.

»Dann sucht ihr ja sogar einen Mörder«, meinte Müller etwas nachdenklicher.

»Wo ist Mettwurst?«, fragte ich.

»Wie?«, fragte Schwitzke ziemlich dusselig.

»Euer Kapitän, die Mettwurst.«

»Du meinst unseren Mannschaftsführer?«

Wenn einer als Vertreter von Schleiaal 06 mit uns verhandeln durfte, da war ich mir sicher, dann nur Lars Mettauge, der kluge Spielmacher, den alle außerhalb Schleswigs nur Mettwurst nannten (sofern ihn außerhalb Schleswigs überhaupt jemand kannte). Das musste man den Schleiaalen natürlich erst mal verklickern.

Mettauge könne uns in diesem Fall auch nicht helfen, schnaufte Inge Wolf und blinzelte aus seinen Sehschlitzen, denn es gebe nichts zu verhandeln.

»Wie viel wollt ihr?«

»Was ist der Ramsch euch denn wert?«, fragte Franzen dreist.

»Also habt ihr sie doch!«

»Das hab ich nicht gesagt.«

»Wollt ihr uns verarschen?«

»Wie viele Pokale waren es denn?«, fragte Schwitzke.

Hannes wurde zusehends nervöser. »Das wisst ihr doch genauso gut wie wir!«

»Pro Cup einen Zwanni …«, meinte Ingwersen und grinste unverhohlen.

»Mann, Kalle, das ist doch keine Schleuderware!«, fuhr Inge Wolf ihn an und lachte laut. »Ein Hunni pro Pokal sollte schon drin sein.«

Von uns Brüdern sagte erst mal keiner mehr etwas.

Ingwersen glotzte mich hohl an. Schwitzke zuckte mit den

Achseln, als wollte er uns kleinmütig mitteilen, dass er für uns nichts tun könne. Mir kamen erste Zweifel, ob die Nordlichter überhaupt wussten, um was es hier ging.

»Ihr könnt uns bieten, was ihr wollt«, brach Wolle Müller das angespannte Schweigen, »eure Pokale haben wir trotzdem nicht.«

Das klang ehrlich.

So eine verdammte Scheiße! Die Torfköppe hatten überhaupt nichts mit der Sache zu tun. Etwas bedröppelt standen wir uns gegenüber.

»Und nun?«, fragte Tore Franzen süffisant.

»Was jetzt?«, wollte auch Heiner wissen.

Rückzug, dachte ich, kam aber nicht mehr dazu, es auszusprechen. Denn da hatten wir die Rechnung ohne Monkey-Monkey gemacht und Heiner schon bald einen Freund fürs Leben verloren.

»Alles Affentheater!«, schrie Hannes hysterisch, zog seine russische Neunmillimeter, lud durch und brachte die Mauer des Schweigens zum Hüpfen – mittendrin das wollknäuelgroße Wollknäuel. Feine Choreografie sah anders aus. Mit jedem Patroneneinschlag spritzte der Sand aus dem staubtrockenen Hartplatz.

»Tanz den Monkey-Monkey!«, schrie Hannes wie irre und ballerte munter drauflos.

Die kreischenden Fußballbutscher vom Nachbarplatz sausten wieselflink zur Umkleide, um sich in Sicherheit zu bringen. Tomsen und Pickrot, die bislang auf einer morschen Reservebank am Spielfeldrand herumgelungert hatten, bekamen exklusiv neue Motive für ihren morgigen OSTSEE-BLICK.

Pech war nur, dass die Makarov, die als sehr zuverlässige, aber recht ungenaue Handfeuerwaffe gilt, alles traf, nur nicht das, was Hannes anvisierte. Dreißig Schuss die Minute! Das Schleiaal-Quintett sprang vor dem Ballermann herum – improvisierter Kasatschok war nichts dagegen.

»Rache für Schimmelpfennig!«, brüllte Hannes. »Rache für unsere Pokale!«

Die drei durchlöcherten Fußballschuhe konnte man noch getrost als gerechte Strafe abtun. Für Wolle Müller, Inge Wolf und

Tore Franzen war der Saisonbeginn definitiv verschoben. Nur der Zustand von Daisy tat weh. Heiner war platt wie eine Flunder, er sollte Hannes das nie verzeihen. Das Wollknäuel sah aus wie eine vollgesogene, mächtig zerrupfte, gottverdammte Monatsbinde.

»Voll vuvu!«, heulte Heiner wie ein Schlosshund.

In seiner unermesslichen Wut über den unnötigen Tod seines süßen Bolonkas entriss Heiner seinem Bruder die Makarov, trat auf den zitternden Schweini Schwitzke zu, steckte den Pistolenlauf in dessen sabbernden Mund und zitierte lautstark und intonierend:

»Ich werde jetzt bis drei zählen, wenn du bis dahin nicht sagst, wo unsere Pokale sind, bleiben von deinem Gesicht nur die Ohren übrig.«

Schwitzke schwitzte Rotz und Wasser, bekam keinen Laut heraus, würgte und erstickte fast am Lauf. Heiner zählte herunter und drückte ab. Es machte: »Klick. Klick. Klick.«

Der labile Junge brach schluchzend zusammen.

»Fast wie russisches Roulette!«, flüsterte Hannes begeistert.

»Das wird euch eine Lehre sein!«, brüllte Heiner, zog das leere Magazin aus der Waffe und feuerte es Schweini, der Heulsuse, an den Kopf. »Wer unsere Familie beklaut oder beleidigt, kriegt auf die Schnauze.«

Mit einem Leihkuli von Raimund Tomsen kritzelte ich ein paar Zahlen auf einen Zettel und drückte ihn Wolle Müller in die offene Hand.

»Falls jemand was Sinnvolles erfährt, erreicht er uns unter dieser Nummer. Gibt auch tatsächlich 'ne Belohnung.«

Über eine Prämie oder ein Honorar für die Wiederbeschaffung unserer Pokale hatten wir bislang nicht nachgedacht, aber eine Art Provision könnte eventuell helfen und machte von daher Sinn.

Gerade als wir dachten, die Kurve gekriegt zu haben, und dabei waren, sie zu kratzen, da stürzte sich der einzig verschonte Schleiaal mit einem Urschrei auf Heiner. In einem Tobsuchtsanfall drosch Kalle Ingwersen auf unseren Bruder ein. Ingwersen bekam sofort Saures zurück.

»Der gehört inff LKV!«, lispelte Heiner und rappelte sich auf.

»Du Schwein!«, brüllte Ingwersen beleidigt. »Du hast doch keine Ahnung, meine Oma ist in Klappschau!«
Null Checkung, was der Gefahrensucher meinte. Heiner fingerte unbeeindruckt in seiner Mundhöhle herum, holte einen abgebrochenen Schneidezahn hervor und trat daraufhin noch einmal beherzt dem Torsteher zwischen die Pfosten. Der heulte auf – eine Vuvuzela oder selbst die klassische Pressluft-Fanfare waren nichts dagegen.

Abgang. Aber gaaanz laaangsam ...
Als wir auf dem oberen Absatz der schiefen Steintreppe angelangt waren, drückte sich der ängstliche Fußballnachwuchs an den Fenstern der Umkleideräume die Nasen platt. Wir drehten uns noch einmal um und sahen, wie die fünf lädierten Schleiaale das Schlachtfeld räumten. Ein jämmerlicher Anblick – wie dieses gesamte abbruchreife Gelände.

Unsere tote Daisy hatten wir dort unten im Staub und Tumult leider liegen gelassen und ... fast schon vergessen.

Die Hausmarke der »Asgaard«-Brauerei sollte über Ärger und Trauer etwas hinweghelfen. Im Garten der Wikinger-Bierbude, vis-à-vis der Schlei-Wiesen, aßen wir mit unseren beiden ständigen Begleitern vom BLICK einen schnellen Happen und spülten mit ein paar frisch Gezapften nach.

Die Terrasse war ganz gemütlich: Wir lümmelten uns in den Strandkörben, die hier für die Gäste aufgestellt worden waren, und schauten den Möwen hinterher. Fast wie auf Poel oder am Alten Hafen in Wismar. Kreischend kreisten sie über den Wiesen und rund ums Brauereidach und hatten unweit der Theke sogar ein eigenes Zuhause, wie die unförmige »Asgaard«-Kellnerin zum Besten gab.

»Die sogenannte Möweninsel, gleich dort drüben mitten in der Schlei.«

Sie zeigte hinaus auf den Fjord, wo mit ein bisschen gutem Willen in der Ferne tatsächlich ein Eiland zu erkennen war. Ein Schwarm Sturmmöwen segelte draußen gegen den Wind.

»Steife Brise aus'm Westen«, meinte die Kellnerin, »das heißt in Schleswig schlechtes Wetter.«

Von der Sonne verwöhnt schienen sie jedenfalls nicht zu sein, so blass, wie sie hier alle aussahen.

Raimund: »Nicht lang schnacken, Kopp in Nacken!«

Raimund Tomsen und Franz Pickrot konnten richtig nette Kumpel sein. Beide bewiesen Sitzfleisch und Nehmerqualitäten, erzählten mit jedem Bier eine neue Anekdote. Vor allem jene mit Olaf Hansen und dessen hanebüchenen Fußballkenntnissen hatte es in sich.

Der Kommissar hatte nach unserem Bankbesuch auf einer Pressekonferenz im Rathaus beweisen wollen, dass auch er über fußballerischen Sachverstand verfügte und die Wismarer Jensen-Jungens mit der berühmten Bayern-Achse Maier-Netzer-Müller verglichen.

Im Bürgerschaftssaal habe Klaus Poltzin von Radio Wissemara mit einem blutgetränkten Turban auf dem Kopf so angeditscht ausgesehen wie Dieter Hoeneß bei seinem berühmten Auftritt im DFB-Pokalfinale anno 1982, erzählte Tomsen freimütig. Dennoch hatte Wismars Topreporter allen Grund, schallend zu lachen.

Hansen wollte sich davon nicht beirren lassen: Für Gesamtdeutschland hätte die Bayern-Achse in den Siebzigern einen ähnlichen Status erreicht wie die Jensens jüngst für Wismar.

Daraufhin schüttelten die Journalisten reihenweise die Köpfe und verdrückten tiefste Seufzer. Allein die Bürgermeisterin, an seiner linken Seite sitzend, hatte dem Kommissar weiterhin mit einem glücklichen Gesichtsausdruck zugehört und Hansen in seinen Ausführungen nickend beigepflichtet.

Er habe auch die Sympathie und Anerkennung nachvollziehen können, die die Jensens bei ihren Fans und in Teilen der Bevölkerung der Hansestadt genießen würden. Fußballer seien zu allen Zeiten Helden gewesen, damals wie heute, hatte Hansen dann zu philosophieren begonnen, gerade in schwierigen Zeiten bräuchten die Menschen solche Idole wie die Jensen-Brüder.

Da hatte auch Ilse Hannemann zum ersten Mal die Mundwinkel verzogen – und zwar nach unten. Der Oberkommissar solle nicht unnötig abschweifen, hier gehe es nicht um Politik, sondern um die Aufklärung beziehungsweise Vermeidung weiterer Verbrechen und so weiter und so fort.

Pike: »Nicht lang schnacken, Kopp in Nacken.«

Die Biergläser krachten aneinander, und der Schleswiger Gerstensaft floss die Kehlen hinunter. Nicht schlecht, aber Wismarer Pilsener war leckerer.

Während Hansens Ohren puterrot angelaufen waren, hatte er trotzdem seine Thesen vertieft. Fußball lenke von den Problemen des Alltags ab. Man habe etwas, worüber sich zu reden lohne. Aber genau deshalb müssten Fußballer vorbildliches Verhalten an den Tag legen, dürften sich nicht gehen lassen. Nicht während und auch nicht nach ihrer aktiven Laufbahn. So wie damals eben die legendäre Bayern-Achse mit Maier, Netzer und Müller.

Die Meute hatte gegluckst vor Glück, die Stimmung war bombig gewesen. Hansens attraktive Souffleuse hatte an der entgegengesetzten Saalwand gelehnt, die Hände über dem Haupt zusammengeschlagen und war dann vor Verlegenheit in die Knie gerutscht.

Inga beteuerte später, die exakten Fakten geliefert zu haben, doch Fußball-Laie Olaf Hansen habe dann in der Hektik der kurzen Vorbereitung zur Pressekonferenz alles durcheinandergebracht.

Oh Mann! Günter Netzer ausgerechnet bei den verhassten Bayern! Und das langhaarige Fohlen dann auch noch mit Kaiser Franz zu verwechseln, das war beiden Fußballrivalen in ihrer langen schillernden Karriere garantiert noch nicht untergekommen.

Die Geschichte war köstlich und in den lokalen Medien vorzüglich ausgeweidet worden, wir bekringelten uns. Heiner grinste etwas verbissen, hob sein Glas und lispelte: »Nicht lang ffnacken, Kopp in Nacken! Profft!«

Er sah ziemlich demoliert aus. Erst die Raubmöwe in Boltenhagen und dann der Ingwersen. Zack! – Schneidezahn entzwei. Der Rest lugte zackig aus dem Zahnfleisch. Die fette Lücke erinnerte schon ein wenig an das ramponierte Gebiss unserer Fischverkäuferin Lotte Nannsen.

»Das mit dem Platzwart ist scheiße«, sagte Raimund Tomsen.

»Und vor allem völlig unnötig«, meinte Franz Pickrot.

»Wie meinst du das?«, fragte ich.

»Für ein paar Pokale legt man keinen um.«

Die Stimmung bekam eine Delle. Pike merkte das und hob sein Glas. »Auf Fritz Schimmelpfennig!«

»Auf Fritze!«

»Auf Fritffe!«

Die Gläser krachten ein letztes Mal freundschaftlich aneinander.

Pike: »Wer sagt euch eigentlich, dass eure Pokale hier sind?«

Hannes schien mit einem Schlag nüchtern: »Wieso?«

Raimund: »Na, eigentlich spricht wenig bis gar nichts dafür, dass die Dinger einmal quer an der Küste entlanggewandert sind.«

»Ffo ffind Wanderpokale ...«, wollte Heiner wissen.

»Was meinst du damit?«, hakte ich nach.

Die Stimmung kippte.

Raimund: »Ihr habt keinerlei Anhaltspunkte.«

Hannes: »Scheiß der Hund drauf!«

Ich: »Das nennt man Intuition.«

Pike: »Das nennt man Stochern im Nebel.«

Die Stimmung war eindeutig im Eimer. Heiner guckte verstört hin und her, Hannes biss sich auf der Unterlippe herum. Pike Pickrot grinste überheblich.

Raimund: »Ihr werdet berühmt ... als die absoluten Deppen von Meck-Pomm.«

Der Chefreporter hatte schon ein paar Wikinger-Biere intus. Das nächste Pils gab es gratis über sein dünnes Haupthaar geschüttet. Geplant war das nicht, reiner Reflex. Raimund Tomsen war sauer, brachte mit schwerer Zunge nur etwas von »keinen Ärger wollen« und »Profi bleiben« zwischen den Zähnen hervor. Pike Pickrot vermied jede süffisante Reaktion, der ausgebuffte Knipser hatte wahrscheinlich einfach nur Angst um sich und vor allem um seine teuren Kameras.

»Man darf nicht alles glauben, was die Leute so schnacken«, meinte er plötzlich überraschend nüchtern.

Raimund Tomsen trollte sich grollend und klatschnass aufs WC. Der Wirt wollte uns offensichtlich loswerden. Wir taten ihm den Gefallen, nachdem sich Hannes noch mit einem Fünf-Liter-Fass »Asgaard-Spezial« für den Weg eingedeckt hatte. Wir bezahlten und fuhren zurück zum »Schwarzen Schwan« – beides getrennt vom provozierenden Anhang.

Nach dem Brauereidisput setzten sich die BLICK-Reporter ab, ihre neueste Story mit den besten Fotos musste nach Wismar gesendet werden. Die temporäre Kooperation zwischen ihnen und uns war somit beendet.

Eines zeichnete sich an diesem Abend ab: Alle wurden nervöser, reagierten gereizter, sogar auf Kinkerlitzchen. Heiner widmete sich seinen Wunden. Hannes soff weiter, ganz schlecht für seine Psyche. Die Fliegen hatten sich wieder vermehrt und summten penetrant um uns herum. Mich machte das ineffektive Warten in dieser lausigen Behausung fahrig.

Der Mist mit den Schleiaalen und selbst der Ärger in der Brauerei hatten nicht sein müssen. Unnötige Kraftverschwendung. Brando oder Pacino waren weit weg. Alles nur Film, dachte ich und fauchte Hannes und Heiner an.

»Ihr dürft nie einen Menschen, der nicht zur Familie gehört, merken lassen, was ihr denkt.«

Der Mittelstürmer glotzte. Der Torwart rülpste. Die Nerven lagen so blank wie Hannes' Plunder, der sich im Zimmer überallhin verteilt hatte. Ohne den geringsten Ansatz eines Systems hatte sich der Inhalt seines riesigen Reisekoffers auf Bett, Kommode, Boden und Tisch entleert. Der Anblick reizte mich. Es war kurz nach halb zwölf.

»Das Leben ist wie Fußball«, referierte ich leicht fiebrig, »es bedeutet Leidenschaft und Emotion, aber ohne ein Mindestmaß an Ordnung und Disziplin geht es nicht. Wir spielen auch bei der Ankerwinde kein Harakiri, sondern ein ausgeklügeltes Vier-drei-drei-System. Und warum tun wir das?«

Meine Brüder guckten mich stumpf an, mich brachte das auf die Palme.

»An jedem verdammten Sonntag gewinnen oder verlieren wir. Die Frage ist nur: Können wir gewinnen oder verlieren wie Männer?«

Bei Hannes arbeitete es im Oberstübchen, sein Bruder besann sich. »Wo ffind denn nun unffere Pokale hin?«

»Schnauze, Heiner.«

»Pacino in Ehren, aber Football ist kein Fußball.«

Schlauberger Hannes kippte die lauwarme Plörre aus dem Bierfass in seinen Zahnputzbecher.
»Wir stecken knöcheltief in der Scheiße!«, eiferte ich mich.
»Wir können dort hocken bleiben und uns den Arsch aufreißen lassen, oder wir stehen endlich auf und kämpfen.«
»Setz dich, Horst.«
»Schnauze, Hannes.«
In diesem Moment riss der verrückte Bienenstock die letzten Nervenenden entzwei und Hannes Heiner das Handy aus der Hand.
»Ja?«
»Seid ihr die Jensen-Brüder?«
Die Stimme klang mechanisch, ohne die geringste Emotion. Dennoch war sie laut, so laut, dass man mithören konnte.
»Jo.«
»Ich hab eure Lieblinge. Ich will zweitausend dafür.«
»Das ist viel.«
»Pro Stück einen glatten Hunderter.«
»Okay.«
»Und keine Polizei! Oder ich verbieg euch die Dinger. Verstanden?«
»*Tutto capito.*«
»Morgen früh. Sagen wir um acht. Übergabe in Süderschmedebyfeld ...«
»Was?«
»Süderschmedebyfeld! Ich wiederhole mich ungern.«
Das wirkte nicht einmal boshaft, eher genau überlegt, wie einstudiert.
»Claro.«
»*Sei italiano?*«
»Häh?«
»Süderschmedebyfeld! Nicht vergessen: zweitausend. Möglichst kleine Scheine. Und keine Bullen, wenn ihr nicht wollt, dass euren Schätzchen etwas zustößt.«
»Okay. Süderschmedebyfeld. Zweitausend. Morgen früh, Punkt acht.«
»Ciao!«

»Ciao.«

Hannes legte auf. Er war unschlüssig, was er davon halten sollte. Damit war er nicht allein.

»Der verarscht uns doch …«

»Gibt keinen Grund.«

»Vielleicht Ingwerffen, der Knallkopp«, meinte Heiner, »der hat doch auch waff von Pokalekaputtmachen geredet.«

Da fiel mir ein, dass Inge Wolf etwas von einem Hunni für jeden Pokal gequasselt hatte.

»Nee, das war ein Profi.«

»Profi für was?«, fragte ich irritiert.

»Für Geschäfte und Abwicklungen …«

Das war endlich wie im Film, nur dass der Soundtrack fehlte. Es war mucksmäuschenstill in unserem Pensionszimmer.

»Irgendwann werde ich dich bitten, mir eine kleine Gefälligkeit zu erweisen«, zitierte ich aus der Erinnerung heraus.

In Heiners dunklem Gedankengebräu brodelte es.

»Scheiffe! Daff doch alleff kacke!«, rief Heiner. »Wir fahren dahin, schnappen unff die blöde Profi-Ffau, ffacken die Pokale ein und nix wie nach Hauffe. Ich hab keinen Bock mehr auf die Scheiffe.«

Die halbe Nacht sollte Heiners Litanei so weitergehen, bis er das S auch ohne zweiten Schneidezahn wieder einigermaßen akkurat über die Lippen bringen würde.

Hannes lenkte sich mit Packen ab. Meine Moralpredigt hatte gewirkt. Die Schuhe zuerst, dann die Anzüge, rechts Socken, links Hemden. Außerhalb schien es ihm gleichgültig, innerhalb seines Koffers hatte alles seinen vorgeschriebenen Platz. Zuoberst Dynamo-Pokal, Makarov, Patronenschachtel. Es hätte mich auch gewundert: Fußballer waren zeit ihres Lebens geradezu verseucht von Aberglauben und Ritualen.

Unser Torhüter spuckte stets entschlossen in die Hände und zog dann seine Torwarthandschuhe immer erst nach dem Anpfiff drüber. Während einer Siegesserie trug unser Mittelstürmer den immergleichen Schlüpfer unter seinen Fußballshorts. Ich hatte mir angewöhnt, den Spielball vor Beginn des Matches zu streicheln. An sich nichts Ungewöhnliches, mancher Virtuose liebkoste vor jeder Ecke oder jedem Freistoß die Lederpille. Nur: Ich schoss normalerweise keine Standards. Wenn ich es nicht geschafft hatte, mein Ritual vor Spielbeginn zu vollziehen, wirkte es während des Spiels reichlich deplatziert.

Hannes saß auf seinem gepackten Koffer, beide Brüder schauten mich an, als wenn sie von mir eine Entscheidung forderten. Ich studierte die Straßenkarte und fand das mickrige Dorf nach langem Suchen irgendwo zwischen Schleswig und Flensburg.

»Wir brechen auf. Bringt nichts, hier länger sinnlos abzuhängen«, bestimmte ich den weiteren Fahrplan. »Wir fahren jetzt nach Süderschmedebyfeld. Basta.«

»Ich will nach Hauffe.« Heiner jammerte herum, wollte sich gerade so richtig hineinsteigern, da vuvuzelate abermals das Telefon.

»Jenffen! ... Wer? ... Heiner Jenffen.«

Stille.

Für meine Ohren war der Gesprächsteilnehmer nicht mal im Ansatz zu verstehen.

»Hier gibtff kein Taxi ... Hier gibtff keinen Uwe Hanffelmann, Mann!« Heiner hörte einige wenige Sekunden zu, dann explodierte er.

»Scheiffe! Waff glaubfft du, wer du bifft? Du wolltefft mich ficken? Redefft du mit mir? Du laberfft mich an? Du laberfft mich an! Kann daff ffein, daff du mich meinfft? Du redefft mit mir. Ich bin der Einffige, der dran iff. Mit wem kannfft du Arsch in dieffem Ton reden? ... Ach ja? ... Okay ... Scheiffkerl! ...«

Heiner drückte auf der Tastatur herum, als wäre er auf dem höchsten Schwierigkeitslevel seiner Moorhuhnjagd. Immerhin kam sein S ganz langsam zurück. Mit ein bisschen Geduld und Spucke ging alles. Noch einmal horchte er in die Leitung und rief dann: »Irokese! Verpiss dich zu deinem Stamm und lutsch am Büffelknochen, bevor mir der Kragen platzt!«

Wutschnaubend warf er das Gerät aufs Bett und stand dann wie belämmert im Raum herum.

»Wow!«, entfuhr es Hannes anerkennend. »Taxi Driver!«

»Hallo?«, schnarrte es deutlich von der karierten Überdecke.

Wir Brüder schauten uns an. Das schien klar wie Kloßbrühe, da wollte uns einer fertigmachen.

»Hallo? Uwe? Bitte. Ich brauch ein Taxi. Nach Hühnerhäuser ... zu meiner Ollen. Egal, ob du duun bist oder nicht, ich zahl dir zwanzig Piepen über normal. Uwe? Mann! Hanselmann! Zwanzig Piepen mehr! Da muss deine Oma lange für stricken. Hallo? ... Na, dann eben nicht, Sabbelmors! ... Uwe? ...«
Dann knackte es leise, und die Leitung war tot.

6

Freitag, den 31. Juli

EINE LACHMÖWE KREUZT ÜBER DER MÖWENINSEL.

Kurz nach Mitternacht traf Inga Jensen in ihrem rostigen Clio in Schleswig ein. Sie bezog ihr Quartier im Hotel »Alter Kreisbahnhof«, gleich neben der »Asgaard«-Brauerei und den Schlei-Wiesen.

Zuvor hatte sie in Kiel Kontakt mit Knudsen und Knuddel gehabt, die im Kommissariat den Verlust eines Hundes und wegen eines blöden Unfalls im Busbahnhof ein Clubmitglied mit Beckenbruch beklagten. Sie hatte ihre Brüder bereits unterrichtet, indem sie ihnen eine Meldung auf der Mailbox hinterlassen hatte.

Die Dorfsheriffs hatten die »Hinrichtung am Haddebyer Noor«, wie es der SCHLEI-BLICK unnötig dramatisierte, trotz Streifschuss und Blutverlust überlebt. Den Einsatzwagen schrieb die Dienstbehörde erst einmal ab, in diesem Quartal waren für die Bergung keine finanziellen Mittel vorhanden.

Die unverkennbaren Spuren, ihr Gespür und logisches Denken hatten Inga Jensen schließlich in das trostlose Nest Schleswig geführt.

Sie wollte am Nachmittag den Spielern von Schleiaal 06 einen Besuch abstatten – und natürlich vor allem ihre Brüder wiedersehen.

Im Dachgeschoss des kleinen, aber feinen Hotels fiel sie in einen traumlosen Schlaf.

Um halb fünf schlichen wir uns aus dem Zimmer. Auf dem Flur hörten wir, wie einer der beiden Reporter vom OSTSEE-BLICK Wände durchdringend schnarchte. Unten am Empfang war die auskunftsfreudige Rezeptionistin mit ihrem Kopf auf dem Pult ebenfalls eingeschlummert. Wir legten einen Hunderter auf den Tresen – total übertrieben – und huschten unbemerkt ins Freie.

Ein tintenblauer Himmel empfing uns. Der Pick-up machte einen ausgeschlafenen Eindruck. Die schräg gegenüberliegende Tankstelle hatte vierundzwanzig Stunden geöffnet.

Der F-150 rollte vor die Säule, und der alte Tankwart glotzte verschlafen hinter seiner Kasse hervor. Er rieb sich die Augen, während Heiner den Ford betankte und ich zum Tresen schlurfte, um ein paar Brötchen, Tageszeitungen und siebzig Liter Benzin zu bezahlen. Er starrte mich an, schaute hinunter auf seinen druckfrischen Schleswiger SCHLEI-BLICK, verglich noch einmal und kriegte sich nicht wieder ein.

»Ihr seid die Jensen-Brüder! Himmel, Arsch und Zwirn! Die Jensen-Crew! Mich laust der Affe, die berühmte Jensen-Gang auf meiner Tanke! Ohaueha! Die Jensens! Was verschafft mir die Ehre? Düvelskeerle! Schätze, ihr seid hinter den Pokalen her. Stimmt's oder hab ich recht?«

Der Tankwart machte keinen Hehl aus seiner Sympathie und fuhr unverblümt fort. »Mit hundertfünfzig Sachen in die Ortschaft! Ich werd nicht mehr. Up Düvels Schuuvkaar geit dat nich fixer. Hundertfünfzig – macht tominstens zehn Punkte in Flensburg und ein Jahr Führerscheinentzug! Das macht Spaß, wie?«

Er lachte glücklich, hob den SCHLEI-BLICK vom Tresen und hielt mir den buchstäblichen Beweis vor die Nase. Das Klützer Blitzerfoto von vorgestern: Radarnummer, Geschwindigkeit, zwei Wismarer Pappenheimer gestochen scharf auf den Vordersitzen. Ich schnappte mir das Käseblatt und staunte. Garantiert nicht rechtens, das furiose Highspeed-Foto an die Presse zu verhökern. Letzte Seite, Rubrik Vermischtes. Darunter ein fett gedruckter Absatz über den Hintergrund der Raserei.

»Minschenkinners! Ihr Düsenjäger! Fliegerhorst Jagel ist nichts dagegen. Respekt! Mit hundertfünfzig in die Ortschaft!«

Flieger*horst*? Das gefiel mir. Ich zahlte, der alte Tankwart quasselte einfach weiter und wollte tatsächlich noch ein Autogramm auf seinem persönlichen Zeitungsexemplar.

»Bitte hier direkt neben das Foto. Nicht für mich, für meinen Enkel. Hat gerade seinen Lappen gemacht und liebt fixe Autos. Aus dem wird bestimmt der nächste Vettel.«

Er wünschte für die Flucht, für die Suche nach den Pokalen

und sogar für die neue Fußballsaison viel Glück. Im Grunde ganz nett, dieser Schleswiger, dachte ich, bevor wir uns zügig von der Tankstelle verabschiedeten. Der Alte stand am Fenster und winkte freundlich hinter uns her.

Das ausgiebige Studium der Frühausgaben hiesiger Tagespresse ergab einen Leckerbissen nach dem anderen. Das »Husumer Deichblatt« titelte: »Mord am Platzwart – Jensen-Gang in Schleswig-Holstein«. Die »Kieler Posse« legte mit »Racheakt im Fußballermilieu« die Messlatte hoch. Der SCHLEI-BLICK druckte auf Seite eins: »Mordversuch an Schleswiger Spitzenfußballern«. Ehrlich gesagt: Das war doch wirklich eine Scheiß-Schlagzeile und vor allem total übertrieben. Darunter jede Menge Fotos vom Kasatschok auf dem Dr.-Willi-Kuhr-Platz. Die Makarov immer schön mittendrin statt nur dabei. Da hatte Pike Pickrot sich bestimmt ein paar Scheine dazuverdient, schließlich arbeitete er exklusiv für den OSTSEE- und nicht für den SCHLEI-BLICK. Aber wer blickte da noch durch? Vielleicht hatte auch Mahlzan die Fotos mehrfach verscherbelt. Jedenfalls schien sich die gesamte norddeutsche Pressemeute langsam, aber sicher auf unseren Trip einzuschießen.

Augenfällig kratzte sich Hannes bei der Lektüre mit dem Pistolenlauf an der Stirn. Heiner zeigte sich vom Zeitungsstudium zusehends enttäuscht: »Kein Sterbenswörtchen über Daisy.«

»Wo hast du den Ballermann eigentlich gekauft?«, wollte ich wissen.

»Von Krischan«, gab er einsilbig zurück.

»Wie? Von welchem Krischan?«

»Krischan Beeck!«

»Unser Krischan Beeck? Schatzmeister Beeck?«

»Jo!«

»Nein!«

»Doch. Der verhökert altes Zeugs. Sag bloß, das wusstest du nicht?«

»Geile Sache!«, staunte Heiner. »Wenn wir zurück sind, will ich auch eine.«

»Unser Kassenwart verkauft illegal Waffen und Munition?«

»Das macht Beeck ganz öffentlich, ohne jede Geheimnistuerei«,

plauderte mein Bruder. »Der klappert in seiner Freizeit Flohmärkte ab und verscherbelt dort alten DDR-Ramsch.«
»Einfach so?« Ich konnte es kaum glauben. »Dazu braucht man doch bestimmt zumindest eine Genehmigung. Und wo hat denn der die russischen Kanonen überhaupt her? Die wachsen doch nicht auf Bäumen.«
»Weiß nicht. Sicher ist nur eins: Beeck kann dir fast alles besorgen.«
»Auch eine Walther PPK?«, fragte Heiner von hinten. »Am liebsten mit braunem Holzgriff. Keine Russen-Wumme …«

Gegen Süderschmedebyfeld war Fährdorf auf Poel die versprochene blühende Landschaft. Graubraune Rauputzfassaden, leblose Straßen, kranke Bäume und blattlose Sträucher. Auffällig im trostlosen Einerlei war einzig ein himmelblauer Trabant, der auf dem sogenannten Ochsenweg kurz vor Süderschmedebyfeld am Rande eines Kartoffelackers stand. Komisch deplatziert wirkte das. Jetzt fuhren die Wessis schon unsere ehemaligen Pappen, das passte gar nicht zu ihren misstrauischen Blicken, wenn sie einem Fremden begegneten.

Auf der einzigen Dorfstraße war niemand, keine Menschenseele, keine Kuh, keine Katze, die das Kopfsteinpflaster kreuzte. Und weit und breit kein Pokal. Hannes legte die Makarov ins Handschuhfach zurück, schnappte sich stattdessen den verbeulten Dynamo-Pokal und versank minutenlang in tiefe Schwermut.

Der Pick-up rollte unverrichteter Dinge aus Süderschmedebyfeld wieder hinaus, kam dabei ein zweites Mal am himmelblauen Trabi vorbei. Während der Schleichfahrt riss Hannes plötzlich und ohne jede Vorwarnung die Beifahrertür auf, sprang mit einem letzten instinktiven »Monkey-Monkey!« direkt vom Sitz auf den Ochsenweg, von dort auf den Kartoffelacker und hüpfte wie ein wild gewordener Pavian im Zickzack auf und davon. Das sah im grellgrünen Trainingsanzug, mit dem blitzenden Pokal in seinen fuchtelnden Armen ziemlich verrückt aus.

Wir versuchten ihm im Pick-up über die angrenzenden Feldwege zu folgen, dann kreuzten wir das Gelände, um ihm den Weg abzuschneiden. Doch Bruder Leichtfuß war innerhalb kürzester

Zeit wie vom Erdboden verschluckt. Wir standen auf einem schmalen Pfad mit röhrendem Motor, wussten nicht weiter und waren auf alles gefasst. Aber es geschah nichts. Kein plötzliches »Hallo«. Kein irres Lachen. Kein Monkey-Monkey-Geschrei. Hannes war weg. Einfach so.

»Komplett durchgeknallt«, stöhnte Heiner auf der Rückbank.

Per Allrad versuchten wir es einmal kreuz und quer über die Ackerfurchen. Hannes blieb verschollen. Der Dynamo-Pokal auch.

»Unheimlich«, bestätigte ich.

»Was nun?«

»Kurz nachdenken ...«

Während mein Oberstübchen rotierte, widmete sich Heiner seiner Handytastatur, sodass es in einem fort piepste und ploppte.

»Mensch, Heiner! Muss das jetzt sein? Das nervt.«

»Anrufe gekriegt. Meldungen auf der Mailbox. Und mehrere Simsen.«

»Na und?«

»Inga. Inga. Wieder Inga. Und noch mal Inga.«

Mit vierundzwanzigstündiger Verspätung machte sich der Anrufbeantworter bemerkbar. Scheiß-Technik. Heiners Mailbox war bis zum Anschlag zugetextet.

Zusammenfassung.

Anruf eins: *Inga schlägt als Treffpunkt in Schleswig das Trainingsgelände von Schleiaal 06 vor. Freitagmittag um zwölf. Nur wir vier Jensens allein. Keine Polizei. Man kann über alles reden, wir sollen uns vorher melden.*

Anruf zwei: *Einer der Holzbein-Fans, die wir am Omnibusbahnhof überrollt haben, hat einen Beckenbruch erlitten. Das macht die ohnehin prekäre Situation nicht leichter. Wir sollen schleunigst zurückrufen.*

Anruf drei: *Hansen hat Kassenwart Krischan Beeck vernommen. Der SC Ankerwinde ist, entgegen früheren Behauptungen, kurz vor der Pleite. Die Einnahmen aus dem Ticket-Vorverkauf und die sehr überschaubaren Werbegelder reichen zur Erlangung der Lizenz für die kommende Saison nicht aus. Der Spielbetrieb kann so nicht aufrechterhalten werden ...*

Das war ein dickes Ding! Mahlzan hatte uns eine Verdoppelung des Gehalts auf tausend Kröten pro Monat versprochen und konnte höchstwahrscheinlich nicht mal mehr das bisherige Honorar aufbringen.

... Gregor Mahlzan hat ein sicheres Alibi, schließlich ist er der Mannschaft auf Ærø nie von der Seite gewichen. Der Schatzmeister war hingegen während der gesamten Turnierwoche in der Hansestadt Wismar. Er wird rund um die Uhr observiert. Im nordöstlichen Stadtteil Schwanzenbusch hat er eine Garage angemietet, obwohl er kein Auto besitzt, sondern nur ein Moped. Für solch ein Zweirad ist eine ganze Garage, sogar eine Garagenhälfte maßlos übertrieben. Hansen versucht jetzt zu klären, was ein Schatzmeister ohne Auto in einer fünfzehn Quadratmeter großen Pkw-Garage lagert. Wir sollen uns nicht unnötig aufregen und besser nach Hause fahren.

Sieh mal einer an! Krischan Beeck aus Schwanzenbusch! Ein Kassenwart, der illegale Waffen verhökert und in die Vereinsschatulle greift beziehungsweise das Tafelsilber des Clubs buchstäblich zu vergolden sucht!

Anruf vier: *Inga ist jetzt auf dem Weg nach Schleswig, wir sollen uns nicht von der Stelle rühren und endlich anrufen und ihr mitteilen, wo wir gerade stecken.*
    Anruf fünf: *Razzia in der Wohnung von Trainer Toto Peach! Und ...* (Sie hatte beim Besprechen der Mailbox tatsächlich eine kurze Pause gemacht.) *... Hansen hat zwei Pokale gefunden! ...*

Das war ein Knaller! Heiner wollte sofort umkehren, ob mit oder ohne Hannes, egal, Hauptsache, zurück nach Wismar und dem Peach ein paar auf die Schnauze hauen.

... Die zwei Pokale, die Coach Peach eigens in einem kleinen Trophäenzimmer in seiner Wohnung aufgebaut hat, stammen leider nicht aus der Vereinsvitrine der Ankerwinde. Erstaunlicherweise sind es die beiden Auszeichnungen, mit denen Lottó Bolzano zur

Fußball-WM 1990 in Italien geehrt worden war: der Goldene Ball und der Goldene Schuh. Beide im Original ...

Heiner und ich waren baff. Wie kam unser Trainer an diese wertvollen Trophäen? Waren die Pokale von Lottó die Ursache für seinen Spitznamen Toto? Trevor Peach jedenfalls nannte ihn niemand. Toto – der Mann im Schatten des berühmten Lottó!

... Peach ist ein Pokal-Fetischist! Der hat einen Trophäen-Altar in seiner Wohnung aufgebaut: schummrig, sakral, schwarze Kerzen überall. Kommissar Hansen hat den Trainer vorübergehend in Untersuchungshaft genommen, um die Herkunft der wertvollen Besitztümer zu klären. Inga wird sich melden, wenn es etwas Neues gibt. Bis dahin sollen wir nichts Unüberlegtes tun und uns ruhig verhalten.

Das war's. Die Simsen konnte man vernachlässigen. Außer der stets gleichen und immer öfter gestellten Frage nach unserem Verbleib, allerliebsten Grüßen und Küssen, einer Menge lustiger Smileys, dafür hatte es die vierte SMS in sich:
Peach aus U-Haft entlassen. Stichhaltiges Alibi. Tut mir leid.
LG Inga.
Kein Kommentar ...

Wir rumpelten ein letztes Mal quer über den Kartoffelacker und gelangten zurück zum Ausgangspunkt, von wo Hannes stiften gegangen war. Die exakte Position am Ochsenweg war nicht mehr einfach zu rekonstruieren. Nicht nur unser Bruder, auch der himmelblaue Trabant, an dem man sich hervorragend hätte orientieren können, war verschwunden. Ein paar besonders dünne Reifenspuren im Matsch zeugten jedoch von seiner Existenz.
Wir stiegen aus, schauten uns erst an und dann um.
»Hannes!«, rief ich.
»Mach keinen Quatsch, Hannes!«, brüllte Heiner. »Komm zurück!«
Keine Antwort. Ein paar Krähen krächzten am Himmel.

Ich versuchte es noch einmal lautstark: »Hannes! Verdammt noch mal! Wo steckst du?«

Obwohl wir seine Hirngespinste gut kannten, fühlten wir uns einigermaßen vor den Kopf geschlagen.

»Das ist gespenstisch«, flüsterte Heiner und kletterte in den Pick-up auf den Platz seines verloren gegangenen Bruders.

Auch mir blieb langsam die Spucke weg, und ich stieg zurück auf den Fahrersitz. Heiner griff ins Handschuhfach, holte die Makarov samt Patronenschachtel heraus. Vielleicht war das ein weiterer entscheidender Fehler. Ich hätte die Kanone besser in Verwahrung nehmen sollen. Wir spürten deutlich, die Chose stand auf Messers Schneide. Ohne Hannes wollte Heiner nicht weitersuchen.

»Hör mal, Heiner! Wir sind weit gekommen, haben Hunderte von Kilometern zurückgelegt, um den Mörder von Schimmelpfennig und die Diebe der Trophäensammlung zu fassen, uns unseren Besitz zurückzuholen. Hier oben im nördlichsten Norden gibt es nur eine weitere reelle Möglichkeit …«, kombinierte ich mit detektivischem Gespür.

»Das ist hier der Arsch der Welt.« Heiner peilte mich mit feuchten Augen an.

»Wir haben in Boltenhagen gesucht, wir haben in Kiel nachgehakt, wir haben den Schleswigern auf den Zahn gefühlt. Auch Süderschmedebyfeld ist eine Niete …«

»Und der Anrufer?«, unterbrach mich Heiner.

Vielleicht hatte er recht. Vielleicht stellte der ominöse Anruf eine konkrete Spur dar. Vielleicht war aber auch alles reine Verarsche. Ich wusste es nicht. Zweifel machten sich breit. Doch war Unentschlossenheit jetzt das Letzte, was wir brauchten. Eines schien mir in diesem Augenblick sicher zu sein: Die Suche nach unseren geliebten Pokalen durfte nicht vorzeitig enden. Das käme einer alles zerstörenden Niederlage gleich.

»Es gibt noch eine Chance!«

»Welche?«

»Marstal.«

»Dänemark?«, heulte er auf.

»Marstal in Dänemark. Gibt kein anderes.«

»Aber das ist mindestens noch mal so weit.«
»Über die Grenze, auf die Fähre, eine Stunde später sind wir auf Ærø.«
»Ich weiß nicht ...«, verrenkte sich Heiner vor Missfallen.
»In spätestens vier Stunden sind wir da.«
»Und Hannes?«
Gute Frage. Ich hatte keine Ahnung, tat aber so, als ob.
»Wahrscheinlich sitzt er irgendwo im Gasthof, kippt ein paar Bügelflaschen und grinst sich eins.«
Das war eine mögliche Erklärung – zumindest für Heiner.
Bevor wir die Suche auf das Nachbarland Dänemark ausweiten würden, stellte mein kleiner Bruder eine Bedingung: Wir sollten noch einmal Süderschmedebyfeld checken, ob sich Hannes in der Dorfkneipe aus Kummer volllaufen ließe.

Der Gasthof »Zum Röhrenden Hirschen« war eine kleine Kaschemme und hatte bereits ab morgens um acht geöffnet. Was sollten die Leute auch machen in solch armseliger Gegend? Zum Frühstück ein Hackepeterbrötchen und ein Gedeck, das hieß hier: Bier mit Korn. In einer Ecke spielten sie Skat, die drei Alten am Tisch sahen aus, als wären sie gestern Abend nach Schließung des Lokals einfach sitzen geblieben.
Der Wirt guckte misstrauisch unter seiner Schippermütze hervor. Der Tresen war mit Trossen und Ankern verziert – das gab Sympathiepunkte.
»Mal Seemann gewesen?«, fragte ich.
»Fischer.«
»Aufgehört?«
»Lohnt nicht mehr.«
»Hmm, verstehe. Unser Vater ist auch Fischer. Warum heißt die Kneipe denn ›Zum Röhrenden Hirschen‹?«
»Vom Vorgänger.«
»Aha.«
»Der war Jäger. Lohnte auch nicht mehr.«
»Schwierige Zeiten.«
»Und?«
»Na ja, Heiner, was nehmen wir? Zwei Gedecke?«

»Klar, Horst.«

Der Wirt stellte uns zwei Bier und zwei Klare auf den Tresen und verzog sich zur Spüle. Heiner zog das Bier auf ex, wischte sich den Schaum vom Mund und spielte mit der Zunge in seiner Zahnlücke.

»Ham Sie heute morgen schon jemand gesehen, den Sie nicht kennen?«

»Jo.«

Manometer, musste man dem die Würmer aus der Nase pulen.

»Na, wen denn?«

»Euch.«

Heiner glotzte den Wirt böse an. Entweder war der so dämlich, oder er tat nur so. Wir wollten keinen Ärger und stießen die Schnapsgläser klirrend aneinander.

»Und sonst?«

»Nicht dass ich wüsste.«

»Na dann. Prost!«

»Prost.«

»Wir haben einen Tipp bekommen«, versuchte es Heiner ein zweites Mal, »dass wir hier richtig sind.«

»Kann sein, kann nicht sein. Ich weiß von nichts.«

»Dein Name ist Hase, wie?«, verschärfte Heiner seinen Ton.

Die Skatdrescher unterbrachen ihr Spiel und schauten stumpf herüber.

»Mein Bruder«, wendete ich mich Wirt und Gästen zu, »regt sich schnell auf. Das ist nicht gesund. Nicht für ihn, nicht für uns, für niemanden eigentlich. Wir wollen nur eine Information, das ist alles. Und ... noch zwei Gedecke?«

Heiner nickte.

»Herr Wirt?«

»Habt ihr Geld? Angeschrieben wird nicht. Ihr seid fremd.«

Heiner knallte Hannes' Makarov auf den Tresen.

»Reicht das als Anzahlung?«

Die Skatbrüder steckten die Köpfe zusammen, tuschelten und taten dann so, als hätten sie nichts gesehen. Der Wirt hantierte etwas hektisch mit einem Putzlappen an seinen Gläsern herum.

»Warum sagt ihr nicht frank und frei, was ihr wollt?«

Dann nahm er die Kornflasche aus dem Kühlschrank und schenkte noch mal nach.

»Hannes!«, sagte mein Bruder.

»Pokale!«, sagte ich.

»Ihr seid die Jensen-Brüder!«, wurde der Wirt plötzlich redseliger. »Euch hat man den Platzwart umgehauen und Pokale geklaut. Ihr habt die Ackermann-Bank ausgeraubt. Mit hundertfünfzig durch den Klützer Winkel. In Kiel ein Holzbein umgekachelt, in Busdorf einen Bullen angeschossen und in Schleswig fünf Schleiaale massakriert. Steht in jeder Zeitung. Ihr seid die Jensen-Brüder! Und jetzt seid ihr hier!«

Wir staunten, fühlten uns sogar ein wenig geschmeichelt.

»Sie sind gut informiert.« Ich fixierte den Wirt und wurde vorsichtig in meiner Wortwahl. »Uns ist in der Nähe ein Mann verloren gegangen.«

»Wir haben keine Pokale und wissen nichts von einem dritten Mann«, betonte er stur. »Aber wer hier draußen falsch kombiniert, lebt nicht lange.«

Ich zog die Augenbrauen hoch. In meinem Kopf brandete Ennio Morricone auf. »Verstehst du etwas von Musik?«

Er polierte das winzige Schnapsglas ein wenig zu lange, fixierte mich dabei unter dem Schirm seiner Schippermütze hindurch. »Nö. Aber ich kann bis drei zählen.«

Er hatte müde, wässrig blaue Augen. Ohne mit der Wimper zu zucken, erwiderte ich seinen Blick.

»Was du nicht sagst ...«

»Ich sogar bis acht, wenn es sein muss.« Heiner strich mit dem Handrücken über das kalte Metall der Makarov. »Aber nur mit dieser Rechenmaschine.«

Der Spruch traf den Wirt wie ein brutaler Uppercut. Knockout. Er schlug die Augenlider nieder und raunte orakelhaft: »Jedes Kind weiß, dass das hier kein gemütliches Pflaster ist. Das LKV hat seine Kiebitze überall. Da kann man nicht mir nichts, dir nichts in der Gegend herumspazieren. Wer weiß, vielleicht ham sie ihn einkassiert. Geht schnell. Eintausendsechshundertachtundneunzig Zellen! Die Zahl muss man sich mal auf der Zunge zergehen lassen: eintausendsechshundertachtundneunzig!«

Keine Ahnung, wovon er redete. Der Wirt war in seiner Litanei nicht mehr zu stoppen, der coole Sound wie weggeblasen. Als hätte man ihm einen Knebel gelöst, plapperte er ohne Unterlass. »Die müssen belegt sein, rentiert sich sonst nicht. Der Leiter des LKV, der Rinnerwahn, hat selbst 'ne Macke, der will noch expandieren. Muss jeder auf der Hut sein. Nur nicht auffallen. Psychiatrische oder psychotherapeutische Einrichtung nennen die das vornehm. Nix anderes als 'ne Klapsmühle. Versteht ihr? Eine Riesenklapse!«
Er guckte uns fragend an, Heiner schluckte, ich nickte.
»Sogar Kinder stecken sie rein. Nicht nur Erwachsene, die sich wehren oder um Hilfe rufen. Nein. Richtige Kinder! Kleine Kinder sogar. Ja, was sollen die denn da? Im Heim für Geistesgestörte. Nervenheilanstalt oder wie das modern heißt ... Neurologie!«
Der Wirt sammelte sich noch einmal, bevor er abgründig und beschwörend flüsterte: »Fast tausendsiebenhundert Zellen. Ja, wo sollen die denn herkommen, damit sich das rechnet?«
Jetzt lehnte er sich über den Tresen und tat plötzlich ganz vertraulich.
»Siehst du! Jetzt staunst du. Die sperren da neuerdings sogar Knastbrüder ein. Glaubst du nicht? Ist aber so. Frag mal Kuddel, der hinten mit Skat drischt. Dem ham sie seinen Sohn Sönke, der für sechs Monate wegen Trunkenheit am Steuer mit Unfallfolge eingebuchtet wurde, einfach weggenommen. Vor drei Wochen ist er – ganz wichtig, hör zu! – in die forensische Psychiatrie gesperrt worden. So was gibt's auch. Nur damit der Laden läuft. Irre hinter Gittern. Kuddel ist nicht mal vorgelassen worden, um sich zu erkundigen, nach dem Wieso, Weshalb, Warum. Doktor Rinnerwahn, der, der der Leiter vom LKV ist, der hält da strikt den Daumen drauf. Der lässt sich nicht in die Karten gucken.«
Der Wirt nickte wie zur Bestätigung mit dem Kopf und intensivierte wieder sein Schnapsglaspolieren.
»Kuddel könnt euch was erzählen, sein Sönke war am Telefon, hat keinen Ton rausgekriegt. Vollgepumpt, meinte Kuddel, Unterkante Oberlippe! Ich sag's freiraus, da kriegt man Schiss. Richtig Schiss! Da hält man lieber die Schnauze und macht 'nen großen Bogen um Schleswig und die Schlei. Das nur nebenbei ...«

Mann! Was war das für eine Nummer? Der Typ vom Dorfkrug hatte mächtig einen an der Glocke. Die Fahrt im Ford nach Dänemark verbrachten wir überwiegend schweigend. Erst Knuddel, dann Kuddel und das Getratsche vom Wirt: Schleswig-Holstein hatte uns echt mürbegemacht. Das Verschwinden von Hannes tat sein Übriges dazu. Um die Laune zu heben oder uns einfach nur abzulenken, hörten wir alle empfangbaren Radiostationen durch, versuchten an der jeweiligen Musikrichtung zu erraten, ob es ein dänischer oder deutscher Sender war. Wenn man den Kniff raushatte, war es gar nicht so schwer: Die dänischen Kanäle sendeten häufiger Punk, Rock oder Heavy Metal. Die Bekloppten aus der Wismarer »Pelzplauze« hätten ihre Freude gehabt. Den Musikmix würden sich die Radiosender in Meck-Pomm kaum zu spielen trauen.

»*Have you ever thought as the hearse goes by that you may be the next to die ...?*«

Mittlerweile stand es 7:3 für Heiner – sicher, weil ich abgelenkt war. Mir ging der Trabi am Wegesrand oder der sabbelnde Wirt mit seinen Irren nicht aus dem Kopf. Dann die Entwicklung in Wismar! Trainer Peach, der uns jahrelang gefördert hatte, zu dem wir aufgeblickt hatten, war vielleicht ein durchtriebener Schurke, der selbst vor dem Raub der Vereinspokale nicht zurückschreckte? Ein Schatzmeister, stadtbekannt für zwielichtige Geschäfte, ein Pfennigfuchser, der jeden Cent umdrehte, der Mannschaft zu keinem Anlass der Welt Freibier gönnte, eventuell als Lügner und Betrüger entlarvt. Mahlzan, der unumstrittene Präsident, der sich aufgrund seiner vermeintlichen Erfolge feiern lässt, dabei den Club in den Ruin führt und als allerletzten Ausweg vielleicht einen Versicherungsbetrug angeordnet hatte. Und natürlich der Platzwart – mausetot.

»*The worms crawl in, the worms crawl out, the worms play pinochle on your snot. Your liver turns a slimy green and pus runs out like big whipped cream ...*«

Peach oder Beeck? Mahlzan oder wer? Mit detektivischem Spürsinn ließ ich alle Varianten im Hirn zirkulieren. Am Ende war mir das Liebste, wir würden auf Ærø eine weitere, die einzig wahre Möglichkeit finden. Warum sollten die Dänen, die früh im eigenen Turnier die Segel strichen, deren heimisches Schiedsrichtergespann massivsten Anfeindungen ausgesetzt war, nicht klammheimlich den verhassten deutschen Sieger aufgesucht und sich für den teuren Tilsiter-Cup reichen Ersatz geholt haben?

»*Storm the gates of heaven. Raise your heads up high. Storm the gates of heaven. Look God right in the eye ...*«

»Dänischer Sender!«, riet Heiner.

Im Nachhinein denke ich, es bestand da ein unheimlicher Zusammenhang, denn genau in dem Augenblick begann es mächtig zu müffeln. Keine Rauchentwicklung, nur ein stechender Geruch, der von Sekunde zu Sekunde unangenehmer wurde. Heiner schraubte verzweifelt an den vielen Knöpfen in der Armaturentafel herum, doch dadurch wurde es nur noch schlimmer. Die Klimaautomatik hatte längst den Geist aufgegeben. Es kokelte. Vielleicht ein Kurzschluss, Kabelbrand in der Elektronik. In der gesunden Linken ein Taschenmesser, stocherte Heiner in der Kunststoffverschalung herum. Ein Knirschen und er hatte den dicken Drehknopf von der Klimaanlage in der Hand.

»*We could storm the gates of heaven and ask God: Who's gonna pay for the blood? Who's gonna pay for the blood ...?*«

8:3 für Heiner.

»Hoppala ... Scheiße.« Einen Augenblick später voller Panik: »Scheiße! Verdammt!«

Fliegen. Unzählige Schmeißfliegen. Apokalypse. Durch das gerade grob gestemmte Loch in der Armatur drängten sich Schwadronen taufrisch geschlüpfter Scheißfliegen. Fast erstickten wir in einer Wolke dieser Biester. Heiner schlug wie wild um sich. Ohrenbetäubendes Gebrumme – Soccer-City-Stadium, Johannesburg.

Die Viecher mussten im Filter oder im Kabelbaum oder sonst wo ein Nest gebaut haben. Mein Bruder riss den Handfeuerlöscher aus der Verankerung unter dem Beifahrersitz, und das Dilemma nahm seinen Lauf. Eine Ladung Löschpulver zischte in das klaffende Loch der Plastikverschalung. Der Nachschub verebbte merklich. Hydrostatischer Druck der Feuerlöschdüse – keine einfache Handhabe. Die zwei Kilo Pulver isolierten nicht nur das feindliche Nest, das gesamte Führerhaus bekam eine Chemiewolke ab. Mit Mühe lenkte ich den Pick-up auf den nächsten

Rastplatz. Luftveränderung. Alle Schotten auf, Flucht ins Freie. Angriffslustiges schwarzes Geschwader vor nordisch blauem Himmel.

Wir ließen die Kiste am Straßenrand stehen und deckten uns im Tankshop mit Essbarem ein. Trotz des ekligen Vorfalls im Auto war uns der Appetit nicht vergangen. Hotdogs und Lakritze – für beides sind Dänen rund um den Erdball berühmt. Heiners Rechte war so dick angeschwollen, dass er kaum noch etwas halten konnte. Keine Frage: Wir waren ein angeschlagenes, dezimiertes Team – schlechteste Voraussetzungen für ein erfolgreiches Rückspiel auf Ærø.

Zurück im F-150, hatte sich die Lage graduell beruhigt. Heiner versuchte, mit einem Jackenärmel die Mittelkonsole und die Armaturentafel notdürftig zu säubern. Klägliches Unterfangen. Ohne Putzmittel oder zumindest reichlich Wasser kriegte man die Sauerei sowieso nicht in den Griff.

»Und jetzt?«

»Was, jetzt?«

»Na, was machen wir jetzt?«

»Wir fahren nach Marstal und suchen unsere Pokale.«

»Immer dasselbe ...«, nuschelte Heiner.

»Kommt Zeit, kommt Rat!«

Langsam fiel auch bei mir der Groschen, dass wir die Pokale nicht finden würden, wenn wir immer nur aufs Geratewohl durch die Landschaft fuhren. Jedenfalls nicht, solange der Dieb und Mörder nicht wollte, dass wir sie fanden.

»Und wenn sie nicht da sind?«

»Scheißegal, wir suchen trotzdem!«

»Vielleicht durchkämmen wir noch mal Wismar.«

»Vielleicht ...«

»Die Pokale sind bestimmt in Wismar.«

»Geh mir nicht auf den Senkel! Wie soll man sich aufs Fahren konzentrieren, wenn du die ganze Zeit jammerst!«

Heiner verscheuchte ein paar Fliegen, biss eingeschnappt in seinen Hotdog (ein Schuss Mayonnaise ergoss sich auf seine Hose) und schaute angesäuert aus dem Seitenfenster. Besänftigend reichte ich ihm meine Lakritztüte.

»Wir werden so lange weitersuchen, bis wir die Pokale gefunden haben. Ob in Marstal oder Wismar oder anderswo. Okay?«

Noch vor seiner Antwort bogen wir auf eine Landstraße, an der uns ein rot-weißes Straßenschild zeigte, dass wir sogleich den Hafen von Mommark erreichen würden. Die Wagenreifen knirschten auf Kieselsteinen, als wir im Schritttempo vor die Anlegestelle rollten. Von hier ging die Autofähre hinüber nach Søby, zur kleinen südfünischen Insel Ærø – und meistens auch wieder zurück.

Das Schiff, das wir bei der Ankunft im Hafen beobachteten, war ausgebucht. Die nächste Überfahrt in zwei Stunden auch. Der Erste Offizier, der auf der Fähre Kartenverkäufer und Kontrolleur in einer Person war, konnte nur noch Tickets für die Spätpassage um neunzehn Uhr anbieten.

Seine Erklärung: Urlaubszeit! In den Ferien müsse man immer im Voraus reservieren lassen, sonst werde es eng. Etwas vorwurfsvoll schaute er auf unseren Ford. Mit so einem großen Wagen sei es ohnehin noch bisschen problematischer.

Die Zeit bis zur späten Abfahrt vertrieben wir uns mit flachen Bratklöpsen und Kartoffelsalat mit allerdickster Mayo-Pampe. Anschließend legte sich Heiner auf die Ladefläche und versuchte, ein wenig Schlaf nachzuholen. Ich verkrümelte mich ins Innere zum dezimierten Schmeißfliegenschwarm.

Die umherschwirrenden Viecher spielten auf der Klaviatur meiner angespannten Nerven. Die gebrummte Melodie erzeugte ein nagendes Gefühl, dass ich wieder einmal etwas tun, die Suche nach unseren Pokalen forcieren müsste. Wenige Stunden später hatte ich meine Lösung gefunden.

Als unser Schiff von der Mole langsam ablegte, verdüsterte sich zusehends der Horizont. Der Wind erfasste die plumpe Autofähre mit enormer Wucht. Ein Unwetter würde aufkommen. Das erkannte ich am bedrohlichen Grau des Himmels und am tückischen Grün der Wellen, die durch Böen angestachelt gegen die Außenwände des Schiffes bollerten. Die enorme Gischt einer Welle spülte von Backbord über das knappe Dutzend Autos hinweg und mit einem Wisch Staub und Dreck eines Sommertages herunter.

Heiners Laune besserte sich langsam. Gegen die kräftige Brise gelehnt, begann er einen Schlachtruf zu intonieren: »Jetzt geht's lo-o-os! Jetzt geht's lo-o-os! ...«

Die letzte Etappe unserer Odyssee stand bevor. Wir waren schätzungsweise vierhundert Kilometer von der Heimat entfernt – für uns eine kleine Weltreise. In unserer Verfassung würde die Mission in Marstal problematisch werden und Hannes sicherlich an allen Ecken und Enden fehlen. Vielleicht hatte Inga schon Witterung aufgenommen, saß uns als Polizistin im Nacken beziehungsweise würde als Schwester nur eine dürftige Verstärkung darstellen.

Im Hafen von Mommark hatte ich lange gegrübelt. Ich wusste keinen anderen Rat und war mir nach der Entwicklung der letzten Tage auch nicht zu schade dazu: Über Heiners Handy rief ich bei unseren Mannschaftskameraden in Wismar um Hilfe. Auf das Team würde Verlass sein. Ich konnte nur hoffen, dass die Mitspieler rechtzeitig eintreffen würden.

90. Spielminute

»*Kurz vor dem Abpfiff nochmals auf die Insel Ærø. Radio Wissemara ruft unseren Mann an der Reeperbanen, Kläuschen Poltzin! Wie sieht's aus? Kann die Ankerwinde die Niederlage noch abwenden?*«

»*Um genau zu sein: Die erste Niederlage beim hiesigen Turnier nach drei Jahren überhaupt. Nun – sie stemmen sich dagegen. Nicht nur die Spieler, auch die mitgereisten Fans wollen es nicht wahrhaben. Die Wismarer Fans stehen, und sie fordern: Nach vorne, nach vorne, geht nur noch nach vorne …!*

Und was macht unser Keeper Hannes Jensen? Er ist ebenfalls in der Bewegung nach vorne, läuft mit nach vorne. Ein Teufelskerl, der Hannes, den jetzt nichts mehr hinten hält. Das ist volles Risiko, aber ohne Risiko ist das Spiel schon verloren …

Meister Röhrich wieder mit einem hohen Flankenball in den Sechzehner des Gegners, was Besseres kann er in diesem Fall nicht machen. Getümmel da im Strafraum, völlig undurchsichtige Situation, aber sie können sich nicht durchsetzen … Das Leder fliegt in hohem Bogen durch den Strafraum. Der Torwart versucht zu fausten. Jetzt prescht Ritchie Riedelwitz dazu … der Ball ist frei … Seitfallrückzieher! … Und da stößt der Torwart von Schleiaal 06 heraus … Und der Ball … ist im Tor! Der Ball ist im Tooor!

Tooooor!

2:2! 2:2! 2:2 auf Ærø, meine Damen und Herren! Ich werde wahnsinnig, was ist denn da passiert? In der 90. Minute. Unser Hannes! Ich werde verrückt! Unser Hannes Jensen! Unser Keeper! Halten Sie sich fest …!

Oder ist es schon die 91. Minute? 2:2! I don't believe it! *Ich versteh die Welt nicht mehr! Welch ein Glück! Welch eine Dramatik! Das Stadion in Marstal: ein Tollhaus! Meine Damen und Herren! Meine Fans, meine lieben Hörer …!*

Und keinen der Zuschauer, etwas über fünfhundert an der Zahl, hält es jetzt mehr auf den Sitzen. Sie stehen und feuern ihre Mannschaften an. Sie fiebern mit. Auch die Schleswiger Fans wissen, was die Stunde geschlagen hat. Sie unterstützen jetzt lauthals ihr Team von der Schlei. Welch ein irres Spiel! Fahnen werden geschwenkt. Die Aufregung kennt keine Grenzen ...

Hannes Jensen in der 91. Spielminute, oder war es schon die letzte Spielminute? Mit einem Dropkick nach einer dramatischen Pressing-Aktion des SC Ankerwinde Wismar im Strafraum von Schleiaal 06! ... Unser Torwart Hannes Jensen erzielt das 2:2 aus gut sechzehn Metern Entfernung. Erst der spektakuläre Seitfallrückzieher, doch der gegnerische Tormann kann abwehren. Von der Strafraumgrenze, halbrechte Position zum Torgehäuse, da stand Hannes Jensen. Sie hören richtig: Der Ball kullerte vor die Füße unseres Torhüters! I can't believe it! *Die Jensens! Was wären wir ohne unsere Jensen-Jungens ...?*

Ist das eine sensationelle Wende? Kann man das so sagen ...? Das ist ein Spiel, egal wie es ausgeht, es wird auf der Richterskala des Seismografen eine glatte Zehn erreichen. Welche Dramatik ... ein Erdbeben!

Und ... Schluss! Abpfiff! Die Schiris pfeifen pünktlich ab, wenigstens das. Verlängerung! Und wir geben in der kurzen Pause noch einmal nach Wismar ins Funkhaus. 2:2! Bis gleich, liebe Kollegen. Bitte zur Entspannung ein bisschen Musik ...«

RADIO WISSEMARA

7

Samstag, den 1. August

EINE KORALLENMÖWE GLEITET ÜBER DIE KOMMANDANTUR.

Trainer Toto Peach war zu diesem Zeitpunkt endgültig aus dem Täterrennen ausgeschieden. Nachweislich hatte er den Goldenen Schuh und den Goldenen Ball der Weltmeisterschaft 1990 dem armen Lottó Bolzano bei einem Schauturnier in Schwerin, bei dem ein Prominenten-Team gegen die Vertreter der Landesregierung für einen guten Zweck kickte, für schlappe fünf Mille abgeluchst.

Lottó war nach seinem merkwürdigen Engagement in Japan, hieß es aus dem Kreis des Ankerwinde-Teams, einer traditionellen Zen-Shiatsu-Fußreflexzonen-Sekte verfallen gewesen und hatte in einer halben Dekade alles an Geld verprasst, was sein bewegtes und größtenteils erfolgreiches Fußballerleben bis dahin abgeworfen hatte. Seitdem tingelte er völlig entspannt gegen freie Kost und Logis und kleinere Zuwendungen durch halb Europa. Das Einzige von Wert waren die beiden Pokale in seiner uralten Sporttasche gewesen.

An diesem denkwürdigen Tag hatte Peach die Politikerauswahl trainiert und vor dem Anpfiff mit Lottó eine Wette abgeschlossen. Wenn es der Italiener schaffen sollte, dem Ministerpräsidenten Erwin, der aufgrund seiner schwachen Kondition nur eine Halbzeit als Torwart fungieren sollte, einen lupenreinen Hattrick in die Maschen zu setzen, dann hätte der Weltstar ein einjähriges Engagement beim SC Ankerwinde Wismar mit Festgehalt, Prämien und eigenem Häuschen auf der Insel Poel bekommen. Träfe er nicht, gäbe es immerhin noch fünftausend Piepen auf die Kralle, und die WM-Trophäen würden den Besitzer wechseln.

Lottó war sich todsicher gewesen: Hintereinander drei Dinger gegen einen Haufen schlapper Beamter – die waren so gut wie versenkt. Aber der Waliser Trevor Peach war nicht erst seit seinem Engagement in Italien ein ausgekochtes Schlitzohr und mittlerweile auch ein gerissener Strippenzieher geworden. Im Gegensatz zum armen Lottó Bolzano hatte er früh gewusst, dass der Ausgang des Spieles schon vor dem Anpfiff festgezurrt war. Das Ding war geschoben worden.

Kurz vor der Landtagswahl hatte sich die rot-rote Landesregierung keine Blöße geben können. Sie hatte Erfolge zeigen, Kompetenz und Durchsetzungsvermögen an den Tag legen beziehungsweise neunzig denkwürdige Minuten auf den grünen Kunstrasen zaubern müssen. Eine Handvoll Mecklenburger Wettbetrüger und ein wachsweiches Schiedsrichtertrio aus dem klitzekleinen Dorf Mestlin (unweit von Schwerin) hatten den organisatorischen Rest übernommen, und Erwins Politikerriege hatte 5:2 gewonnen, darunter zwei glasklare Abseitstore, eine Hand Gottes und ein fulminantes Eigentor von Jürgen Sparbier, der den Ball aus sechzehn Metern am völlig verdutzten Wolfgang Wuff vorbei in den Winkel des eigenen Gehäuses gedroschen hatte. Lottó hatte einem leidtun können, aber die Wette mit Peach war trotz zweier blitzsauberer Abstaubertore definitiv verloren gewesen.

Während der Vernehmung in der Kommandantur erzählte der Trainer dem verblüfften Oberkommissar Olaf Hansen, dass er (Toto) ihm (Lottó) als Trostpflaster unentgeltlich seine alte Finnhütte auf Poel überlassen hatte.

»Während his tour with friendly matches durch ganz Mäc-Pomm«, heuchelte Toto Peach mehrsprachig Mitgefühl, hatte Lottó Bolzano nicht einmal mehr ein »roof over his head« gehabt.

Die Hütte hatte der Coach bei einer Pokerrunde einem verkalkten Bauern aus dem holsteinischen Reinfeld abgenommen.

»Sie ist fucking old, but better als nix.«

Da drinnen habe der einstige WM-Held und Torschützenkönig fast zwei mehr oder weniger zufriedene Jahre gehaust. Lottó habe vom Angeln im Faulen See und von Rüben und Kartoffeln auf dem angrenzenden Acker von Brandenhusen gelebt, bevor ihm die Bude letzte Woche von ein paar Irren abgefackelt worden sei.

Seitdem hatte ihn niemand mehr zu Gesicht bekommen. Auch

zu Peach kam er nicht mehr. (»His good alt friend auch in schlechte Tag«, wie der Trainer sich nicht schämte unverfroren zu betonen.) Das endgültige Ende von Lottós steiler Achterbahnkarriere?

Nach seinem Alibi für die besagte Raubnacht befragt, nannte der Trainerfuchs mindestens ein halbes Dutzend feinste Fußballergrößen, die mit ihm bis tief in die Nacht Siebzehnundvier gespielt hätten. Darunter Tantelic, Tzimunitz, Wischunwek, alles klangvolle Namen mit einwandfreiem Leumund.

Der Neffe der Wirtin vom Brauhaus am Lohberg bestätigte noch am späten Nachmittag schriftlich die Namen der Teilnehmer und die Dauer der lockeren Kartenrunde.

Nach Lokalschluss habe sich Peach um drei Uhr früh von einem Taxi in seine Wohnung in den Juri-Gagarin-Ring im Stadtteil Köppernitztal bringen lassen.

»Warum leben Sie eigentlich im Juri-Gagarin-Ring? Da gibt's doch nur normale Mietshäuser?«, fragte Hansen.

»Juri-Gagarin, No. 56, pretty Wohnung.«

»Mit Verlaub, aber bei Ihrem Einkommen könnten Sie doch ganz easy in einer schicken Villa mit unverbaubarem Ostseeblick leben.«

»Ganz easy? Die Wohnung ist not far away von our Stadion und our Training«, antwortete Toto Peach.

Die Erklärung war nachvollziehbar oder zumindest nicht gänzlich abwegig.

Seine Wohnung habe er, laut Angabe seiner nimmermüden Nachbarin, bis zehn Uhr vormittags nicht wieder verlassen.

Die anderen illustren Kartenspieler waren zwar von der Bildfläche verschwunden – angeblich zum Zweitligaauftakt nach Berlin gereist –, aber die Aussagen des Brauerei-Filius, des Wismarer Taxifahrers und der Anwohnerin boten keinerlei Anlass, den Wahrheitsgehalt ihrer Erklärungen beziehungsweise Beobachtungen in Zweifel zu ziehen.

Toto Peach war somit aus dem Schneider.

Ehrlich, alles andere wäre auch zutiefst überraschend … und enttäuschend gewesen.

Es herrschte eine prächtige Abenddämmerung über der Hansestadt Wismar. Die Sonne versank feuerrot hinter der Wendorfer Seebrücke irgendwo in der Ostsee. Die Luft war warm und einladend, die Altstadt voller Menschen. Touristen, Einheimische, Zugereiste saßen in gelöster Stimmung und lockeren Runden in den Straßencafés am Markt oder am Lohberg, lasen voller Neugierde den aktuellen OSTSEE-BLICK, ein Extrablatt in Rekordauflage zu den jüngsten Vorkommnissen um den SC Ankerwinde Wismar.

Die Seemöwen segelten elegant über den Alten Hafen. Ein herrlicher erster Sommerabend im August, der schönste Monat im Jahr begann fast wie gemalt.

Nur die Jensens fehlten … die drei Brüder und ihre Schwester.

Die Marstaler Straßen hießen am Ende alle entweder »Gade« oder »Vej« oder »Banen«. Heiner und ich hatten uns am gestrigen Abend in einer kleinen Blockhütte auf dem Campingplatz hinter dem Plantagevej einquartiert. Heiner drängte darauf, dass wir in der Nähe des Stadions an der Reeperbanen wohnten, damit man sich nachts nicht ganz so fremd fühlte. Auch mir kam es entgegen, dass unser Standort mehr am Ortsrand und somit ruhig gelegen war. Selten hatten wir einen so schönen Campingplatz gesehen: grüner Rasen, auf den Längsseiten bewaldet, direkt hinter einem großen Schilfgürtel gelegen. Und doch freier Blick aufs Meer.

Weit nach Mitternacht war nichts mehr mit lauschigem Campen. Das angekündigte Gewitter entlud sich mit Getöse über unserer Hütte. Messerscharfe Blitze durchzuckten die Nacht, gefolgt von tiefem Grollen, das die Blockhütte in ihren Bohlen erbeben ließ.

Heiner stöhnte und hatte offenbar entsetzliche Schmerzen. Im Lichtkegel meiner Taschenlampe betrachteten wir das verheerende Ausmaß seiner eiternden Hand. Wie eine aufgerissene weiße Fischflosse klaffte sie weit offen. Während der Nacht waren Larven geschlüpft – anscheinend aus einer aufgeplatzten Eiblase in seiner Handinnenfläche. Es sah scheußlich aus, es roch übel. Heiner wirkte müde, leer und niedergeschlagen.

Da die Totenfliege ihre Eier am liebsten in verwesendem oder faulendem Gewebe ablegte, musste die organische Zersetzung seiner Hand arg fortgeschritten sein. In offenen Wunden oder unter der Haut zerfraßen Maden üblicherweise das Gewebe ihres Wirtes. Vor vielen Jahren hatte sich die Familie Jensen geschlossen am Totenbett von Oma Hilde im Seniorenstift »Glatter Aal« in Wismar versammelt. Der ungewöhnlich strenge Geruch war ungefähr ähnlich gewesen. Ungelogen: Heiners Rechte müffelte in dieser Nacht so penetrant wie damals Oma Jensen.

»Das geht nicht mehr zu«, flüsterte Heiner. »Ich sag's dir, das geht nicht mehr heile.«

»Das wird schon …«

»Ich will nicht sterben …«

»Reiß dich zusammen!«

»Mensch, Horst! Ich verfaule!«

»Heiner! Halt die Klappe!«, fuhr ich ihm nervös in die Parade.

Wir mussten die halbe Nacht im Dunkeln zubringen. Zwischen Mitternacht und fünf Uhr morgens schalteten die Pächter stets auf dem gesamten Platz den Strom ab. Der Campingprofi deckt sich für alle Fälle mit Kerzen oder Gaslampen ein. Wir waren alles andere als Campingprofis.

Im Schein der Blitze und im Licht der Taschenlampe schwirrten metallisch schimmernde Schmeißfliegen durch unser Holzhaus. Die Scheißfliegen hatten sich quasi über Nacht schon wieder derart vermehrt, dass sie auf Nahrungssuche in alle Körperöffnungen zu fliegen oder zu krabbeln versuchten.

Heiner ging dann ins Bad und säuberte das befallene Fleisch mit dem Inhalt einer Flasche Gammel Dansk. Hochprozentiger dänischer Schnaps, den wir nach Ankunft, neugierig auf Inhalt und Wirkung, im Sonderangebot im Supermarkt gekauft hatten. (Für Kronen! Überall Euro, selbst in Polen, nur bei den Dänen nicht.) Zum Glück war die Pulle jetzt noch halb voll. Keinen blassen Schimmer, aus was Gammel Dansk gemacht wurde, jedenfalls zischte und qualmte es in Heiners Innenhand, fast wie am Tag zuvor aus der Mittelkonsole unseres Pick-ups. Danach fühlte sich Heiner irgendwie besser – weil desinfiziert. Der restliche Gammel Dansk floss seine Kehle herab und beruhigte die Nerven, seine Miene hellte sich auf.

»Angst ist zwar kein guter Ratgeber, aber in Anbetracht deiner Verletzung auch nicht ganz unberechtigt.«
Ich wollte ihm den Ernst der Lage verklickern, gleichzeitig jedoch keine Panik schüren.
»Schließlich ernähren sich Fliegen von Kadavern. Sie tragen Keime und Bazillen in sich, die für den menschlichen Organismus alles andere als ...«
Konsterniert schaute er mich an. Ich hielt daraufhin lieber die Klappe.

Auf Poel erzählten die Landwirte immer wieder die Anekdote vom Veterinär, der auf dem Reiterhof in Timmendorf eine tragende Stute hatte einschläfern müssen, weil Larven der Vogelblutfliegen, eine Unterart der Schmeißfliege, zu Tausenden über die Ohren- und Nasenlöcher eingetreten waren, unter der Haut des Pferdes lebten und das Bindegewebe des Kopfes von innen heraus auffraßen. Reagiere man zu spät, sagten die Bauern, führe der Befall wegen der Giftstoffe der Maden zu Lähmungserscheinungen und dann zum qualvollen Tod. Im Fall der Stute war jede Hilfe zu spät gekommen, leider auch für das ungeborene Fohlen.

Ich wusste nicht, ob Heiner die schreckliche Geschichte kannte. Von mir jedenfalls würde er sie so nicht erfahren. Das mit dem Fohlen würde ich auf alle Fälle weglassen.

Am Morgen riss der Himmel endlich auf und zeigte sein blaues Band. Auch die nach Gammel Dansk riechende Wunde konnte sich einigermaßen sehen lassen. Aus der leichten Schwellung eiterte es nur mehr locker ockergelblich. Heiner schluckte eine Handvoll Aspirin – hauptsächlich gegen das Fieber. Übereinstimmend beschlossen wir, so bald als möglich einen Arzt in Marstal aufzusuchen.

Ærø war eine sehr besinnliche Insel, etwa dreißig Kilometer lang und an der dicksten Stelle neun Kilometer breit. Von den siebentausend Bewohnern lebten die meisten in den drei Kleinstädten: im Norden das idyllische Søby mit dem Ankunftshafen für die Fähre vom Festland, im Osten die sogenannte Märchenstadt Ærøskøbing, die mit ihren verwinkelten Gassen und winzigen Fachwerk-Fischerhäuschen wiederum ein bisschen an den Kern der Altstadt Wismars erinnerte, und an ihrer Südspitze der maritime Hauptort Marstal.

Jahrhunderte hindurch hatten Marstals Schiffe die Ozeane befahren. Selbst mörderisch weite Strecken bis in die Tropen waren sie gesegelt. Auch in Pattaya, auf Phuket oder auf Phangan sollen sie vor Anker gelegen und famose Matrosen wie die Albertsens, die Boyes, Jepsens, Mikkelsens oder die Rasmussens die Spelunken der Häfen unsicher gemacht haben.

Die Seefahrt mit ihren Werften, Reedereien und der größten Seefahrtschule Dänemarks (gleich neben dem Stadion an der Reeperbanen) war noch heute die Lebensader der kleinen, aber quirligen Hafenstadt.

Ihre knapp dreitausend Einwohner lebten überwiegend vom Bootsbau und vom Tourismus – auch das ähnelte unserer Hansestadt Wismar.

Wir ließen den Pick-up auf dem Campingplatz stehen, marschierten über die Havnegade an Hunderten von Segelbooten vorbei, die hier auf ihren Urlaubstörns Station machten, um schließlich am anderen Ende im Christensensvej über eine kilometerlange Hafenmole auf die vertraute Ostsee zu blicken. Wir wussten, dort draußen, irgendwo hinter dem Horizont, lag unsere Heimat. Dabei schmiedeten wir unseren nächsten Schlachtplan ...

Zuerst wollten wir Vereinsheim und Fußballplatz abgrasen, dem schlappen Haufen von Torpedere Marstal einen unangekündigten Besuch abstatten, (falls dann noch nötig) am Nachmittag die Insel erkunden und abends im Tanzlokal »Miss Søphy« in der Møllergade weitere Informationen sammeln. (In kleinen Touristenorten gibt es selten eine bessere Quelle für Neuigkeiten und Gerüchte als die Dorfdisco, die hier nur an zwei Abenden die Woche geöffnet hatte.)

Doch vorher war Heiners Arztbesuch unumgänglich. Seine Hand bereitete ihm weiter echt Kummer.

Pech, dass ausgerechnet Samstag war. Von einer netten Verkäuferin erfuhren wir beim Bäcker, dass der einzige Arzt in der Mittagszeit zwischen eins und drei praktiziere – aber nur für Notfälle.

Komische Öffnungszeiten.
»Wenn die Eiterbirne kein Notfall ist?«, zwinkerte ich ihr zu. Heiner streckte ihr die kaputte Hand über den Tresen. Die Brötchen gab's umsonst ...
Auf dem Weg von der Backstube zurück durch die Havnegade juckte mir wie verrückt die Nase, kein gutes Omen.

Die Madsen-Brüder waren ein schweres Kaliber. Jeder auf Ærø schien sie zu kennen und zu fürchten. Unsere Begegnung mit ihnen war eher einem blöden Zufall geschuldet, wie so vieles auf dieser anstrengenden Reise. Peter Madsen war mit fünfunddreißig Jahren der Älteste und ein verschlagener Schlägertyp. Søren Madsen war einunddreißig und ein gefährlicher Schlägertyp. Und Isager, mit siebenundzwanzig Jahren der jüngste Madsen, war ein fieser Schlägertyp. Alle drei, das war klar wie das Amen in der Nikolaikirche, hatten einiges auf dem Kerbholz. Meistens lungerten sie am Hafen herum, am Havne-Imbiss in der Havnegade.

Im Hotdog-Imbiss gegenüber der Snaregade stand eine hübsche blonde Dänin. Sie war von unnahbarer Schönheit, nordisch unterkühlt bis in die nackten Zehenspitzen. Hopsassa und hollala! Ganz Heiners Kragenweite. Fieberschübe hoch oder runter, Heiner schmolz hin und weg. Zum zweiten Frühstück bestellte er den dritten dänischen Hotdog.

Blondie registrierte natürlich die gaffenden Blicke, tat relaxt und tratschte unverständliches Zeugs mit einem Kollegen, der in der angrenzenden kleinen Kombüse unsere Hotdogs zubereitete.

»Vi de druknede er fortalt i en ramme der er ganske autentisk nemlig byen Marstal.«

»Vuvu-Kauderwelsch.« Heiner wiegte sich in falscher Sicherheit. Nichts Ungewöhnliches, passiert vielen, wenn sie im Ausland unterwegs waren und meinten, dass keiner keinen verstehen würde.

(Auf der letzten Weihnachtsfeier des SC Ankerwinde hatte Inga zum Beispiel vom Mallorca-Urlaub ihres Chefs erzählt, der kein einziges Wort Spanisch spricht. Der mallorquinische Kellner hatte Hansen mit einem freundlichen »Buenos días, ¿cómo está?« am Frühstücksbuffet begrüßt. Der Kommissar hatte dann angefangen zu kombinieren und sich schließlich verwundert gezeigt, woher der nette Kellner denn hatte wissen können, dass er vom Beruf her ein Kommissar war. Hansen hatte sich aus dem »Cómo está« einen »Kommissar« zusammengereimt. So schief und krumm endeten Übersetzungen ohne adäquate Sprachkenntnis. Alle hatten damals gelacht, nur Heiner hatte es nicht verstanden und stattdessen eine Handvoll Zimtplätzchen verschlungen.)

»Dänisch, Heiner. So reden die hier alle ...«

»Macht nichts ... Verdammt hübsches Mädchen!«

»Halt deine Griffel im Zaum.«

»Flotter Käfer mit kleinen Birnentitten ...« Ihm tropfte eine fette Ketchup-Mayonnaise-Pampe aufs Beinkleid.

»Hej! Was hast du gesagt?« Sie hieß Dorte und stellte die Frage auf Deutsch.

»Fettnapf!«, meinte ich verlegen zu Heiner. »Du wirst dich bei der Lady entschuldigen müssen.«

»Hab nichts Falsches gesagt«, meinte Heiner anmaßend, um alles nur noch schlimmer zu machen: »Hübsch ist sie, flott ist sie, und die Titten stehen wie 'ne Eins. Steh ich total drauf, ehrlich!«

»Du bist ein ganz Gerissener, wie?«, stellte Dorte mit funkelndem Augenaufschlag fest. Sie war Mitte zwanzig, sprach, wie die meisten Marstaler, die regelmäßig Berührung mit dem Tourismus hatten, Deutsch, Englisch und natürlich Dänisch. Alles fließend und zwischen den Sprachen hin und her springend, dass einem waschechten Mecklenburger angst und bange werden musste.

In ihrer Muttersprache informierte sie ihre Küchenhilfe. Dorte schob uns je einen weiteren Hotdog und eine eiskalte Cola herüber, um mit einem äußerst charmanten Lächeln hinzuzufügen: »Das geht aufs Haus. Ich lade euch ein.«

Spätestens da hätten wir stutzig werden müssen. Direkt über uns flog ein Möwenschwarm eine neugierige Runde und setzte sich auf den rot-weißen Dachsims der Hotdog-Bude.

Heiner erklärte sich Dortes ungewöhnliche Aufmerksamkeit natürlich mit seinem draufgängerischen Charme. Zügig vollzog ich den Themenwechsel.

»Du kennst dich hier aus? In Marstal?«

»Kann man so sagen.«

»Hast du was von Pokalen gehört?«
»Pokale?«
»Ja, Trophäen! Pokale eben. Die man überreicht bekommt, wenn man zum Beispiel beim Fußball ein Turnier gewinnt ...«
»Ich kenne Pokale!«, erwiderte sie schnippisch.
»Du kennst unsere Pokale?«, schaltete sich Heiner ein.
»Kommt drauf an ...«, erwiderte sie vieldeutig.
»Worauf?«
»Wir möchten sie zurück«, erklärte ich freundlich. »Der, der sie hat, soll sie herausrücken. Bekommen wir sie wieder, sind wir weg und Schwamm drüber.«
»Gibt sogar 'ne Belohnung!«, legte Heiner nach.
»Wie schon gesagt: Kommt drauf an!«, wiederholte Dorte.
»Worauf?«
»Worauf, worauf! Hej, ihr coolen Typen, wo kommt ihr her?«
»Mecklenburg!«, meinte Heiner stolz, aber leicht irritiert. »Wismar. Vom Verein, der hier dreimal euer Käseturnier gewonnen hat ...«
Eine Tatsache, die sie nicht zu beeindrucken schien. Derweil hüpften die Seemöwen unruhig auf dem Dach herum und linsten zu uns herab.
»Wie viel Belohnung gibt's denn?«, fragte sie fast beiläufig.
Ich dachte, dass das nur so ein merkwürdiger Taktik-Talk sei, der am Ende zu nichts führe.
»Tausend!«, hängte sich Heiner mächtig über den Imbisstresen. »Mehr gibt's nicht, wir sind bald pleite.«
»Euro oder Kronen?«
»Dollars natürlich!«, polterte Heiner lachend und schnalzte balzend mit der Zunge.
Die clevere Dorte schaute aus der Kiosk-Luke, beäugte meinen Bruder vom Scheitel bis zur Sohle und meinte trocken: »Zeig her!«
»Was?«
»Den Tausender.«
Mein Bruder hantierte am Hosenbein, zog ein Bündel aus seinem Stiefel, zählte zehn grüne Lappen auf den Tisch des Hauses und grinste.

Dorte schaute mit flottem Augenaufschlag auf den Tresen und ließ dann die ernüchternde Wahrheit auf ihrer Zuckerzunge zergehen.

»Ich hab eure Pokale nie gesehen.«

Das war gemein. Doch dann wurde es noch gemeiner.

»Wollt ihr noch ein Softeis gratis?«

Dorte Madsen war die kleine Schwester der gefürchteten Madsen-Brüder. Und die standen in voller Pracht und Blüte gegenüber der Snaregade, vor dem Havne-Imbiss, das hieß direkt in unserem Rücken.

»Hejhej. Deutsche!«, brachte Peter Madsen in scharfem Ton hervor. »Ihr habt unsere Schwester angeschnackert.«

Zwei der Möwen auf dem Imbissdach suchten krächzend das Weite, die drei anderen hielten den Schnabel, setzten sich und beäugten reglos die Szenerie zu ebener Erde.

Isager krempelte die Ärmel seiner rot-weißen Hummel-Jacke hoch und baute sich breitbeinig vor Heiner auf. Auch Søren pumpte seine Muskeln auf und nahm mich von der Seite ins Visier. Die vier spielten jetzt so etwas wie drei gegen zwei. Hannes fehlte, keine Frage.

Dorte Madsen quatschte in einem furiosen Tempo auf ihre Brüder ein, worauf Isager seine Ärmel überraschenderweise wieder herunterkrempelte und Peter einmal scharf auf den Hotdog-Tresen schielte.

»Ihr sucht was und gebt dafür Belohnung?«

Eine verschlagene Visage dieser Peter Madsen: Fünf-Tage-Bart, waagerechte Gruselnarbe auf der Stirn, das giftige Grinsen legte zwei völlig ungepflegte Zahnreihen frei. Brutalo-Fresse vom Feinsten, die mir irgendwoher bekannt vorkam.

Ich bejahte seine Frage und erklärte ihm geduldig den Hintergrund. Dass wir unsere Pokale suchten und demjenigen, der sie fand oder für uns einen verdammt guten Tipp hätte, einen Tausender dafür geben würden.

»Hej. Wir stehen auf Belohnungen!«, lächelte Søren Madsen. »Wie viel sind die Pokale denn wert?«

»Das kann man schwer schätzen«, antwortete Heiner schlagfertig. »Das sind ja mehr ideelle Werte.«

Isager krempelte die Ärmel wieder hoch, doch der Anführer der Madsen-Gang hielt ihn am tätowierten Unterarm zurück.

Woher wir denn wüssten, dass die Pokale auch tatsächlich hier seien und nicht woanders?

»Sie sind hier, das hab ich im Urin!«, betonte ich überzeugend. Søren pfiff leise durch die Zähne. Peter hob anerkennend eine Augenbraue. Die Möwen auf dem Imbiss krächzten. »Sie müssen hier sein. Es gibt keine andere Möglichkeit. Wir haben überall gesucht. Nur noch nicht in Marstal.«

»Was hast du mit deiner Hand gemacht?«, wollte Søren wissen und deutete mit einer Geste auf Heiners mächtig angeschwollene Pranke.

»Raubmöwenangriff.«

»Hej. Musst du zum Doktor gehen«, schaltete sich der drahtige Isager ein. Auch er hatte eine fiese, wenn auch kleinere Narbe, direkt unterm Auge, quer über dem Jochbein. »Sieht böse aus, deine Hand. Kein Spaß mehr.«

Die Atmosphäre schien sich langsam zu entschärfen. Peter Madsen schlurfte zum Imbissstresen, zählte die zehn Hundert-Euro-Scheine durch, drückte Dorte einen grünen Lappen in die offene Hand und orderte fünf Büchsen Faxe und fünfmal Leibgericht.

Das Trio vom Dachsims flatterte gelangweilt davon.

Für die Anzahlung würden sie uns bei der Suche nach unseren Pokalen unterstützen. »Wenn wir sie gefunden haben«, erklärte die Stirnnarbe, »dann gebt ihr noch mal das Gleiche drauf, und wir sind quitt. Okay?«

Wie gesagt: Vier spielten drei gegen zwei. Was sollten wir machen? Wir waren hier fremd.

»Was nun?«, fragte der Ober-Madsen ungeduldig.

»Nichts.« Wir konnten jede Hilfe gebrauchen. Vielleicht nahm unser Schicksal mit den Brüdern endlich eine Wendung zum Guten. »Abgemacht.«

Womöglich waren sie gar nicht so schlecht wie ihr Ruf. Wir prosteten uns zu, was die Madsens mehrfach mit einem lautstarken »Skål!« kommentierten, tranken dünnes dänisches Bier und logen, es sei leckerer als schwere Wismarer Mumme.

Mit schmaler Taille und breitem Hüftschwung schlenderte die blonde Dorte gefährlich nahe auf meinen Bruder zu. Heiner glotzte wie gebannt auf ihre nackten Beine und vor allem auf die niedlichen Zehen. Schnell standen fünf gefüllte Teller auf dem kleinen Holztisch vor dem Imbiss in der Havnegade. Die Madsen-Brüder machten sich mit Heißhunger über Riesenportionen gekochten Dorsch mit Senfsoße her. Dänisches Traditionsgericht. Isager rülpste, Søren rülpste und lachte, Peter brüllte ein nächstes donnerndes »Skål!« in die Runde.

Nach wie vor versuchte Inga-Mäuschen, uns aufzuhalten. Doch die Expedition hatte bereits eine solche Eigendynamik entwickelt, dass es kein Zurück mehr gab.

Unsere Schwester schnurrte ins Telefon und flehte mich an, in Marstal an der Hotdog-Bude auszuharren, bis sie ihre Überfahrt von Mommark nach Ærø geschafft habe und uns bei unserer Suche behilflich sein könne. Warum wir nicht in Schleswig auf sie gewartet hätten?

Ich antwortete nicht. Mahlzan hatte recht, Inga stand auf der Seite des Gesetzes. Zufälliger Bankraub, Schlägerei mit Schwerverletzung, versehentlicher Schusswaffengebrauch: Wenn auch niemand von unserem Trio vorbestraft war, summa summarum kamen locker ein paar Monate Fürstenhof zusammen, vielleicht sogar Fuchsbau in der JVA Dummerstorf – ganz grobes Pflaster.

»Die Spieler von Schleiaal 06 haben bislang nichts zur Anzeige gebracht. Warum auch immer. Dennoch war das alles andere als lustig. Horst! Ihr steckt ganz tief im Schlamassel. Ihr habt euch in etwas reingeritten; wenn ihr nicht unverzüglich aufgebt, kommt ihr da nicht mehr heile raus.«

»Eben, Inga.« Und nach einem kräftigen Schluck Faxe und einer gedankenverlorenen Pause: »Wo ist Hannes?«

»Wie? Hannes? Was soll mit ihm sein?«

»Ist aus dem Wagen gesprungen … und weg war er.«

»Mann, Horst! Was ist nur bei euch los? Wie kann das denn sein? Hannes kann doch nicht einfach so verschwinden.«

»Was schätzt du, wo er stecken könnte?«

»Ich dachte, ihr seid die ganze Zeit zu dritt?«

»Stiften gegangen. War plötzlich weg, einfach so. Vom Erdboden verschluckt. Ich dachte, ihr von der Polizei wisst vielleicht mehr …?«

»Verdammt. Die Sache läuft aus'm Ruder! Mama macht sich Sorgen. Papa kann seit Tagen nicht mehr arbeiten und nachts nicht mehr schlafen. Die Scheiß-Pokale bringen nur Unglück!«

Wir beide wussten, damit war sie mindestens eine Nuance zu weit gegangen.

Es gebe einen neuen Hauptverdächtigen, wollte die Kriminalassistentin in spe retten, was nicht mehr zu retten war.

Die Information hatte es in sich. Krischan Beeck besaß einen Ersatzschlüssel zum Kabinentrakt und zum VIP-Saal des Vereins. Hansen hatte tief im Archiv recherchiert und eine verstaubte Akte gefunden, die den heutigen Schatzmeister vor knapp zwanzig Jahren als halbstarken Anführer der Teenie-Bande beim Einbruch ins Kultur- und Jugendzentrum (der heutigen SC-Geschäftsstelle) benannte. Das Schallplattenwiedergabegerät und die Kiste Fanta, die damals entwendet worden waren, gingen also auf Krischans Kerbholz. Zudem hatte er sich als sechzehn- bis achtzehnjähriger Jungspund mit Ladendiebstählen, Vandalismus und Handtaschenraub einen einschlägig vorbestraften Namen gemacht.

Wie konnte der Beeck mit einer solchen Duftmarke Jahre später ausgerechnet zum Schatzmeister des SC Ankerwinde Wismar aufsteigen?

Im Zuge seiner Resozialisierung seien diese Jugendsünden auf Antrag seines Bewährungshelfers aus dem virtuellen Führungszeugnis der Polizei gelöscht und die alte Akte während der Umstrukturierungsmaßnahmen in den öffentlichen Dienstbehörden in der Nachwendezeit auf dem Dachboden der Kommandantur schlichtweg vergessen worden, erzählte Inga.

Hansen hatte herausbekommen, dass sich der junge Hallodri damals vom Fritze Schimmelpfennig unbeobachtet den großen Schlüsselbund »entliehen« und klammheimlich einen Nachschlüssel hatte anfertigen lassen, den der Kassenwart bis dato wie seinen Augapfel hütete. Der Platzwart hatte natürlich von nichts gewusst, und auch die Polizei hatte bei ihren damaligen Ermittlungen wegen eines Zweitschlüssels nie nachgehakt.

Gestern sei Krischan Beeck dann eingeknickt, schilderte Inga freimütig, nach fast zwei Jahrzehnten habe er nicht nur kleinlaut die Kiste Fanta ersetzen wollen, sondern auch die »Aufbewahrung« des illegalen Schlüsselduplikats auf seine Kappe genommen. Dennoch: Mit dem jüngsten Diebstahl und dem Totschlag vom Platzwart wolle Krischan Beeck nichts zu tun haben.

Der kleine Ortsteil Schwanzenbusch, nordöstlich der Altstadt Wismars, war unter anderem bekannt für seine profanen Straßennamen: Neben dem Kleinen Weg, dem Kurvenweg, dem Langen Weg und dem Kurzen Weg gab es noch die Straße Am Schwanzenbusch, die einmal rundherum im Karree führte und von urgemütlichen Quartieren wie Datschen und Asbest-Bungalows in berüchtigter DDR-Bauweise flankiert wurde – deren Vorgärten mittlerweile reich veredelt waren mit Gartenzwerg und schwarz-rot-goldener Fahne (ohne Hammer und Zirkel).

Mittendrin in dieser scheinbaren Idylle Schwanzenbusch verwahrloste seit Jahren ein Fabrikareal. Und inmitten dieses industriellen Abbruchgeländes hatte Kommissar Hansen die Mietgarage von Schatzmeister Krischan Beeck erst ausfindig gemacht und dann auf den Kopf stellen lassen.

Bis auf ein paar uralte, verstaubte Devotionalien aus fast vergessenen DDR-Zeiten hätten die Spurensucher nichts Verwertbares gefunden, berichtete Inga. Laut Steffen Stieber, dem dreiunddreißigjährigen hochtalentierten Forensik- und Ballistik-Experten aus Lübeck, den man kurzfristig hinzugezogen habe, habe es in der Garage zwar ausgeprägt nach Pulver und Blei gerochen, aber bis auf ein scharfes Putzmittel für alte Orden und Münzen und noch ältere Bügeleisen habe die Polizei keine weitere Quelle für den metallischen Geruch ausfindig machen können.

Da wussten wir durch Hannes eine Menge mehr als die Wismarer Polizei. Aber was gingen uns die Nebeneinkünfte des Kassenwarts an? Die sollten sich gefälligst mit unseren Pokalen und nicht mit Beecks Waffenarsenal beschäftigen.

»Auffällig war nur«, meinte Inga-Mäuschen, »dass der Schatzmeister während der Durchsuchung schwitzte und hechelte, wie ein Marathonläufer auf der Zielgeraden. Dem Chef ist das spanisch vorgekommen, und er hat Krischan Beeck zum Verhör mit auf die Wache genommen.«

Nach nochmals ausgiebigem Aktenstudium in der Kommandantur habe Olaf Hansen den Kassenwart mit der Tatsache konfrontiert, dass er (Beeck) gebürtiger Schleswiger sei.

Das war ein Knüller! Wie konnte der Beeck als halber Schleiaal mit gutem Gewissen bei der Wismarer Ankerwinde anheuern? Da stimmte was nicht …

Der Schatzmeister habe zu flennen begonnen: Für seine Herkunft könne er nichts, das sei reiner Zufall, er habe mit dem Verschwinden der wertvollen Pokale aus der Kristallvitrine nichts zu tun. Aber wenn man ihm keinen Glauben schenken wolle, könne er ja sein Amt gerne zur Verfügung stellen. Der Job als Schatzmeister beim SC sei eh der undankbarste, den er sich mittlerweile denken könne. Der Verein müsse in die Insolvenz, es sei denn, der Präsident könne wider Erwarten einen bedeutenden Investor aus dem Hut zaubern.

»Das soll schon seit der Wende immer das Hauptproblem der Ostvereine gewesen sein, beklagte sich Krischan Beeck pflaumenweich beim Hansen, dass die reichen Trägerbetriebe aus dem Westen, so nannte er es wortwörtlich, mit entsprechenden finanziellen Zuwendungen die großen Talente weglocken würden. Und im Osten müssten sie dann immer wieder von vorn beginnen mit der Sichtung und Förderung und Qualifikation junger Talente.«

Beeck hatte damit ausnahmsweise den Finger in eine offene Wunde gelegt. Im Amateurbereich bekamen die Clubs für einen Spieler, der den Verein wechselte, keinen müden Euro Aufwandsentschädigung, geschweige denn eine ernsthafte Ablösesumme.

»Krischan meinte dann noch«, wiederholte unsere Schwester Punkt für Punkt, »dass man den Jugendlichen das Blaue vom Himmel verspreche, und schon seien sie drüben. Dass die Jensen-Brüder geblieben sind, das sei die bewundernswerte Ausnahme von der Regel!«

Nach Ingas Beschreibung hatte der noch amtierende Schatzmeister der Ankerwinde selten traurig ausgesehen: Der dünne schwarze Schnauzer hatte ihm links und rechts über die tief gezogenen Mundwinkel gehangen, seine blutunterlaufenen Augen waren komplett verheult, die Tränensäcke darunter dick angeschwollen. Ein armes Schwein, dem man solch einen kaltblütigen Einbruch und Mord gar nicht zutrauen konnte und wollte.

Abschließend hatte Krischan dann etwas halbherzig spekuliert: »Wie die Werft müsste die Ankerwinde vom Russen übernommen werden. So ähnlich wie bei Schalke. Das wäre die Lösung aller Probleme. Aber Russe oder Nichtrusse, ich kann nur sagen: Sponsoren, kommt. Hauptsache, der Rubel rollt – und der Ball dann natürlich auch.«

Schlüsselklau, Kiste Fanta, Waffendealer – trotzdem glaubte ich, dass Krischan im Grunde eine ehrliche Haut war. Anzunehmen, dass er gar kein richtiger Wessi war, zumindest redete er nicht so. Gleich nach der Wende rübergemacht, hatte er den Ostler anscheinend komplett verinnerlicht.

Der Oberkommissar hatte ihn nach dem Verhör bis auf Weiteres in U-Haft genommen und in den Fürstenhof verlegen lassen. Dort hatte der Verdächtigte ein Telefonat auf Kosten der Amtskasse führen dürfen, um einen Anwalt seines Vertrauens mit seiner Verteidigung zu beauftragen. Beeck hatte Mahlzan angerufen.

»Wasser auf Hansens Mühlen!«, fasste Inga Jensen zusammen. »Gegen Mittag bin ich bei euch.«

Die Madsens hatten noch weniger Ahnung von Fußball als Kommissar Hansen, sie interessierten sich nicht die Bohne dafür. Sie hatten noch nicht einmal vom Danske-Tilsiter-Turnier in ihrem eigenen Heimatort gehört, geschweige denn vom dreimaligen Gewinner.

Das Einzige, was sie mit Fußball in Verbindung brachten, war die lustige Keilerei letzten Samstagnachmittag im Stadion an der Reeperbanen, in die sie zufällig hineingeraten waren. Schmatzend Dorsch kauend, schmückte Isager die Prügelei genüsslich aus: Die Deutschen hätten ordentlich eins auf die Fresse bekommen. Die Madsens lachten, wir auch. Zumindest wusste ich jetzt den Grund, weshalb mir die Visagen von Anfang an bekannt vorgekommen waren.

Durch den richtigen Anruf fand die hübsche Dorte heraus, dass die Männer von Torpedere Marstal zum Freundschaftsspiel nach Ærøskøbing gefahren waren. Das war nicht weit, vielleicht zwölf Kilometer Landstraße.

In ihrem rostigen, klappernden Volvo Kombi setzten uns die Madsens am Campingplatz ab, wo wir in Papas Ford F-150 stiegen und im kleinen Konvoi quer über die Insel karriolten – die drei Brüder samt Schwester Dorte an Bord immer direkt vor uns her.

»Ich weiß nicht, Horst. Ich trau denen nicht. Das sind gemeine Lügenschweine.«

»Bingo Bongo!«, kommentierte ich seinen Geistesblitz.

»Sollten wir nicht umkehren und nach Hause fahren? Oder wenigstens auf Inga warten?«

»Wir nutzen ihre Ortskenntnisse und lassen uns zu den Pokalen bringen.«

»Und wenn die Madsen-Brüder sie gefunden haben?«

»Dann machen wir sie alle!«

Betretene Stille. Heiner war zu perplex, um unmittelbar reagieren zu können. Erst zwei, drei Gedankeneinwürfe später hakte er verstört nach.

»Wen genau«, glotzte er mich schief an, »machen wir alle?«

»Diese Madsen-Schweine, die uns nur verarschen wollen. Heiner! Wir sind die Jensen-Brüder! Verstehst du? Die Jensen-Gang! Wir sind härter als alle anderen. Wir lassen uns nicht verschaukeln. Keinem von denen darf das Bier schmecken, während wir hier abkacken.«

Wut, Trauer, Euphorie, Angst. Alles zu seiner Zeit, damit konnte Heiner einigermaßen passabel umgehen. Doch jetzt vermengte sich das Ganze zu einem Konglomerat diffuser Befindlichkeiten. Heiner kratzte pausenlos an seinen Bartstoppeln herum, in ihm gärte es.

»Wie willst du das anstellen?«

»Wir hauen sie um.«

Betretenes Schweigen.

»Wir sind nur zu zweit ...«

Inselwälder und Felder rauschten vorbei. Der Raps stand hoch und leuchtete mit der Sonne um die Wette. Zu beiden Seiten der Fahrbahn lag weit am Horizont die dunkelblaue Ostsee. Kleine

Schaumkronen, schwache Brise aus Südost. Das Autoradio röhrte Rockmusik, einige Fliegen brummten dazu. In das sanfte Geblubber des V8-Motors hinein hauchte ich Heiner zu:
»Nicht mehr lange.«
Er starrte mich aus müden Augen an. »Wie meinst du das?«
»Das Team ist aufm Weg. Hab sie gestern angerufen.«
»Wie?«, stammelte er ganz aufgeregt. »Wer?«
»Unsere Erste Herren. Jünter und Co. kommen nach Ærø.«
»Unsere Mannschaft? Das is'n Ding!«
»Bis sie hier sind, halten wir die Madsens in Schach.«
»Das ist cool ... aber ... trotzdem gefährlich.«
Heiner fixierte seine kaputte Hand. Widerstand sah anders aus, Verunsicherung war normal. In sein Schweigen hinein fragte ich gemein: »Was hätte Hannes an unserer Stelle gemacht?«

Langsam begann er, sich die Ketchup-Mayo-Flecken vom Oberschenkel zu pulen. Am liebsten hätte Heiner wahrscheinlich weiter herumgemosert, stattdessen sagte er leise:

»Das fragst du mich nur, weil er jetzt nicht da ist.«

»Ich sag dir, was er gesagt hätte. Er hätte gesagt: Klar, wir drehen den Madsen-Schweinen das Licht aus. Basta.«

Die Hotdog-Reste waren mehr schlecht als recht von seiner Hose gekratzt, da begann er mit einem Isolierband an der zerbrochenen Armaturenkonsole herumzuhantieren. Die Nachspielzeit war abgelaufen, Heiner wurde mürbe und gab auf.

»Okay. Erst halten wir sie in Schach, später machen wir sie alle.«

Der Volvo bog jetzt von der Hauptstraße ab und schlich langsam am Ufer der Ostsee entlang.

»Abgemacht?«

Heiner schaute trotzig an mir vorbei.

»Klar, Horst.«

Der schwedische Kombi holperte über einen Feldweg, links vor uns erstreckte sich der schmale Vesterstrand, an dem sich Touristen, aber auch Einheimische sonnten und im kühlen Salzwasser badeten.

Nach dem Löschpulvereinsatz hatten wir die Killerfliegenplage einigermaßen im Griff. Dafür schwirrte plötzlich ein neues Insektenproblem durch den Äther. Marienkäfer.

Wo liegt das Problem?, werden Sie vielleicht denken. Die süßen, kleinen, halbkugeligen Käfer seien doch an Beliebtheit kaum zu übertreffen.

Stimmt, aber in der Anzahl, in der sie unseren Weg kreuzten, bedeuteten sie eine Invasion. Millionen war weit untertrieben. Milliarden oder besser Multimilliarden possierlicher Marienkäfer, die den östlichen Teil Ærøs heimsuchten.

»Jüngstes Gericht!«, flüsterte Heiner.

Obwohl die Windschutzscheibe mittlerweile über und über mit toten Marienkäfern gesprenkelt war, machte es aus der Fahrzeugkabine heraus sogar Spaß, ihren Flugeinlagen zuzuschauen. Einige Badegäste schlugen wild mit bunten Frotteetüchern um sich oder versuchten, über das angrenzende Rapsfeld Reißaus zu nehmen, oder tauchten einfach kopfüber in den Ostseefluten unter. Keine dauerhafte Lösung.

Ich zeigte auf den Feldweg. »Guck dir mal die an!«

Im Cockpit eines uralten Mustang-Cabriolets, das uns in diesem Moment entgegenkam, saßen ein schnieker Badewannenkapitän und zu seiner Rechten eine aufgebrezelte Blondine. Beide wollten parken, vermutlich, um sich am Badestrand zu vergnügen. So rasch ließ sich kein Cabrio der Welt verschließen, wie die Marienkäfer den knallroten Mustang attackierten. Von einer Sekunde zur anderen badeten die Insassen in einem rotbraunen Meer. Die lustigen Käfer – tot oder lebendig – würden sie aus dem Fahrzeug garantiert nicht mehr restlos herauskriegen.

Der Einsatz unserer Scheibenwischer war überhaupt keine gute Idee. Dicke Blutschlieren vermischten sich mit seifigem Wischwasser und verklebten sich zu einem expressionistischen Glasgemälde. Madsens Volvo gab endlich Vollgas, selbst den Einheimischen schien die Käfer-Chose nicht geheuer.

Wenig später bogen wir am Ortsrand auf einen kleinen, aber feinen Fußballplatz. Nebeneinander parkten wir hinter dem Tor des IF Torpedere Marstal. Auch hier, wohin man blickte, Marienkäfer. Nicht im selben apokalyptischen Ausmaß wie wenige Minuten zuvor, aber es reichte, um den Wagen erst einmal nicht verlassen zu wollen.

Der Fußballfaszination tat das keinen Abbruch. In Ærøskøbing sah man immerhin deutlich den Lederball fliegen. Das Freundschaftsspiel gegen den FC Ærøskøbing 09 war weit in der ersten Halbzeit angelangt und schien mit 4:0 für Marstal bereits früh entschieden.

»Wie willst du sie denn in Schach halten?«

»Wir haben Hannes' Pistole.«

»Das hast du dir gut überlegt, ja?«

»Wo steht geschrieben, dass man keinen Madsen umnieten darf?«, zitierte ich sinngemäß den Don, halb im Scherz. Dann lachte ich lauthals.

»Also gut«, meinte Heiner grimmig.

»Wir halten ihnen die Wumme direkt an die Rübe.«

Heiner verstummte und starrte stur hinaus. Er grübelte, aber was auch immer er hatte sagen wollen, er überlegte es sich anders. Stattdessen schnappte er sich eine unvorsichtige Fliege auf der Ablage vor unserer Frontscheibe und hielt sie in seiner hohlen gesunden Hand. Einen Moment lang horchte er auf das Summen, bevor er sie zerquetschte und teilnahmslos zu Boden fallen ließ.

»Von vorn oder von hinten?«

Das Insekt strampelte eine Weile hilflos mit den dünnen Beinchen in der Luft und blieb dann regungslos auf dem Rücken liegen.

EINE MANTELMÖWE SEGELT ÜBER DIE OSTSEE.

Die Mannschaftskollegen Jünter Petzer, Fiete Schlückora, Meister Röhrich und Karl Janka waren auf dem langen Seeweg unterwegs von Rostock nach Ærø. Eine komplizierte Anfahrt, wie das gesamte Team der SC Ankerwinde sie vor einer Woche unmittelbar nach dem Titelgewinn für die Rückfahrt auserkoren hatte, dennoch allemal schneller als der wesentlich längere Weg über das Festland, den damals Toto Peach zurückgelegt und jetzt Inga Jensen für ihren Hinweg gewählt hatte.

Von Rostock nach Gedser auf Lolland ging es in weniger als zwei Stunden, mit Volldampf im Auto nach Tårs und von dort mit der Fähre das kurze Stück nach Spodsbjerg auf der Nachbarinsel Langeland. Sonne tanken auf glitzernder Ostsee inklusive.

Auf Langeland rascher Hafenwechsel nach Rudkøbing, von dort die dritte Fähre nach Marstal auf Ærø in weniger als anderthalb Stunden. Die kurze Strecke von Wismar nach Rostock hinzugerechnet, machte das summa summarum nicht mehr als sechs Stunden Reisezeit. Keine Ewigkeit – dennoch eine knappe Angelegenheit.

An der Küste weiß es jedes Kind: Dem Kutter folgen die Möwen – nicht umgekehrt.

Eine weitere Kurznachricht von Inga mit dem Stand der Ermittlungen in Wismar:

1. Peach – Alibi, 2. Beeck – kein Alibi (trotzdem aus U-Haft entlassen!), 3. Mahlzan – Alibi, 4. Bolzano – kein Alibi (Aufenthaltsort unbekannt, evtl. flüchtig?), 5. Wirt Wichsmann – wackeliges Alibi. Kuss Inga.

Manche Bullen sind zu blöd, um ein Loch in den Schnee zu pieseln! Wie konnte Olaf Hansen Krischan Beeck aus dem Fürstenhof entlassen? Schmieriger kleiner Dieb und Waffenhändler aus Schleswig. Dreck am Stecken, Oberkante Unterlippe! Dessen nervöses Herumgehopse vor der kaputten Vitrine und dem sterbenden Schimmelpfennig hätte mich gleich stutzig machen müssen.

Letzte SMS von Inga:

Ihr seid eine Stunde entfernt von mir ... ich bin in dreißig Minuten da.

Echt coole Schwester!

Auf dem neu eingeweihten Fußballplatz in Ærøskøbing entwickelte die Situation eine ganze eigene Dramatik. Torpedere gegen 09 – das letzte Mal, dass ich mir ein so ödes Gestochere freiwillig ansah. Als der Lederball von einem Stürmer des Heimteams zum wiederholten Male ungeschickt und weit über das gegnerische Gehäuse gedroschen wurde, zerschoss er auf seiner Flugbahn nicht nur eine Wolke von Marienkäfern, der Ball kullerte am Ende ausgerechnet vor die ungelenken Füße von Isager Madsen. Der nahm den Fremdkörper in die Hände und gab ihn nicht mehr zurück.

Wortführer Peter Madsen erklärte einer verschwitzten, aufgebrachten Zuhörerschaft, dass der Ball erst wieder ins Spiel zurückfände, wenn der Verbleib unserer gesuchten Pokale geklärt sei.

Die Spieler von Torpedere Marstal kannten die heimische Madsen-Gang zu gut, um sich mit ihnen auf ein Wortgefecht oder gar schlimmeres Scharmützel einzulassen. Gänzlich unbeteiligt lehnten wir mittlerweile an der Ladefläche des Pick-ups. Torpederes Mannschaftskapitän lugte fragend herüber, schien sich plötzlich sicher, trat dann auf uns zu und meinte in fast einwandfreiem Deutsch:

»Hejhej. Ihr zwei seid Jensen-Brüder. Ihr habt den Tilsiter-Cup gewonnen. Ihr seid gute Fußballer. Ich weiß nicht, was euch hierhergebracht hat, aber die Madsens sind unfaire Typen, das ist kein Umgang für Sportler wie uns.«

»Wir suchen unsere Pokale!«

»Den einzigen Pokal, den Marstal je gesehen hat, haben wir an euch verloren. Mehr haben wir nicht.«

»Wart ihr nicht am letzten Wochenende in Wismar?«

Der Kapitän schüttelte den Kopf. Einige Marienkäfer setzten sich auf sein grünes Trikot. Das sah gesprenkelt und friedlich aus. Ich glaubte dem Sportsmann, auch wenn die Wahrheit traurig machte.

Der Schiedsrichter wollte keinen Ärger, pfiff fünf Minuten früher als geplant zum Pausentee. Die Mannschaften verkrümelten sich in die Kabinen. Die wenigen Zuschauer widmeten sich dem Hotdog-Stand am anderen Ende des Feldes beziehungsweise der zwei Kubikmeter großen Faxe-Tonne, in der ein Däne als verkleideter Wikinger Biere zapfte oder als Halbliterdosen hinausreichte.

Die langen Madsen-Gesichter gafften mitten im Marstaler Strafraum bedröppelt herum. Isager ließ das Spielgerät fallen, der gekidnappte braune Lederball plumpste zu Boden, hoppelte ein paarmal und blieb zufällig exakt auf dem gottverlassenen Elfmeterpunkt liegen.

Die Brüder steckten die Köpfe zusammen. Mit scharfem Klimperblick behielt uns Dorte im Auge. Der Frust saß tief – bei ihr, bei den Madsens, die sich um ihre zweite Rate betrogen fühlten, und selbstverständlich auch bei uns.

Heiner rieb sich einmal mehr die verwundete Flosse, den Arztbesuch hatten wir, situationsbedingt, unvorsichtigerweise abermals verschoben. Meine unbändige Wut über die verlorene Zeit, die verhassten Madsen-Brüder und die geklauten Pokale begann sich plötzlich zu verflüchtigen. Ein Gefühl der Leichte überkam mich. Vielleicht war es aber auch nur das Resultat endgültiger Ernüchterung.

In diesem Augenblick trat Peter Madsen mit seinen beiden bekloppten Brüdern einen Schritt näher auf uns zu und krächzte angesäuert, aber hochnäsig: »Ihr seht ja selbst. Eure Pokale sind nicht da. Wir haben alles versucht und euch geholfen, wo wir konnten. Ihr schuldet uns tausend Euro, dann sind wir quitt, und jeder geht seines Weges.«

Ein beschissener Betrugsversuch, diese Rechnung des Ober-Madsen. Während die Spieler am Pausentee schlürften und die viereinhalb Zuschauer die Faxe-Tonne umlagerten, legte sich eine betretene Stille über den Platz. Nur die Marienkäfer schwirrten kaum hörbar und unschuldig um uns herum.

Isager, Søren und Peter bauten sich drohend auf. Dorte schaute tückisch, verfrühte Schadenfreude blitzte aus ihren hübschen grünen Augen. Weiter entfernt, irgendwo im Hintergrund (vielleicht von der Hotdog-Bude), hörte ich seit langer Zeit das erste Mal wieder vertraute Stimmen ...

»Was glotzt du denn so, Freundchen?«

»Ich bin nicht dein Freund, du Penner.« Heiner klang giftig.

Isagers Augen funkelten zornig. »Wie war das?«

»Ich hab gesagt, ich bin nicht dein Freund ... Penner!«

Für den Gegner völlig überraschend zog Heiner blitzschnell die Makarov aus seinem Cowboystiefel und drückte seinen Lauf Isager direkt auf die Stirn. Bis hierhin funktionierte unser Plan. Die Madsen-Ärsche schienen komplett überrumpelt. Dumpfe Visagen, echter Hochgenuss, Tarantino pur.

Dann schlug Søren Heiner die Knarre aus der Hand. Einfach so. Im hohen Bogen flog die Makarov dem ältesten Madsen direkt vor die krummen Füße. Unser schöner Plan war in null Komma nichts zerstoben.

Mit steinerner Miene hob Peter Madsen die Pistole vom Rasen auf, zielte, lächelte genüsslich und drückte ab ...

Gar nicht mehr so weit entfernt hörte ich Ingas liebe Stimme. Sie rief etwas, ich verstand sie nicht. Mit dem Kopf fiel ich ungeschickt auf den Lederball und blieb mit meiner linken Gesichtshälfte auf dem Kreidepunkt liegen. Ein paar Marienkäfer flirrten in kürzerer Distanz.

Das Letzte, was ich bei voller Sehschärfe noch wahrnehmen durfte, war der Ball, der mit einem schönen Drall wie in Zeitlupe über die Torlinie rollte und dort im Netz zur Ruhe kam ...

Die Kugel traf mich unvorbereitet – mitten in die Brust. Von vorne, hätte Heiner vermutlich kleinlich betont. Sie zerriss die vordere Herzkammer und den linken Lungenflügel, zerfetzte Zwerchfell und Milz und blieb am achten Brustwirbel stecken. Ziemlich schräger, fast zackiger Schusskanal – aber das tat nicht viel zur Sache. Seit Oliver Stones »JFK« wunderte ich mich diesbezüglich über gar nichts mehr.

Den harten Aufprall auf den schönen grünen Rasen spürte ich kaum. Klangwellen aufgeregter Stimmen drangen näher, aber ich verstand die Worte und ihre Bedeutung nicht. Mit aller Macht versuchte ich noch einmal den Kopf zu heben, es fühlte sich an, als hätte den Körper alle Kraft verlassen. Es pocherte ein-, zwei-, dreimal in meinen Schläfen. Dann sah ich von Ball und Tor nur mehr unscharfe Konturen. Ich erkannte keine Einzelheiten, nicht einmal die Grashalme mit dem Marienkäfer unmittelbar vor meiner Nase. Die fing zu allem Überfluss plötzlich an, auszufließen – wie aus heiterem Himmel. Merkwürdig, wie mir der Schnodder so scheinbar grundlos aus dem Nasenloch strömte. Schlagartig bekam ich Durst. Gigantischen Durst, als hätte ich tagelang keine Flüssigkeit zu mir genommen. Mir klebte die Zunge am Gaumen. Oder auch nicht. Ich weiß nicht, ich erinnere mich nicht an alle Einzelheiten ...

Sie müssen wissen: Das Ganze dauerte nur wenige Sekunden, dann war ich tot. Physisch und klinisch gesehen.

Das war erschütternd.

Aber nicht das Ende.

Es gab schlimmere Abgänge. Einen Schuss in den Kopf zum Beispiel. Dringt eine Kugel ins Hirn, ist der Tod und alles, was danach kommt, weit grausamer. In die Brust ist nicht das Schlechteste und entscheidend von Vorteil für den Verlauf der verschiedenen Todesphasen.

In den vielen Weihnachtspredigten von Pastor Petersen, die wir seit unserer Kindheit an etlichen Heiligen Abenden über uns hatten ergehen lassen müssen, hatten die Phasen des Sterbens nie Erwähnung gefunden, geschweige denn eine zentrale Rolle gespielt. Dabei hatten wir gedacht, der Oberpfaffe der Wismarer Nikolaikirche hätte den besten Draht zum Jenseits. Den Eindruck hatte Adalbert Petersen zumindest stets überzeugend vermittelt. Mahnungen und Warnungen! Nur Gesülze! Nichts wusste der. Oder er wollte nur nicht raus mit der genauen Sachlage, sprich tieferen Erkenntnis.

Vielleicht nörgelt gerade jemand: »Was will er uns damit schon wieder erzählen? Vermutlich will er uns nur veräppeln.«

Tatsache ist, dass in dem Moment, in dem du den irdischen Löffel abgibst, dir buchstäblich noch einmal ein Licht aufgeht. Am Ende eines langen Tunnels erwartet dich ein strahlendes Weiß – viel weißer als der »Weiße Riese« in Mettenhof.

Dieser sensible Prozess, der in der Stunde des Sterbens normalerweise nach und nach einsetzt, überkam mich rasend schnell – explosiv geradezu. Das hing mit dem wenig romantischen Todesschuss zusammen. Sanft entschlafen geht anders.

Das alles war zwar Neuland für mich, aber vorausgesetzt, ich hätte mich noch mal bemerkbar machen können, hätte ich nur ein paar Kleinigkeiten schnell mit Fug und Recht behaupten dürfen:

Erstens: Nicht nur glauben, was man sieht.

Zweitens: Vieles, was nach dem Tod hier oder woanders geschieht, ist der scheidenden Seele auf geradezu abgöttische Weise präsent.

Drittens: Ich hatte meinen letzten Elfer versenkt.

Was ich als Spieler in meiner letzten Sekunde tat, konnte ich schon als Zuschauer bewundern.

Klingt aufregend und ein wenig wirr, wie? War es auch.

Methodisch bedeutete das: Ich konnte in einem Zwischenreich für eine begrenzte Dauer an vielen altbekannten Orten gleichzeitig und in kürzester Zeit sein – ein ganz unglaublicher Vorteil gegenüber meiner bisherigen Existenz.

EINE BLUTSCHNABELMÖWE LINST INS STADION HINAB.

Als ich im Strafraum auf dem Elfmeterpunkt von meinem Leben Abschied nahm, klammerte sich Schwesterchen Inga schluchzend an mich. Heiner war geschockt, er konnte lange Zeit nicht glauben, was sich an diesem Nachmittag auch durch sein ungeschicktes Zutun ereignet hatte. Ich gab ihm keine Schuld, schließlich war ich es gewesen, der ihn überredet hatte, gegen die Madsens gnadenlos auf Konfrontationskurs zu gehen.

Noch am selben Tag fuhr er Papas Pick-up den ganzen weiten Weg zurück zur Insel Poel – ohne Fahrerlaubnis. Heiner war dreimal durch die Theoretische gerasselt und hatte dann frustriert aufgegeben, den Führerschein zu machen. Während seiner panikartigen Rückreise suchte er verzweifelt den halben Kreis Schleswig-Flensburg nach unserem Bruder Hannes ab. Ohne Erfolg.

Kurz vor Mitternacht nahm Mama Hertha – im Nachthemd und mit Lockenwicklern im lila Haar – dankbar ihren Heiner in die fleischigen Arme.

Die Ankunft in Fährdorf, allein und mitten in der Nacht, löste bei den Eltern ein bedrückendes Gemisch aus Freude über den heimgekehrten Sohn, Entsetzen über seinen körperlichen und seelischen Zustand und Schmerz oder Ungewissheit wegen der verloren gegangenen Söhne aus.

»Moin, Mama!«

»Mensch, Jung! Da bist du ja endlich.«

»Kann nicht lange bleiben ...«

»Am besten erst mal in die Badewanne«, brachte Mama die Situation entschlussfreudig auf den Punkt. »Und dann frische Socken und Schlüpfer, nicht wahr, Heinerchen?«

Tränen standen in ihren müden Augen. Heiner sah mies aus ... und roch noch mieser. Eine Woche auf Achse, und der Filius müffelte ranzig und wirkte komplett verwahrlost.

Während sie heißes Wasser in die Wanne laufen ließ und ihm aus der Kommode frische Wäsche brachte, begann Papa Heinz seine Fischerei-Utensilien zu sortieren: Angelhaken hier, Reusen dort, Sehne aufwickeln und so weiter und so fort.

»Lass ihn! Er braucht erst mal Ruhe. Nicht wahr?«, nickte der Vater seinem Sprössling zu und sagte dann mit belegter Stimme: »Der Wagen sieht schlimm aus, da gibt's eine Menge zu spachteln, zu lackieren und zu schrauben. Aber alles zu schaffen ...«

Heiner setzte sich seufzend zu ihm an den Küchentisch.

»Wie geht's dir, Heiner?«

»Ich hab Hunger ...«

»Natürlich!«, rief Mama aufgeregt. »Du musst nach der langen Fahrt Hunger haben. Steht alles noch auf dem Herd, hab extra für dich gekocht.«

Sie trat an den großen Kochtopf, füllte mit einer Kelle einen Teller, stellte ihn vor ihrem Sohn auf den Tisch und legte klimpernd einen Löffel dazu.

»Heute mal kein Fisch! Sondern Leibgericht!«

»Festtagsschmaus!«, ergänzte sein Vater unpassend.

Heiner schaute mit glänzenden Augen auf den Teller.

»Rübenmus mit Kassler ... Lecker, Mama. Danke.«

»Iss, mein Jung! Iss dich mal richtig satt ...«

Liebevoll streichelte sie über seine verfilzte Haarpracht. Heiner löffelte schweigend eine Portion deftiges Rübenmus in sich hinein. An den dekorierten Küchenwänden prangten die Urkunden und Wimpel einer bereits vergangenen Epoche.

»Und?«, fragte sein Vater in die lange Stille hinein. »Wo sind die Pokale?«

Mutter Hertha wischte sich dicke Tränen von den Wangen. Bereits am frühen Abend hatte Inga all die schlechten Nachrichten telefonisch ins Elternhaus übermittelt.

Vater Heinz wartete vergebens. Einen Moment verharrte er unschlüssig, dann stand er auf.

»Muss mich um den Kahn kümmern, in ein paar Stunden geht's raus auf den Breitling.« Er schluckte, dann fragte er leise: »Und? Heiner? Willste mit?«

Heiner wirkte zutiefst zerrissen und entmutigt. Er wägte ab.

Dann schüttelte er den Kopf und war auch sonst fest entschlossen zu schweigen.

Obwohl ihn seine Schwester Inga am nächsten Morgen im Clio persönlich abholte und in die Kommandantur chauffierte, ließ er sich von diesem Vorsatz nicht abbringen. Die Polizei konnte ihm nicht viel anhängen. Oberkommissar Olaf Hansen nahm sich Heiner in mehreren Vernehmungen intensivst zur Brust. Kein Wort kam über seine Lippen. Stoisch betrachtete er das Klützer Blitzer-Foto, das Hansen ihm vor die Nase legte. Heiner hatte hinten auf der Rückbank gesessen, deshalb war er auf dem Bild nicht zu erkennen.

Von der brutalen Odyssee durch den äußersten Norden der Republik gab es keinen einzigen Zeugen, der den großen schlaksigen Kerl mit der Zahnlücke hätte wiedererkennen wollen. Nicht mal der angeschossene Beamte oder sein Kollege von der Autobahnpolizei konnten mit absoluter Gewissheit aussagen, dass Heiner der dritte Mann auf der Rückbank gewesen war.

Auch die Fußballer vom VfR Schleiaal 06 hatten offensichtlich Angst, dass sie noch einmal Besuch aus Wismar erhalten könnten, und hielten wider Erwarten dicht.

Tomsen und Pickrot hatten von Mahlzan nach der Rekordauflage des OSTSEE-BLICK am 1. August dieses Jahres aus Dank für ihre Verdienste großzügig einen extralangen Urlaub auf Phuket spendiert bekommen. Bei einer scharfen Thai-Glasnudelsuppe mit Garnelen an einer Garküche am Strand von Patong bestätigten sie fernmündlich und übereinstimmend, Heiner Jensen in Schleswig zwar gesehen, währenddessen jedoch bei keiner unrechtmäßigen Handlung beobachtet zu haben.

So etwas nannte der Richter Glück im Unglück. Aus der U-Haft heraus wurde Heiner vor dem Amtsgericht Wismar wegen Beteiligung, aber nur begrenzter Verantwortung an dem Überfall auf Ackermanns Bank in der Kommandantur zu einem Jahr Fürstenhof verurteilt.

Schlachter Lausen kündigte ihm fristlos.

Der Fürstenhof, am Rande der inneren Altstadt gelegen, war praktischerweise Gericht und Gefängnis auf einem gemeinsamen überschaubaren geschlossenen Gelände. Direkt nach der Urteilsverkündung konnten somit die Verurteilten auf schnellstem Wege ihre neuen Behausungen beziehen. Im Fürstenhof gab es knapp zwei Dutzend Zellen, in einer sollte Heiner nun acht Monate schmoren, der Rest der Haftzeit wurde ihm aufgrund guter Führung erlassen.

Seine Mutter Hertha war glücklich über die einigermaßen milde Strafe, besuchte ihn dreimal wöchentlich und brachte ihm immer etwas Leckeres mit – meistens ihre berühmten kreisrunden Fischklöpse und dazu ein Glas Apfelmus.

Überhaupt duldete Hertha zu Hause kaum eine Veränderung. Sie briet weiter ihre leckeren Fischfrikadellen in rauen Mengen. Selbst aus reiner Solidarität oder gar Nächstenliebe konnte ihr Mann so viele Klöpse unmöglich verschlingen. Irgendwann war er mit sich übereingekommen, die Masse an Klöpsen nicht weiter zu thematisieren. Stattdessen brachte er sie neben dem Frischfisch in einer Plastikwanne auf der Ladefläche seines frisch lackierten Pick-ups morgens nach Wismar, um sie Lotte Nannsen zum Vorzugspreis zu überlassen. Die erfahrene fünfundsechzigjährige Fischverkäuferin vom Alten Hafen wusste nur zu gut um die Eins-a-Qualität der Poeler Fischklöpse und veredelte mit ihnen fortan das Sortiment ihres Kutters.

Nach der Haftentlassung ging Heiner seinem Vater beim Fischen im Breitling und bei der Pflege des Ford F-150 flott zur Hand. Er sollte zeit seines restlichen Lebens in sich gekehrt bleiben und am schweren Schicksal der Familie Jensen zu knabbern haben. Zwar verlor er nicht die Liebe zum Fußball, nur für den SC Ankerwinde Wismar sollte er nie wieder die Fußballschuhe schnüren.

Eine Woche nach dem Mord fand meine Trauerfeier auf dem kleinen heimischen Fischer-Friedhof in Kirchdorf auf Poel statt. Fast die ganze Mannschaft war gekommen – nur leider Heiner und Hannes und mein ehemaliger Trainer nicht. Bei Toto Peach war es mangelndes Taktgefühl, gepaart mit seiner grundsätzlich Abneigung gegen alle Arten von emotionalen Feierlichkeiten. Heiner hätte es zerbrochen, er blieb in seiner Zelle und entzündete eine

Kerze zum Gedenken an seinen toten Bruder. Gewissensbisse und schwere Schuldgefühle quälten ihn.

Als seine Schwester ihn einmal in der Zelle im Fürstenhof besuchte, flennte er und schluchzte, dass Horst wahrscheinlich noch am Leben wäre, wenn er (Heiner) nicht die blöde Makarov gezogen hätte.

Vater Heinz hatte den Ford F-150 flott auf Vordermann gebracht. Auf dem Weg zum Kirchhof wehte ein Trauerflor an der Autoantenne. Während der Beisetzung blieb er scheu im Hintergrund, nur einmal stand er in der vordersten Reihe der Trauergäste, hielt den Arm seiner Frau, als die mit zittriger Hand eine Schippe Sand ins offene Grab schüttete.

Auf dem schönen schlichten Grabstein hatte der Poeler Steinmetz neben Namen und Daten zwei Gravuren angebracht: in der rechten oberen Ecke die Umrisse einer Ankerwinde und links oben die Konturen eines Pokals. Der Dankse-Tilsiter-Cup!

Präsident Gregor Mahlzan hielt eine schmalzig triefende Rede. Die näheren Umstände meines Todes drückten ihm aufs Gemüt. Schließlich war es der Redaktionsleiter des OSTSEE-BLICK gewesen, der die Jensen-Brüder auf ihrer waghalsigen Mission einmal halb um die Ostsee nicht gestoppt, sondern, mit Ruhm und Honoraren lockend, noch Öl ins Feuer gekippt hatte. Aber Mahlzan hatte bekanntlich ein dickes Fell, der würde trotz seiner Gewissensbisse mit der neuen Situation rasch wieder klarkommen.

Dagegen hatte Mannschaftskapitän Jünter Petzer das optimale Gespür für die richtigen Worte. Er stand am Grab und schwieg, dann drehte er sich zur Trauergemeinde. Mit echter Anteilnahme und bewegter Stimme rief er den Halbsatz:

»An der Ostsee verankert ...!«

Das Team antwortete voller Inbrunst im Chor:

»In Wismar vereint!«

Das war nicht mal abgesprochen, klappte aber wie am Schnürchen. Hätte ich noch einmal schlucken können, der Kloß wäre runtergegangen wie ein Sahnehäubchen.

Sogar Hansen erwies dem toten Fußballer die letzte Ehre, kondolierte den Eltern und tröstete vor allem seine Kriminalassistentenanwärterin Inga Jensen.

Sie war es, die der Seele am Grab regelmäßig Bericht erstatten, all die Neuigkeiten, die Veränderungen und vor allen Dingen die jüngsten Spielergebnisse vermitteln würde. Traurig, aber wahr: Für die Ankerwinde reichte es ohne ihre Jensen-Achse nur noch zur Fahrstuhlmannschaft zwischen Landes- und Verbandsliga.

Man hätte sich keine bessere Schwester wünschen können. Schade nur, dass ihre Brüder ihr so viel Kummer bereiteten. Inga Jensen war ein guter Mensch. Nur einmal in ihrem jungen Leben kannte auch sie kein Erbarmen, da war sie eine Jensen in der Tradition ihrer Brüder.

Während sich auf dem Fußballplatz am Ortsrand von Ærøskøbing ein Drittel des eingetroffenen Ankerwinde-Teams auf die Madsen-Gang gestürzt hatte, hatte sich Inga die gehässige Dorte geschnappt, die über meinen Tod hämisch lachte. Die Polizistin vergaß für einige Minuten ihre gute Kinderstube, ihre Manieren, vor allem aber den amtlich verordneten Verhaltenskodex. Inga Jensen wurde zur keifenden Furie. Sie prügelte auf die Madsen-Schwester ein und rupfte ihr deren blonden Haare fast alle büschelweise aus. Dorte hatte nicht den Hauch einer Chance, hopste bald zerrupft wie ein Suppenhuhn über die frisch gemähte Spielfläche auf und davon.

Dem Mörder verpasste die Jensen ein paar Handschellen. In Begleitung von Fiete Schlückora und Jünter Petzer verfrachtete man ihn zur nächsten Polizeistation im Hafen von Ærøskøbing. Peter Madsen hatte kapiert, was die Stunde geschlagen hatte. Er leistete keinerlei Widerstand. Sein Leben war im Arsch. Die gerechte Strafe für seinen unkontrollierten Jähzorn. Seine Brüder Søren und Isager wurden von Meister Röhrich und Karl Janka schwerstens verbeult und ins Krankenhaus auf die Nachbarinsel Langeland gebracht. Die jüngeren Madsens kamen mit Bewährungsstrafen glimpflich davon.

Wenn ich an dieser Stelle einmal die Art und Weise meines brutalen Ablebens beiseiteschiebe, gab es an der Gemengelage meines Erachtens nur zwei kleine Schönheitsfehler. Erstens: Nach wie vor wusste niemand, wo die verdammten Pokale steckten. Und zweitens: Wenn ich es mir hätte aussuchen dürfen, dann wäre ich natürlich lieber im Stadion meines größten Triumphs gestorben, auf dem Platz an der Reeperbanen.

Aber wie hieß es seit Menschengedenken ganz richtig: Man konnte nicht alles haben im Leben.

Und erst recht nicht im Tod.

102. Spielminute

»*Radio Wissemara mit dem Finale des Tilsiter-Turniers in Dänemark! Spannung selten so wie heute. Und wir mit unserem besten Reporter mittendrin! Bitte, Kläuschen Poltzin in Marstal auf Ærø! Gibt es etwas Neues? Ist in der Verlängerung schon etwas Nennenswertes passiert ...?*«

»*Hier sind noch genau zwei Minuten und zwanzig Sekunden in der ersten Halbzeit der Verlängerung zu spielen. Eben noch hatte Jochen Stich die Möglichkeit, den SC Ankerwinde mit 3:2 in Führung zu bringen. Aber nein, der Flatterball segelte einmal mehr weit über das gegnerische Gehäuse, und es steht immer noch 2:2 ...*

Gerry Hechler von Schleiaal 06 ist jetzt zur Stelle und kann Röhrich den Ball vom Spann spitzeln. Die Schleswiger in der Vorwärtsbewegung ... bleiben hängen ... ein ums andere Mal, an der gut gestaffelten Abwehr der Ankerwinde. Hinten macht Horst Jensen jetzt endlich die Reihen dicht. Das Bollwerk der Ankerwinde! An Horst kommt keiner mehr vorbei, der räumt den eigenen Sechzehner fast alleine auf ...

Der SC Ankerwinde Wismar spielt jetzt alles oder nichts, sie werfen fast alles nach vorne, angetrieben von ihrem genialen Spielmacher Jünter Petzer. Unsere Männer wollen kein Elfmeterschießen, sie wollen keine Elferlotterie, sie wollen vorzeitig gewinnen, um ihren Titel auf Ærø zu verteidigen.

Spannung pur im Reeperbanen-Stadion auf Ærø – übrigens einer wirklich wunderschönen Insel im südfünischen Meer. Das dazu. Nicht ganz so schön, aber ungeheuer spannend ist diese Schlussphase.

Die Wismarer spielen jetzt Mann gegen Mann. Hinten in der Abwehr erkämpft sich Fiete Schlückora den Ball, passt jetzt auf Karl Janka, der weiter auf Petzer, Janka, Doppelpass, Petzer, noch mal Janka ... dadurch die rechte Seite völlig frei ... Flanke vors Tor ...

Toor!

Tooor!
Tooooor!...
Heiner Jensen! Heiner Jensen! Ich werd nicht mehr ... Heiner Jensen. Es ist in der Verlängerung seine erste Ballberührung überhaupt. Und es ist ein Kopfballtreffer! Kopfball gegen die Laufrichtung von Abwehrmann Torsten Held, und auch Torhüter Kalle Ingwersen segelt vorbei ...

Wieder einmal Heiner Jensen mit dem alles entscheidenden Treffer für Wismar! Ist das ein geiles Spiel! Leute, Leute, Leute ... Mir fehlen die Worte ...

3:2 für den SC Ankerwinde Wismar! Das heißt, unsere Jungens sind in diesem Moment wieder Cupsieger! Die Titelverteidigung steht unmittelbar bevor, der dritte Sieg in Folge ...!

Sie hatten sich durch das Turnier gemogelt, sie hatten mehr Glück als Verstand und hatten die Vorrunde überstanden. Dann im Halbfinale eine taktische Meisterleistung von unserem Trainer Toto. Jetzt der Kraftakt ohnegleichen. 3:2 ...!

3:2! Das heißt, der Wanderpokal wäre für immer unser! Jungens! Haltet ihn fest! Haltet jetzt durch! Jetzt heißt es Beton anrühren. Das ist unglaublich! I can't believe it ...!

Über den Äther hören euch alle Wismarer und fast alle Wismarerinnen. Haltet eure Kiste sauber. Macht den Deckel drauf ...

Und ab dafür über den großen Teich – noch einmal zurück in unsere geliebte Hansestadt ...«

RADIO WISSEMARA

8

Dienstag, den 15. September

In meinem vorherigen Leben habe ich zu viel Mist gebaut. Man sagt: Einsicht ist der erste Weg zur Besserung. Doch momentan: einfach nur schlechtes Karma! Deshalb bin ich jetzt in das braungraue Köpfchen einer Raubmöwe geschlüpft. Möwen können bis zu dreißig Jahre alt werden, bekanntlich können sie fliegen (welcher Mensch wünscht sich das nicht manchmal?) und sind sehr zähe und lautstarke Vögel. Das Leben könnte langweiliger und vor allem mühseliger sein.

Das mag absonderlich für den einen, grässlich esoterisch für den anderen oder zutiefst enttäuschend für den Nächsten klingen. Aber es ist die Wahrheit – nichts als die Wahrheit! Meine Wahrheit! Wenn's nicht so wäre, könnte ich diese Geschichte gar nicht zu Ende erzählen. Aber das wäre schade, und Sie, liebe Leser, wären zu Recht sauer. Denn Sie möchten doch sicher auch gern erfahren, was es mit dem ominösen Pokalklau auf sich hatte. Und deshalb werde ich jetzt den Fall aus der Perspektive meines nächsten Lebens angehen – aus der sehr speziellen Sichtweise einer Mecklenburger Raubmöwe.

Der 15. September ist nur ein Anhaltspunkt, kein feststehender Termin wie der einer Geburt, einer Jugendweihe oder einer Verlobung. Es gibt Theorien, die besagen, dass mindestens sechs Wochen vergehen, bis die Seele eines Verstorbenen in einem neuen Lebewesen in die irdische Welt zurückfindet. Für eine Möwe sind solche Zeitspannen, wie sie Menschen geschaffen haben, um das Leben in den Griff zu kriegen, ohne Belang. Die Möwe lebt nur vom Tag zur Nacht und von der Nacht zum Tag. Stunden, Wochen, Jahre – alles schnurzpiepegal.

Doch bevor ich mich in die Lüfte schwingen durfte, ging es erst einmal mit Schmackes ans Eingemachte: Das Tempo, mit dem ich meinen plötzlichen Tod erlebte, verlangsamte sich zusehends. Dem Blitzschlag, der unmittelbar nach dem Schuss in meinem Inneren Funken sprühen ließ, folgte anhaltendes Donnergrollen. (Selbst wenn man in meiner Situation eine exponentiell erhöhte Sensibilisierung des vegetativen Nervensystems unterstellte, die paar Schmeißfliegen und Marienkäferchen, die über den sonnenbeschienenen Rasen brummten, konnten nicht der Grund für solch ohrenbetäubendes Getöse sein.) Mein Denken wurde hin und her geschleudert, kam keinen Moment zur Ruhe. Womöglich eine Art Strafe für frühere Taten. All die Gedanken an begangene Schlechtigkeiten meines gelebten Lebens kehrten zurück, nur waren sie weder konfus noch abgelenkt, sondern glasklar. Seinem jüngeren Bruder den ersten Lederball unterm Tannenbaum wegzustibitzen, ihn lieber kaputt zu stechen, als ihn zurückzugeben, das war schon ein bisschen bösartig. Dem Vater die Fischreusen zu zerschneiden, nur weil ich nicht zur Party auf den Poeler Schlosswall durfte, stattdessen auf Heiner aufpassen sollte, das war einfach nur gemein. All diese entsetzlichen Erinnerungen warfen mich in diesem Moment aus der Balance. Nichts Schauderhaftes gerät in Vergessenheit: das Abfackeln der Finnhütte, der Banküberfall, das gebrochene Kieler Holzbein, das Versenken des Bullenautos, die verletzten Schleiaale, die tote Daisy, zuletzt der Plan, die Madsens zu eliminieren ...

Die Zeit war gekommen, Bilanz zu ziehen, nicht abgeklärt, nicht weise, eher mit dem naiven, sehr durchdringenden Blick eines Kindes – oder besser: mit dessen offener Seele.

Dieser ungeklärte Zustand, dieses Schweben zwischen den Welten, war faszinierend – nicht nur den Rückblick betreffend, sondern auch in der Vorausschau. Sehr komprimiert studierte ich die Menschen auf ihrer Erde, in meiner Wahrnehmung geschah fast alles parallel: Hertha und Heinz Jensen saßen an einem Sonnentag gemeinsam am Breitling und spendeten sich gegenseitig Trost. Im Beisein eines neuen russischen Sponsors besprachen Mahlzan und Peach im Vereinsheim den Spielplan für die neue Saison. Peter Madsen wurde in einem schneeweißen vergitterten Polizeiauto durch Kopenhagen kutschiert. All das beobachtete ich, als wäre der Geist des Verstorbenen stets dabei, als stünde das Phantom Horst »Fantômas« Jensen neben ihnen, nur dass diese Menschen es nicht sahen, vermutlich aber spürten.

Diese Phase ist nicht wie tot sein. Es ist eher ein ruheloses Wandern und Warten – ohne festen Halt. Wie eine Karussellfahrt, nur eben ohne Sitz oder festen Boden unter den nicht vorhandenen Füßen. Manchmal Achterbahn, manchmal Schaukelpferd – kann man sich nicht aussuchen, ist alles irgendwie vorherbestimmt.

Es dauerte seine Zeit, dann kristallisierte sich die Zukunft heraus. Das lag nicht in meiner Macht. Als wenn du in tiefster Nacht auf den Bus oder ein Taxi wartest, aber jedes Gefährt rauscht an dir vorüber. Wie auf glühenden Kohlen hockst du da und musst notgedrungen eine halbe Ewigkeit abwarten, bis irgendwann einmal ein Fahrzeug Erbarmen zeigt, um dich endlich nach Hause zu bringen. Was dir in dieser Phase nicht bewusst wird: Das ist das Warten auf die nächsten Eltern …

Das neue Zuhause kann sich niemand aussuchen. Du kannst nichts erzwingen, da muss die Chemie stimmen. Bis du letzten Endes im Fahrzeug sitzt, durch eine endlose Nacht kutschiert wirst, eine Fahrt, deren Richtung und Tempo allein von einer fremden Intuition abhängig scheint. Dann, kurz vor dem Ort deiner Bestimmung, mit Vollgas auf den Punkt zu, der dich magisch anzieht …

Nach zwanzig bis dreißig Tagen hatte mich jedenfalls niemand gefragt, ob ich ausgerechnet ins Ei wollte. Es geschah ohne eigenes Zutun. Meine kleine Seele fühlte sich zur neuen Mutter hingezogen und war recht eifersüchtig auf den Vater. Das war die Basis, als männlicher Raubvogel zur Welt zu kommen und nicht als weiblicher. Von Pünktlichkeit kann ich in diesem Zusammenhang leider nicht sprechen. Windelweich formuliert: Etliche Wochen nach Madsens brutaler Revolverkugel war es um mich herum stockfinster, schwärzer als die Nacht, schwärzer als das schwärzeste Loch draußen im Weltall … Dann wurde mir irgendwann so elendig heiß, dass ich vor lauter Hitzeschüben an die frische Luft drängte und unter meinem Druck die Schale brach.

KRRRIGGSSKKSSSSS …

Der feine Riss bedeutete einen zischenden Wärmeabzug und eine schnelle erfrischende Kühlung und … Manometer! War das hell da draußen!

9

Sonntag, den 25. Oktober

Reinkarnation? Seelenwanderung? Wiedergeburt? Gibt es alles nicht? Und wenn doch, wo sind die Beweise? Eine Möwe kann dem Menschen davon wenig bis gar nichts mitteilen. Aber es ist nicht mehr nur eine Frage des Glaubens oder ein Hirngespinst und ein Spuk schon gar nicht.
Im Fußball gibt es die berühmten sogenannten Wunderkinder. Wie kann es sein, dass ein sechsjähriger Knirps namens Kaís aus Lyon, der schätzungsweise im zarten Alter von drei Jahren das erste Mal gegen einen Ball getreten hatte, nachweisbar ein Jahrhunderttor fabrizierte, wie es zuvor vergleichbar nur der ausgebuffte Fußballkünstler Lionel Messi vom FC Barcelona auf dem Zenit seiner Karriere geschafft hatte? Ein Ausnahmetalent kann sehr viel, aber ein Dribbling über achtzig Meter, bei dem der Butscher sieben Gegner schwindelig spielte und dann noch die Kugel mit einem Kunstschuss im Netz versenkt, das lässt sich nicht allein mit der allergrößten Begabung eines Dreikäsehochs erklären. Das war die Kragenweite eines neuen Ferenc Puskás oder eines auferstandenen Mané Garrincha, die ebenfalls bereits hochtalentierte Techniker abgaben, als sie gerade mal halb so hoch wie die Eckfahne waren.
Selbst unerklärliche Kuriositäten wie Maradonas »Hand Gottes« stellen sich unter diesem Aspekt in einem gänzlich anderen Licht dar. Es lohnt, über solche Phänomene intensiver nachzudenken und noch trefflicher zu streiten.
Ein Möwenkopf ist gar nicht so klein ...
Aber auch in meinem Fall dauerte es seine Zeit, bis sich eine neue Seele oder ein Bewusstsein herausgebildet hatten. Zudem vergingen ein paar Wochen, bis ich flügge geworden war. Bei entsprechender Verpflegung nehmen Möwen in rasantem Tempo an Größe und Gewicht zu. Erste Flügelschläge werden noch im behüteten Nest geprobt, die Muskulatur trainiert, an der höchst re-

levanten Koordination gefeilt. Nahezu ausgewachsen flattert man meist ein bisschen ungelenk über die Wiesen und Felder. Aber nolens volens kommt dann der große Tag …

Der Jungvogel, in dessen Körper und Gefieder ich mich wiederfand, plante intuitiv sehr früh, dieselbe Route zurückzufliegen, die seine vorherige Seele einst hierher nach Ærø genommen hatte.

Eine Möwe weiß nicht, welchen Fisch sie gestern genüsslich verspeiste. Umso schwieriger scheint es ihr, sich zu erinnern, was ihr Geist in einem früheren Leben gedacht oder gemacht hat. Das nennt man das Unterbewusstsein!

Bevor ich meinen Heimflug antrat, segelte ich letztmals zum Havne-Imbiss in der Havnegade in Marstal, um mich persönlich von Familie Madsen zu verabschieden. Wie jeden Tag hockten auf der Hotdog-Bude ein paar Artgenossen und Dorte, Søren und Isager davor. Die Geschwister lamentierten über die (für dänische Verhältnisse) hohe Strafe ihres Bruders für den Mord an Horst Jensen. Peter Madsen musste seine zehnjährige Haft im Hochsicherheitstrakt »Vridsløselille Statsfængsel« (Høchststrafe) in Kopenhagen absitzen. Einmal wöchentlich, hieß es, ging er knurrend zu einem gewissen Siggi in die Therapie und arbeitete daran, ein besserer Mensch zu werden.

Alte Gewohnheiten bleiben, oft auch im nächsten Leben. Man kann lange gepflegte Launen oder den persönlichen Spleen eine Zeit lang im Zaum halten, aber einer echten Versuchung nur schlecht widerstehen. Da gab es gar nichts zu beschönigen: Ich war ein junger Raubvogel und ließ gezielt einen schlierenartigen grün-grauen Möwenschiss auf Isagers Hotdog sausen. Das flatschte, dass selbst die Artverwandten auf dem Dachsims vom Havne-Imbiss schallend ein kehliges Geschrei anstimmten und vor Freude ihre Flügel schlugen. Mit Dortes blonder Perücke im Schnabel machte ich mich auf und davon. Beste Kunstfaser, gute Qualität zum Nestbau. Abschiedsgeschenk für meine Möwen-Mama.

Die Raubmöwe besitzt ein graubraunes Gefieder mit rostroten Strichen, Schnabel und Krallen sind schwarz. Unser langer Schwanz ist schwarzbraun mit zwei verlängerten Steuerfedern in der Mitte.

So glitt ich bei herrlichem Sonnenschein und leichtem Ostwind über das Meer, immer weiter Richtung Süden, überquerte bei Glücksburg die Grenze nach Schleswig-Holstein und nahm direkten Kurs auf Schleswig.

Auf dem Dr.-Willi-Kuhr-Platz ließ ich mich kurzzeitig auf der Querlatte des Torgehäuses von Kalle Ingwersen nieder und linste hinüber zum lockeren Aufwärmtraining der Männer von Schleiaal 06. Glücklicherweise wieder vollzählig, konnten sie sich für diese Saison, wie ihr Betreuer nicht müde wurde zu betonen, ernsthafte Hoffnungen machen, die niederste aller Nordligen, die Kreisklasse C, als Aufsteiger endlich zu verlassen.

Beim Schlenker über das weitläufige Gelände des ehemaligen »Landesklinikums Vogelfrei« am Stadtfeld zog mich ein himmelblauer Trabant magisch an. Obwohl ich eigentlich weiterfliegen wollte, blieb ich und richtete mich auf dem Dachsims der forensischen Psychiatrie ein.

Stoisches Warten gehört zu den Tugenden einer Raubmöwe, der Trabi wurde trotzdem nicht bewegt. Relativ weit entfernt vom nächsten fischreichen Flussarm, der Schlei, gab es dennoch ausreichend zu fressen. Die Großküche des LKV konnte nicht die beste sein. Regelmäßig landeten raue Mengen von Nahrungsresten in den angrenzenden Müllcontainern. Man hätte den Verwandten auf Ærø oder Poel für schlechte Zeiten glatt einen Tipp geben können.

Geduld und Hartnäckigkeit wurden schließlich belohnt. Täglich glitt ich meine Runden über das Gelände und hockte mich anschließend auf Beobachtungsposten auf die Fensterbretter der Zellen, linste neugierig durch die Gitter ins Innere der spärlich eingerichteten Zimmer hinein.

Am dritten Tag, unweit meines Schlafplatzes in der Dachrinne der forensischen Psychiatrie, entdeckte ich in einer Einzelzelle des geschlossenen Traktes den Insassen Hannes Jensen. Er musste es sein, denn beim Anblick des grellgrünen Trainingsanzugs schlug mir das Herz im Möwenleibe. Hannes hatte sich verändert: Sein Haar war dünn geworden, sein Blick glasig. Auf der Bettkante sitzend, starrte er die gegenüberliegende Wand an.

Eine spartanische Kammer: schmaler Schrank, Bett, Stuhl, gekacheltes Loch im Boden, kein Pokal, der sein Leben verschönern half. Ich konnte mich nicht erinnern, dass Hannes jemals an Fingernägeln gekaut hätte. Wie von dieser Aufgabe besessen, knabberte er stoisch und intensiv an seinen Nägeln und am Nagelbett herum. Seine Fingerkuppen wiesen teilweise gar kein Horn mehr auf. Hannes pulte im offenen blutigen Fleisch, anscheinend immun gegen den Schmerz. Mehr als eine neue Marotte, das war die erschreckende Wahrheit.

Einmal schaute er auf, guckte herüber. Im letzten Leben hätte mich dieser Blick traurig gemacht. Doch Raubmöwen kennen keine Trauer, dafür besitzen sie einen ausgeprägten Instinkt für profanen Hass.

Am nächsten Morgen traten Ärzte und Schwestern zur Chefvisite in Hannes' Zelle. Das erkannte man daran, dass gleich ein halbes Dutzend Weißkittel auf einmal andächtig vor dem Bett stand. Von meiner Fensterbank aus konnte man nichts hören, die Gesichter jedenfalls übten sich in freundlicher Aufmerksamkeit. Deutlich angesprochen, hob Hannes den Kopf unmerklich von der Brust, schaute in den Halbkreis, der sich vor ihm aufgebaut hatte, und dann seitlich hinaus zum Fenster …

Man stellte ihm Fragen, er schwieg. Der Chefarzt beugte sich zu ihm und sprach direkt in sein Ohr. Hannes schaute auf seine Fingernägel und riss ein Stück nachgewachsenes Horn aus dem Nagelbett. Die Oberschwester kritzelte ein paar Notizen in eine Patientenakte, Köpfe nickten, die Visite war beendet. Hannes Jensen ließ den Kopf wieder auf seine Brust sacken.

Ich hatte vorerst genug gesehen, flog die gesamte Fassade des Gebäudekomplexes ab, spiekte dann durch ein gitterloses Fenster in ein Büro hinein, in dem der Chefarzt in Akten vertieft hinter einem massiven Schreibtisch saß und seine Unterschrift unter diverse Schriftstücke setzte. Das Krickelkrakel musste »Doktor Rinnerwahn« heißen.

Zur Buchstütze degradiert stand in einem Regal der Dynamo-Pokal. Fassungslos verlor ich fast das Gleichgewicht. Während der ehrlose Doktor aus seinem Büro trat und den langen Korridor hinunterschlich, flatterte ich aufgeregt die forensische Psychiatrie entlang, um ihm mit nervösem Blick durch diverse Fenster zu folgen.

Plötzlich landete ich vor den Gitterstäben eines kargen gekachelten Raumes. Ein Patient lag auf einer Art Kunststoffbahre, den Kopf verdreht und verkabelt. Auf einer Schiefertafel standen Namen mit Kreide gekritzelt, darunter ein »Jensen«. In Norddeutschland war Jensen seit Menschengedenken ein Allerweltsname, das hatte nicht viel zu bedeuten. Über der Liste prangte ein einziges Wort – wohl Fachchinesisch: Elektrokrampftherapie.

Ein Mann in blauem Arbeitskittel reinigte mit einem Wischmopp gewissenhaft den Kachelboden. Er humpelte leicht. Aus verkniffenen Schlitzen traf mich sein Blick wie ein Blitz: Inge Wolf. Der linke Verteidiger von VfR Schleiaal 06. Zufall? In diesem Fall gab es keine Zufälle.

Im selben Moment trat die Anstaltsleitung aus dem Hauptportal der forensischen Nervenheilanstalt. Doktor Rinnerwahn schritt auf den Parkplatz zu. Schon im Anflug musste er den Luftzug meiner Schwingen gespürt haben. Rasch hob er seine Hände, hielt sie schützend über den Kopf. Mein scharfer Schnabel riss ihm zwei klaffende Wunden in seine fiese Physiognomie. Der erste Hieb traf ihn im Augapfel. Wie ein Rasiermesser durchstieß der zweite seine Wange. Während der nächsten Attacke verkrallten sich meine Klauen in seinem schütteren Haar. Mehrfach hackte ich auf die Schädeldecke ein, erwischte einen Teil vom Ohrknorpel und zerriss ihm dabei das komplette Außenohr.

Für die nächste Seelenwanderung garantiert abträglich, aber der Typ kotzte mich an. Um Hilfe schreiend und gleichzeitig fluchend, rannte Rinnerwahn die letzten Meter bis zu seinem himmelblauen Trabant. Er stürzte hinters Steuer und knatterte hektisch über den Irrenhaus-Innenhof auf und davon. Sollte er flüchten, meine Rache war vollzogen ...

Die eigenen Verluste hielten sich in Grenzen: Eine Kralle war abgebrochen und eine der beiden mittleren Steuerfedern verloren. Aber das war halb so wild, und die Kralle wuchs nach.

Haddebyer Noor: Bisschen spät dran, die Kollegen. Mit einem Kran und einer Seilwinde zogen sie das blau-silberne Autowrack, einen komplett verdreckten Passat, aus dem Sumpf. Die polizeiinterne Angelegenheit wurde von den beiden Hilfssheriffs höchstpersönlich auf dem Parkplatz unmittelbar vor dem Moor überwacht. Somit war wenigstens gesichert, dass dem Oberbullen damals im Plastikklosett nicht für immer und ewig die Puste ausgegangen war. Gesund und munter sahen sie aus. Wenn auch noch nicht der Wagen, so schien zumindest ihre Psyche wieder wie ausgebeult und frisch lackiert.

Kiel-Mettenhof: Auf dem Balkon im vierundzwanzigsten Stockwerk des »Weißen Riesen« fläzte sich eine wohlgenährte Knuddel auf ihrer Sonnenliege und sog abwechselnd zuckersüße Kirsch-Cola und saure Gurken in sich hinein. Wie damals lag ein ebenfalls knuddeliges, doch neues wollknäuelgroßes Wollknäuel auf ihrem leicht gewölbten Schoß, das lockige Köpfchen zwischen den kleinen Pfoten vergraben. Der russische Bolonka schien vom ersten Eindruck her ein adäquater Daisy-Ersatz. Erst auf den zweiten Blick fand ich heraus, dass das Frauchen an der Schwelle vom dritten auf den vierten Monat schwanger war und schon Launen und Allüren an den Tag legte, als könnte der ungeborene Nachwuchs bereits bis fünf zählen. Nach Adam Riese machte das in sechs Monaten einen neuen Jensen, allein die Eventualität war endlich mal eine gute Nachricht!

Die Bezeichnung »Raubmöwe« ist Programm. In erster Linie rauben wir anderen Meeresvögeln die Beute. Sobald eine Seeschwalbe einen Fisch im Schnabel hat, wird sie mit scharfen Klauen und kraftvollem Flügelschlag attackiert, bis sie ihren manchmal fast schon verschluckten Fang wieder freigibt. Bevor der schmackhafte Hering zurück in die Ostsee plumpst, fege ich Hals über Kopf hinterher, fange den Fisch im Sturzflug und verschlucke ihn samt Kopf, Schwanz und Gräten. Nicht von ungefähr nennt man uns Raubmöwen auch die Piraten der Lüfte. Auf unserem abwechslungsreichen Speiseplan stehen aber auch Mäuse, Jungvögel und vor allem ... Eier.
 Seebad Boltenhagen: Mächtiger Kohldampf ließ mich mein erstes Ei klauen. Direkt aus dem Nest einer gezielt ausgespähten

Artverwandten. Als die Möwen-Mama nach reichem Beutezug zurückgeflogen kam, war ihr Nest ratzekahl leer gefressen. Nicht einmal die braunfleckige Schale hatte ich anstandshalber übrig gelassen. Abermals nur eine profane Rache, dieses Mal für die folgenschwere Attacke gegen Heiner Jensen auf der Seebrücke von Boltenhagen.

Zwischenzeitlich hatte die Gemeinde Klütz vor ihrem Ortsschild einen noch moderneren Starenkasten montiert. Nordöstlich davon ging es noch ein Stück über die Ostsee, und schon landete ich auf dem Kutter der allseits beliebten Fischverkäuferin Lotte Nannsen.

Das Kribbeln im Möwenbauch war unbeschreiblich: Heimatgefühle! Welch ein Fluidum im Luftraum, welch nette Verwandtschaft, welch günstige Lebensbedingungen – ein Paradies für Seemöwen! Nie sollte es mir als Vogel so gut ergehen wie an diesen ersten Tagen nach der Heimkehr in die schöne Hansestadt Wismar.

Stundenlang tummelte ich mich am Alten Hafen. Fisch in rauen Mengen! Die Fischer der kleinen Wismarer Flotte schmissen den Überfang oder kleine Fische ins Hafenbecken zurück – ein reich gedeckter Tisch. Auch die Fischverkäuferinnen vergaßen uns nicht. Und erst einmal die Urlauber: Ob erlaubt oder nicht, ob Kopfgeld oder Geldstrafe, die fütterten die Möwen mit kompletten Fischbrötchen, sodass es auch für Lotte Nannsen eine echte Freude war. Hering, Bückling, Makrele, Krabben, Lachs! Nur Aal vertrug ich nicht. Für jeden etwas, für jeden genug. Da gab es keinen Zwist und kein Gekloppe. Lachmöwen, Heringsmöwen, Sturmmöwen oder Raubmöwen – am Alten Hafen von Wismar schlemmten alle friedlich vereint.

119. Spielminute

»Liebe Hörerinnen, liebe Hörer! Radio Wissemara geht noch einmal, vielleicht das letzte Mal, zur spannenden Schlussübertragung nach Marstal ins Stadion! Kläuschen? Hörst du uns? Klaus, wie läuft es in den letzten Sekunden?«

»Wir sehnen den Abpfiff herbei. Vor allem natürlich die mitgereisten Anhänger aus Wismar. Es kann sich eigentlich nur noch um Sekunden handeln, dann ist hier Schluss, dann brechen die Dämme ...

Inge Wolf, der linke Verteidiger von Schleiaal 06 mit einem langen Pass auf Mittelfeldmann Schweini Schwitzke. Der Ball läuft präzise durch die Reihen von Schleiaal 06. Schwitzke könnte jetzt schießen. Schwitzke muss jetzt schießen. Schweini schießt und ... Achtung! Achtung! Hui! Tor! Nein ... nicht im Tor. Oh Gott! Kein Tor! ... Oder doch? ...

Was entscheidet der Linienrichter? ... Tor! Der Schiedsrichter läuft zu seinem Assistenten, Diskussionen an der Außenlinie, ... der Ball ist drin! Oder doch nicht! Ich glaub, er war drin. Ist er nicht? ... I don't believe it!

Was war das ...? Ein Hauch von Wembley! Mein dänischer Kollege neben mir reißt die Arme hoch und jubelt. Er meint: Der Ball war drin ... Die Dänen sind für Schleswig. Klar, die haben von unseren Männern gestern Kloppe bekommen, natürlich rein sportlich gesehen.

Der Ball war drin, aber ... Die Spieler und der Schiri, alle sind beim Linienrichter. Gibt er das Tor? ... Ich glaube, der Ball hatte die Torlinie überschritten. Aber die Frage ist, ob mit ganzer Umdrehung oder nicht?

Ein fulminanter Schuss von Schweini Schwitzke unter die Querlatte des Wismarer Gehäuses, und von dort fliegt der Ball hinter ... vor ... auf die Linie und wieder zurück ins Spielfeld! Aber ich bin mir nicht sicher ... Wembley, Bloemfontein, Marstal ...

Der Schiri bespricht sich immer noch mit seinem Assistenten.
Eine unglaubliche Spannung, die Luft unter uns Reportern ist zum Schneiden dick. Dabei moderieren wir hier quasi open air ...
Der Schiri läuft aufs Spielfeld zurück ... er zeigt jetzt an: ... Kein Tor! Kein Tor ...! Und der Schiri pfeift ab! Der Schiri pfeift sofort ab! Schluss. Aus. Ende. Vorbei ...!
Das Spiel ist zu Ende. Das Finale ist Geschichte. Der SC Ankerwinde ist Turniersieger! 3:2! 3:2 für Wismar!
Die Jungens fallen sich um den Hals ... Ankerwinde Wismar schlägt den VfR Schleiaal 06 im Finale um den dänischen Tilsiter-Cup an der Reeperbanen in Marstal mit 3:2 nach Verlängerung ...
Toto, der Trainer, wird jetzt auf die Schultern genommen und über den Rasen getragen. Unglaubliche Bilder der Freude. Petzer hüpft wie ein kleiner Junge herum, Schreckenberger, der arme Schreckenberger, der Rot sah, schwingt triumphierend die Mecklenburger Fahne ...
Die Schleswiger sind sauer, sie sind enttäuscht ... wer will es ihnen verdenken ...? Hängende Köpfe. Erregte Diskussionen.
Horst Jensen kniet auf dem Boden und küsst den Spielball ...
Aber die letzte Spielszene, was war das für ein Ding! Das geht in die Fußballhistorie unseres Senders, aber vor allem auch in die Geschichte dieser beiden Vereine ein. Und das wird ein Nachspiel haben. Ein Nachspiel! Da bin ich mir ziemlich sicher.«

RADIO WISSEMARA

10

Donnerstag, den 29. Oktober

Den weiten Weg von Ærø nach Wismar hatte ich natürlich nicht allein aus reinem Vergnügen oder unterbewusstem Heimweh unternommen. Ich hatte eine Aufgabe zu erfüllen, die Mission zu Ende zu bringen. Nach einer unruhigen stürmischen Nacht unter der Plane von Lottes Fischkutter machte ich mich an die Lösung des Rätsels um die gestohlenen Poeler Pokale.

Ein würziger Happen direkt aus dem Brackwasser des Alten Hafens, und schon flog ich am frühen Morgen auf der direkten Luftlinie zum Fürstenhof, brauchte dort nicht lange zu suchen und setzte mich zwischen die schwedischen Gardinen der vorübergehenden Heimstätte meines ehemaligen Bruders Heiner Jensen.

Zwar war ich als junge Möwe langsam, aber sicher einiges gewohnt, dennoch musste ich mir erst mal einen Reim auf das machen, was ich durchs halb offene Fenster beobachtete. Der einst langhaarige Heiner schien geläutert. Er hatte sich eine Glatze geschnitten oder schneiden lassen und saß ... auf dem Kopf. Oder wie sollte man die Haltung nennen, wenn der Mensch barfüßig, mit verwinkelten beziehungsweise gekreuzten Beinen in der Luft balancierend und mit Scheitel oder Stirn auf einem Kissen den gesamten Körper verkehrt herum nach oben drückte?

Trotz meines mehrfachen lautstarken Krakeelens verharrte er ausdauernd in dieser gänzlich unbequem und schädlich anmutenden Stellung, öffnete aber ein Auge und murmelte mit Mühe zwischen seinen zusammengepressten Zahnreihen hindurch: »Dassiss Yoga.«

Vor Schreck stieß ich einen kehligen Schrei aus.

»Dassiss gesund«, war seine gedrückte Antwort.

Ich schlug vor Empörung mit den Flügeln.

»Dassiss beruhigend.«

Ich schaute mich in seiner Zelle um, überall lagen Berge bunter

Reiseprospekte herum. Wie aus dem Nichts sprang Heiner plötzlich auf die Beine und stand mir Auge in Auge gegenüber. Lammfromm flüsterte er: »Dafür braucht man Ruhe, dumme Möwe!« Dann schmiss er mit seiner Linken rabiat das Fenster zu. Mein Kopf und mein Schnabel dröhnten. Seine Rechte sah ich nicht, nur ein Stumpf guckte aus seinem Sweatshirt-Ärmel. Vielleicht amputiert. Dumme Sache. Anzunehmen, dass Heiner, aufgrund der fehlenden Hand, als eine Form des seelischen Ausgleichs, eine Vorliebe für südasiatische Gymnastik entwickelt hatte.

Zu gern hätte ich ihm vom Daisy-Ersatz oder von Knuddels Schwangerschaft erzählt und dass er mit an Sicherheit grenzender Wahrscheinlichkeit in einigen Monaten Papa werden würde. Doch das Fenster blieb genauso verschlossen wie mein lieber Exbruder. Der hatte sich längst wieder in seine Urdhwapadmasana-Stellung bugsiert. Wenn es dem psychischen Gleichgewicht oder nur seiner blöden Verdauung diente, bitte schön, sollte er tun oder lassen, was er wollte.

Ich beschloss, ihn nicht weiter zu stören, und flog eine kleine Schleife über der Bademutterstraße.

Die Frau von Carsten Kracht, dem Wirt der Pension »Pour La Mère«, hängte auf dem Hof frisch gewaschene Bettlaken und -bezüge über eine Wäscheleine. Wenn es auch kleinlich wirkte: Verrat gehörte bestraft.

Zwei artverwandte Sturmmöwen, die in zackigem Manöver durch das Grau des Himmels zuckten, beteiligten sich an dem scheußlichen Spaß. Die Treffsicherheit eines sich öffnenden und pausenlos pulsierenden Schließmuskels war phänomenal. Wir Möwen beherrschen diese zweifelhafte Kunst bis zur Perfektion.

Erleichtert und glücklich segelte ich danach über die Gassen der Altstadt gen Wismarbucht und von dort auf dem kürzesten Weg über den Breitling in die alte Heimat nach Fährdorf auf der Insel Poel.

Heinz Jensen saß im Hof zwischen den Apfelbäumen und knüpfte Netze. Ich flog auf die Terrasse, äugte ins Küchenfenster hinein. Hertha Jensen bearbeitete mit einem Staubwedel die vielen Wimpel und gerahmten Fotos an der Küchenwand, während in der Pfanne ein halbes Dutzend Fischfrikadellen knusprig vor sich hin brutzelte. Deren Form und Duft erinnerten mich nur mehr sehr entfernt an unverfälschten Fisch.

Wenig später gesellte sich Hertha zu Heinz in den Garten, und ich hockte mich (ungewöhnlich genug) in einen nahen Apfelbaum, schräg unter einen Raben, der mich zwar beäugte, aber friedlich blieb. Von hier belauschte ich das Gespräch des trauernden alten Ehepaares.

Bis zum jetzigen Zeitpunkt wussten sie nichts vom Verbleib ihres zweiten Sohnes Hannes. Kein Amt, keine Polizei, nicht mal das offizielle Hilfsersuchen bei Wismars Bürgermeisterin Ilse Hannemann hatte, nach ihren Aussagen, eine verwertbare Spur erbracht. Eine unglaubliche Schande, dass ein menschliches Wesen im 21. Jahrhundert in den Fängen einer psychiatrischen Einrichtung hilflos verloren gehen konnte.

Krähen sind überdurchschnittlich intelligente Tiere. Der Kolkrabe im Apfelbaum pflichtete mir bei und wollte mich anschließend in ein Schwätzchen ziehen. Das war mir dann doch ein bisschen zu viel des Guten, und ich flatterte grußlos davon.

Wenn man nicht weiterwusste, flog man zu Willi vom Eis-Moor. Der Imbiss am Stahlhaus war seit über drei Jahrzehnten eine Institution und hatte alle gesellschaftlichen Umwälzungen oder Wirtschaftskrisen wider Erwarten überlebt. Willi stand Tag und Nacht hinter seinem weißen Sperrholztresen mitten in der teuren Geschäfts- und Fußgängerzone der Altstadt und versorgte Jung und Alt, Reich und Arm, Dumm und Klug unter freiem Himmel mit Eis, Wurst und Bier.

Am 25. Juli dieses Jahres – einem herrlich sonnigen Sonntag, zudem seinem einzigen freien Tag in der Woche – hatte Wurst-Willi das Grill-Catering vor dem Stadion »An der Thorweide« übernommen. Im Vorfeld hatte er damals ein ausgesprochen gutes Geschäft gewittert, jedoch bis heute nicht einmal die von Mahlzan versprochene Ausfallentschädigung für die zwar tadellos gegrillten, aber nicht verzehrten Würste erhalten.

Willi war seit drei Monaten sauer und auf den SC Ankerwinde Wismar alles andere als gut zu sprechen. Trotz dieser Voreingenommenheit: Der Pächter und sein Imbiss waren stadtbekannt als zuverlässige Quelle aller Arten von Informationen (insbesondere Insider-Informationen), natürlich ohne Garantie auf deren Wahrheitsgehalt.

Direkt neben Wurst-Willis Dunstabzugshaube wollte ich es mir auf dem Vordach gemütlich machen, doch war der Gestank nach Bratwurst und Frittenfett derart penetrant, dass ich erst einmal unruhig hin und her stakste.

Insbesondere am Nachmittag wurde der Imbiss stark frequentiert, da standen locker zwei Dutzend Wurstesser, Biertrinker oder Eisschlecker an den Stehtischen vor seinem Sperrholztresen. Alle wollten kulinarisch versorgt sein und vor allem Willis neuesten Geschichten lauschen.

Als die Kirchturmglocke der Nikolaikirche aus der Ferne das dritte Mal schlug, tunkte Kriminalassistentin Inga Jensen ihre frisch zerschnippelte Wurst in Willis Spezialsoße.

»Das Wettgeschäft zieht immer größere Kreise, schon seit der Wiedervereinigung. Wachstumszahlen! Unglaublich!« Der vierzigjährige Imbissbetreiber zerkleinerte flink eine Bratwurst und goss mit einer Schöpfkelle feuerrote Soße drüber. »Jedes Jahr zweistellige Steigerungsraten. Da sind schon die kleinen Butscher süchtig nach. Krieg immer weniger Eis verkauft, weil die sieben- oder achtjährigen Rotzlöffel in Spielhöllen und Wettbüros flitzen und ihr Klimpergeld verzocken. Glaubt ihr nicht, wie?«

Willi besaß ein Pferdegebiss vom Feinsten und eine Angewohnheit vom Scheußlichsten: Seine Aussprache konnte extrem feucht werden, vor allem Zischlaute wuchsen sich zu schier endlosen Fontänen aus, die locker seinen entferntesten Stehtisch erreichten. Den meisten Stammkunden schien das egal, Hauptsache, die Halbliterflasche Mecklenburger Export war kühl und günstig und die neueste Geschichte, die Wurst-Willi zum Besten gab, krass oder wenigstens gehaltvoll wie seine scharfe Soße.

»Noch nie vom ›Café Queen‹ gehört? Mannomann, wo lebt ihr bloß? Keine dreißig Kilometer entfernt herrschte noch vor wenigen Jahren die Wetthölle des Ostens. Schwerin! ›Café Queen‹! Nie gehört, wie? Oder schon wieder vergessen?«

Der anerkannte Großmeister der Geschichtenerzähler ließ die Einleitung erst einmal wirken, bevor er fortfuhr.

»›Café Queen‹ in Schwerin! Da haben sie damals das knappste aller Bundesliga-Titelrennen entschieden! Na? Klickert es langsam? Genau, die ›Meister der Herzen‹!«

Wurst-Willis Blick taxierte die Zuhörerschaft. Als die kaum bis gar nicht reagierte, wusste er, dass seine Stunde geschlagen hatte. »Glaubt ihr nicht? Ich sag's euch: das Wimpernschlag-Finale vom ›Meister der Herzen‹! Da sind Millionen geflossen, bevor beim Stumpen-Rudi die Tränen kamen.«

»Aber wenn das so bekannt ist, Willi, dann muss das in irgendeiner Akte stehen«, versuchte Kriminalassistentin Jensen einen vorsichtigen Einwand und kaute nachdenklich auf ihrem Zipfel scharfer Wurst herum. »Ich hab die vorhandenen Akten studiert, es gab wohl Regelverstöße, auch Steuersünden, aber von Bestechungsgeldern keine Spur.«

»Du bist jung, du bist unschuldig. Nicht lange genug dabei!«, wollte Willi die Chose abtun. Dann überlegte er es sich anders: »Inga, Herzblatt! Du hast doch Ahnung vom Fußball! Wie deine Brüder, Gott hab sie selig ...«

Es folgte eine melodramatische Bekreuzigung: in der einen Hand das Wurstmesser, in der anderen die Schöpfkelle für die Spezialsoße.

»Natürlich fällt das auf, so etwas muss auffallen. Da gab es sogar in schöner Regelmäßigkeit eine Razzia nach der anderen. Aber Beweise?« Er zuckte vielsagend mit den Achseln. »Organisierte Wettmanipulation ist kein Kinderspiel. Da hängt der Weltfriede dran!«

»Weltfriede?«, fragte Inga kauend zurück.

»Ja, und dann?«, brüllte einer voller Ungeduld von einem hinteren Stehtisch.

»Ja und dann! Ja und dann!«, wischte Willi letzte Krümel samt Zweifeln vom Tresen. »Vor dem ›Café Queen‹ erzitterte die Fußballnation! Das i-Tüpfelchen war, als kurz nach dem WM-Finale 2006 dieser Italiener im ›Café Queen‹ in Schwerin auftauchte. Der, der von Zizou den geilen Kopfstoß gekriegt hat. Da wurde sogar dem Mecklenburger Fußballverband angst und bange! Erinnert sich von euch Trantüten denn niemand, wie die Itaker sich durchs Turnier gemogelt hatten?«

»Catenaccio!«, schrie ein Fan von links außen.

»Zum Abgewöhnen!«, rief ein anderer von rechts außen.

»Na? So langsam geht uns ein Licht auf, wie?«, hauchte ihnen ihr Spielmacher zu.

Auch Inga wusste anscheinend sofort, was Willi meinte.

»Das Drama begann im Achtelfinale gegen Australien: unberechtigter Strafstoß in der Nachspielzeit. Und Italien war mit Schummeln weiter ...«

»Genau, Inga-Herzchen! Du bist auf der Höhe.« Willi schaute vorwurfsvoll ins Auditorium. »Diesem rabiaten Verteidiger hatten sie eine Million versprochen, wenn er es schafft, im Endspiel den großen Zizou abzuservieren. Steuerfreies Handgeld natürlich ... in bar aus Schwerin.«

»Vom ›Café Queen‹?«, fragte ein Dreikäsehoch im rot-weiß gestreiften Ankerwinde-Trikot, legte einen Euro auf Willis Sperrholztresen und bestellte ein Cola-Eis.

»Brav, mein Junge. Gute Geldanlage.« Wurst-Willi sackte die Münze ein und reichte ein Eis am Stiel herüber. »Das Eis-Moor, musst du wissen, bietet mehr als jede Spielhölle.«

Dann sammelte er sich kurz, holte tief Luft und begann die Wahrheit und nichts als die Wahrheit in die Wismarer Altstadt hinauszuposaunen.

»Im ›Café Queen‹ haben sie mit dem Kopfstoß zig Millionen verdient. Doch dann: Schicht im Tank. Vergnügungssteuer, Konzessionsabgabe, Märchensteuer – alles schön und gut. Aber der Staatskanzlei wurde das 'ne Nummer zu groß. Zu viel Risiko für Meck-Pomm und die Zukunft des Fußballs. Versteht ihr?«

Aber er wartete gar keine Antwort ab und legte jetzt so richtig los.

»Die Landesregierung hat das klammheimlich gemanagt. In 'ner Nacht- und Nebelaktion ist das SEK rein und hat das Wettbüro plattgemacht. Ohne rechtliche Grundlage. Inkognito quasi. Aber im Auftrag von ganz oben! Niemand, nicht mal der Ministerpräsident, hat irgendetwas davon gewusst ... oder wissen wollen.«

»Italiener in Schwerin, Wettmafia im ›Café Queen‹! Wenn niemand etwas damit zu tun haben wollte, es keine konkreten Beweise gab, woher weißt denn ausgerechnet du das alles?«, fragte Inga Jensen frech.

»Na, von der Polizei sicher nicht!«, frotzelte Willi und lachte, dass der Speichel nur so sprühte. »Nichts gegen unser aller Freund und Helfer, Ingalein. Aber da muss man denn doch an der Quelle sitzen tun.«

Und nach einer Pause für die Ewigkeit rückte er mit der schockierenden Wahrheit heraus.

»Perfekt organisiert, das Ganze. Am nächsten Morgen hockten zwei Hartz-Vierer drin und verkauften Halden billiger Plüschlöwen für einen Euro das Stück. Auf denen waren die Herren von den WM-Shops vorher massenhaft sitzen geblieben …«

»Na und?«

»Na und? Na, und einer der Verkäufer hieß Krischan Beeck.«

»Nein!«

»Doch!«

»Das gibt's doch gar nicht?«

»Das gibt's alles.«

»Wie kam der dahin?«

»Der war jahrelang arbeitslos, hatte jede Menge Jobangebote abgelehnt. Das Amt hat ihn dazu verdonnert, die Plüschlöwen zu verticken. Das hat er richtig gerne gemacht … jedenfalls eine Zeit lang.«

»Ja, hat denn der Beeck die Hände überall im Spiel?«

»Das weiß ich nicht. Ich weiß nur: Sein Job im ›Café Queen‹ war vor seiner Zeit beim SC«, betonte Willi. »Nun frag mich mal, Inga, warum er den Job als Kassenwart bekam.«

Sie tat ihm den Gefallen. Ich rutschte vor Neugierde fast vom Fritteusenrohr.

»Damit er die Klappe hält, die Geschichte vom ›Café Queen‹ nicht länger hinausposaunt, unter Kontrolle ist. Und das war für beide von Belang: für den Fußballverband wie für die Wettszene. Na, und nun rate mal, von wem er bezahlt wird …?«

»Von beiden Seiten?«

»Ratatazong! Volltreffer in der Nachspielzeit.«

Der Imbisswirt plusterte sich zwischen Grill und Mikrowelle auf Überlebensgröße, um abschließend mit scharfem S einen Rede-

und Flutschwall loszutreten, wie ihn Wismars Altstadt seit dem historischen Hochwasserpegel von drei Metern über Normalnull im November anno 1879 nicht wieder erlebt hatte.

»Mädchen! Das isses, was ich die ganze Zeit zu verklickern versuch! Zwei Drahtzieher mussten wegen läppischer Steuerhinterziehung ein Jahr ins Kittchen. Nach deren Entlassung verschwanden die beiden Itaker spurlos, aber die Leute munkeln: Die sind wieder da! Nicht in Schwerin, sondern bei uns! Mitten in unserer schönen Hansestadt.«

Kroatische Hütchenspieler, die sonst aufm Rudolph-Karstadt-Platz stünden, auch ehemalige Fußballernasen hingen mit drin, ereiferte sich Willi, dazu ein paar abgefeimte Geschäftemacher aus dem nördlichen Meck-Pomm. Das sei eine gerissene Mischung, die alles an Sportereignissen manipuliere, was gute Quote verspreche.

»Landesligen und Verbandsligen – Tollhäuser! Von wegen läppische Steuerhinterziehung – gewerbsmäßiger Bandenbetrug ist das! Da gibt's reihenweise Spieler, die stehen auf den Lohn- und Gehaltslisten der Wettmafia.«

Die Ohren wurden größer, die Hälse länger, die Halbliterflaschen zügig geleert. Die Leute an den Imbisstischen rückten näher. Das war so ein Knüller, für den die Lauscher den ganzen Tag gierig vor dem Eis-Moor ausharrten.

»Und Krischan Beeck?«

»Der Kontaktmann zur Ankerwinde. Auch in niederen Klassen lässt sich trefflich Geld verdienen.«

»Und er kassiert zweimal …«

»Traut man ihm nicht zu, wie?«

Ungeduldig linste ich hinunter und hoffte, dass Inga Jensen die entscheidende Frage stellen würde.

»Wenn das ›Café Queen‹ in Schwerin ausgehoben wurde, was munkelt man denn so, wo die Wettleute ihr neues Domizil aufgeschlagen haben?«

»Was man munkelt, weiß ich nicht …«

»Wie? Willi!«, baute Inga ihm seine Brücke. »Du kennst doch jeden und weißt fast alles.«

»Eben!«

Ihr Augenaufschlag hatte es in sich. »Und?«

Die provozierende Ablenkung wischte Willi mit einer fahrigen Geste beiseite, bevor er seine Zuhörerschaft heute erstmals gewaltig enttäuschte.
»Am Alten Hafen, ganz schräge Nummer. Ansonsten halt ich den Sabbel und bin besser stumm wie 'n Fisch.«
Seine Stirn zog sich in Falten, sein Blick wurde ganz schief.
»Mach mal selbst dein Meisterstück, Inga. Willi will hier keinen Ärger und unangemeldeten Besuch an seinem Eis-Moor-Imbiss. *Tutto capito, bella donna* …?«
»Ich dank dir, Willi.«
»Nicht dafür. Wenn Stumpen-Rudi da zufällig sitzen tut, dann bestell ihm 'nen schönen Gruß und dass es mir leidtut wegen damals und dem Malheur der Herzen.«
Willi wandte sich ab und die Stammkundschaft murrend ihren Bieren zu. Flugs schnappte ich mir ein halbes Brötchen vom Tresen aus seinem Brotkorb und war froh, dem Dunst von Bratwurst und Frittenfett endlich entfliehen zu dürfen.
»Frech, diese Biester!«, hörte ich Willi noch hinterhermeckern. Da segelte ich bereits über die Dächer der Altstadt, schnurstracks Richtung Alten Hafen, auf der Suche nach einem geeigneten Platz oder einem passenden Haus, das der verblümten Beschreibung von Wurst-Willi entsprach.
»Am Alten Hafen, ganz schräge Nummer«, hatte er getönt.
Schräg. Schräger. Ganz schön schräg. Was hatte Willi damit gemeint? Phantasie war gefragt. Eine schräge Hauswand? Eine ungerade Hausnummer? Aufgeregt hüpfte ich auf der Takelage von Lottes Fischkutter herum und beäugte die Gegend. Vielleicht eine Dachschräge? Möglicherweise der kleine, leicht geneigte Sandplatz vis-à-vis vom Alten Hafen? Schräg war vieles. Aus entsprechendem Blickwinkel betrachtet: fast alles.
Da perlte es mir wie Regentropfen vom Federkleid. Auf der anderen Straßenseite, gleich schräg gegenüber von Lottes Fischbrötchenkutter, stand das alte rosarote Fachwerkhaus. Unter dessen welligem Dach verteilten sich auf zwei Etagen der völlig verzogenen Fassade elf schräge Fenster. Die kurze Hausfront fasste eine krumme Holztür und zwei komplett deformierte Fensterrahmen. Das berühmte sogenannte »Schiefe Haus von Wismar«!

Eine halbe Ewigkeit, erzählten mir die Artgenossen auf dem Dach der Kajüte, stehe das Schiefe Haus schon unter Denkmalschutz, doch habe es mehrere Generationen gedauert, bis es, restauriert, modernisiert und vom Bauamt überraschenderweise statisch abgenommen, endlich genutzt werden konnte. Nur was oder wer sich hier neu einquartiert hatte, wusste keiner so genau.

Einst hatte es wohl als Fährhaus fungiert, das sich wie eine Brücke über den kleinen Mühlenbach wölbte. Angeblich beherbergte es drei Gästewohnungen für den Fremdenverkehr. Andererseits sahen die Kumpel vom Alten Hafen, selbst in der touristischen Hochsaison, Urlauber weder ein noch aus gehen. Einige Wismarer Bürger spekulierten, dass im Schiefen Haus ein Museum für Hanse-Krimskrams und Fischer-Antiquitäten entstehen sollte.

Das war alles andere als leicht zu überprüfen. Die Fenster an der Vorderfront waren abgehängt, die Luken an den Flanken mickrig und verwinkelt, sodass man kaum ins Innere spähen konnte. Geflickte Netze oder gebrauchte Gummi-Latzhosen schienen jedenfalls Fehlanzeige. Mit Mühe entdeckte ich eine kleine Küche, nüchterne Wandschränke, schemenhaft kreisrunde Tische und Stühle. Nichts, was auf Fischereiausstellung, geschweige denn Spielhölle oder illegales Wettbüro hindeutete.

Doch am Abend kam unversehens Bewegung in die Sache. Erst gingen im Schiefen Haus die Lichter an, dann schien ein Kommen und Gehen einzusetzen, jedoch nicht durch die Haupttür auf der Nordseite des Hauses, die ich einige Zeit fest im Auge behielt.

Flatternd entdeckte ich an der fensterlosen Rückfront einen schmalen, unscheinbaren und für das Schiefe Haus ungewöhnlich geraden Eingang. Doch auch hier war alles ruhig, obwohl das Stimmengewirr von drinnen stetig zunahm. Möglich, dass es eine weitere, getarnte Geheimtür gab … nur wo?

Am späteren Abend rollte endlich ein grün-weißer VW-Bus heran, parkte abseits vor der Südseite des Hauses auf dem kleinen geneigten Sandplatz. In Begleitung von drei uniformierten Polizisten aus der Kommandantur stiegen Oberkommissar Hansen und Kriminalassistentin Jensen aus dem Streifenwagen.

Das Wetter schlug um. Regen tropfte. Die zeternden Kameraden am Hafen verzogen sich in Dachnischen oder unter die Planen der mittlerweile verwaisten Fischkutter. Nervös flog ich um das Schiefe Haus herum, bis ich ein Plätzchen auf einer völlig krummen Fensterbank einnahm, die mir einen vorteilhaften Blick ins Innere gestattete. Dicke Regentropfen trommelten mir aufs Köpfchen.

Die Haupteingangstür sprang auf, das Kommando unter Kommissar Hansen trat in den lang gezogenen Flur. Von dort ging es ohne Unterbrechung in einen angrenzenden großen Raum. Gemütliche Stimmung. Drei Tische besetzt mit jeweils vier Personen, die unaufgeregt in ihre Kartenspiele vertieft schienen. Eine angrenzende Küche, eine weitere Tür, vermutlich zum WC.

Äußerst interessante Gästemischung: An Tisch eins zockten Trainer Toto Peach, der Neffe der Wirtin vom Brauhaus am Lohberg, Fotograf Franz Pickrot vom OSTSEE-BLICK (braun gebrannt) und der langjährige Pressesprecher der Bürgermeisterin Hannemann, der oft und gern auf seiner Trompete zur Attacke blies. (Das Musikinstrument lag auch heute griffbereit neben ihm auf dem Spieltisch.) Soweit ich das im Regenguss von der Fensterbank beurteilen konnte, spielten sie klassisches Texas-Hold'em-Poker. Als Einsatz dienten Berge von Streichhölzern. Zwei der Beamten störten die Runde, indem sie begannen, die Personalpapiere zu kontrollieren.

Tisch zwei war besetzt mit dem Rockerwirt Henning Wichsmann von der Heavy-Metal-Kneipe »Zur Pelzplauze« am Ziegenmarkt und drei osteuropäisch anmutenden Visagen in blau-weiß gestreiften Trainingsanzügen, die sich als die Herren Tantelic, Tzimunitz und Wischunwek auswiesen. Inga Jensen widmete sich intensiv ihren Papieren, während die Canasta-Runde vorübergehend zum Erliegen kam. Die Spieler zeigten sich überrascht, duldeten aber nachsichtig die unangemeldete Kontrolle. Keiner regte sich auf, niemand wollte gehen oder auch nur kurzzeitig seinen Platz räumen, um sich vielleicht vor dem Schiefen Haus oder nur auf dessen Flur die Beine zu vertreten. Hier und da wurden beiläufig die Karten neu gemischt, ein paar Hölzchen von einem Häufchen zum anderen verschoben.

An Tisch drei entwickelte sich gerade ein munteres Siebzehnundvier, als Hansen die illustre Runde aufforderte, sich ebenfalls auszuweisen. Gregor Mahlzan legte sein Blatt beiseite, erhob sich und reichte Hansen freundlich die Hand. Der kurze Smalltalk erwies sich als gut gelaunt, aber ineffektiv. Auch der bekannte Vereinsvorsitzende und Redaktionsleiter des Lokalblattes musste den Personalausweis zücken. Malle rümpfte zwar die Nase, billigte aber die amtlich vorgeschriebene Verfahrensweise. Der Schatzmeister vom SC Ankerwinde schwitzte, Krischan Beeck fuchtelte etwas zu hektisch mit seinen Karten in der Luft herum. Neben einer südländischen Physiognomie, die genauso hinterhältig aussah wie die eines berühmt-berüchtigten italienischen Exweltmeisters, riss der ehemalige Weltstar Andrea »Lottó« Bolzano vehement seine Stielaugen auf. Das sah schon ein bisschen irre aus …

Es war also kein Seemannsgarn, sondern eine Tatsache! Lottó Bolzano in unserem beschaulichen Wismar! Das war eine kleine Sensation. Der lütte Glatzkopf hielt anscheinend ein gutes Blatt in der Hand und mochte jetzt keine Pause akzeptieren. Südländisches Temperament: Er gestikulierte, sprang auf, schimpfte, schmiss divenhaft einen Reisepass auf die Spielfläche und kurvte mit ausholenden Schritten um den Tisch herum. Der unproportionierte braune Anzug im Fischgrätmuster schlabberte an seinem kleinwüchsigen Körper. Nicht allein wegen des grauen Siebentagebartes sah Lottó reichlich abgerissen aus.

Der Kommissar stellte in aller Seelenruhe seine Fragen. Ein gemeinschaftliches Achselzucken war die Antwort an Tisch drei. Nachdem Inga Jensen den Ausweis seines Landsmannes kontrolliert hatte, hielt sie dem zweiten Italiener einen Durchsuchungsbeschluss vor dessen krumme Nase. Der rümpfte den Zinken, und die Assistentin durchblätterte einige Aktenordner, die sich im Wandschrank stapelten. Auf einer kleinen Kommode stand ein mobiler Computer, daran angeschlossen ein Drucker. Bisschen mager für ein professionell organisiertes Wettbüro.

An Tisch drei schüttelten sie derweil einhellig die Köpfe.

Hatte Wurst-Willi in seiner Gerüchteküche anscheinend im Trüben gefischt.

Der Einzige, der sich durch sein Benehmen verdächtig machte, blieb Lottó Bolzano, dem die Augäpfel langsam, aber sicher überquollen wie einst nach jedem seiner sechs spektakulären Jubelläufe bei der Weltmeisterschaft in Italien. Der Sizilianer war stocksauer, sein bester Freund Toto musste ihn beruhigen.

Merkwürdig, wie die Dinge sich manchmal entwickelten. Da dümpelten die Kicker der Ankerwinde jahrzehntelang zwischen Boltenhagen und Kühlungsborn hin und her, doch plötzlich funkelte die Fußballwelt an der Ostsee wie ein Sternenmeer. Ein alternder WM-Torschützenkönig, eine heimtückische Exweltmeister-Visage, drei Hütchenspieler vom Hauptstadtclub und eine lichtscheue Mischpoke alteingesessener Wismarer Bürger friedlich vereint unter einem gemeinsamen schiefen Dach! Das funkelte nicht nur diebisch, das stank auch zum Himmel wie sonst der blubbernde Inhalt des Innereien-Eimers auf Lottes Fischkutter.

Vor Wut hätte ich fast begonnen, mir ganz masochistisch mein eigenes Federkleid auszurupfen, als ich beobachtete, wie Olaf Hansen und Inga Jensen unverrichteter Dinge das Schiefe Haus wieder verließen. Die Beamten hatten zwar einige Aktenordner und das Notebook konfisziert, ansonsten durften die Kartenspieler jedoch dort weitermachen, wo sie vor einer guten halben Stunde aufgehört hatten.

Nachdem sich Mahlzan entspannt eine Zigarre entzündet und Lottó Bolzano mit Argusaugen sein Blatt und seine Mitspieler inspiziert hatte, stieß ich mich vom Fensterbrett ab und segelte zum Polizeiwagen, um mich auf dessen rutschigem Blechdach niederzulassen.

Als Hansen und Co. um die Ecke getrabt kamen, erklärte der Kommissar verbittert: »Da kann man leider nichts machen. Die Herren treffen sich privat und spielen offensichtlich nicht um Geld, sondern um Zündhölzer oder schlimmstenfalls um ihre Ehre. Wir müssen die Auswertung der Akten und elektronischen Daten abwarten. Vielleicht gibt es dann eine rechtliche Handhabe.«

Seine Kollegin nickte enttäuscht. Übermütig flatterte ich krakeelend und knapp über die Gruppe hinweg, wobei einem der Streifenpolizisten seine Dienstmütze vom Kopf fiel. Schwungvoll schoss ich steil nach oben und drehte eine lautstarke Runde um das Dach des Schiefen Hauses. Das wirkte. Der Beamte ohne Kopfbedeckung zog genervt seine Pistole aus dem Halfter und drohte, mir gegenüber von der Feuerwaffe Gebrauch zu machen. Hansens plietsche Assistentin hielt ihn zurück, musterte mich, zupfte ihren Chef am Arm und deutete in meine Richtung. Auch der Kommissar schaute meinen zackigen Flugeinlagen rund um den verbogenen Dachsims neugierig bis interessiert hinterher. Die drei Streifenpolizisten traten ungeduldig von einem Bein aufs andere, die wollten nur schleunigst ins Trockene und in den unverdienten Feierabend.

Kommissar Hansen grübelte. Grübelte noch einen Tick intensiver. Und wie aus heiterem Himmel fiel plötzlich der Groschen. Die halbe Kommandantur kehrte um: Schwenk, marsch, marsch!

Von einer tief hängenden, sich ergießenden Wolke ließ ich mir auf dem schrägen Fensterbrett abermals aufs Köpfchen hämmern, da klopfte die Beamtenbrigade der Siebzehnundvier-Runde ein zweites Mal an die Haustür und dann den Teilnehmern auf die Finger.

Alles wie gehabt? Mitnichten. Einer fehlte. Und das so schnell. Ausgerechnet Schatzmeister Krischan Beeck hatte es eilig und hatte Spielkarten und Streichhölzer im Stich gelassen.

Beim äußeren Anblick des Schiefen Hauses musste sich Hansen – ganz ohne Blendgranate – an den SEK-Fehlschlag im »Pour La Mère« erinnert haben: nicht Zimmer 33, sondern 32. Nicht oben, sondern unten. Drehte man die Verhältnisse mit ein bisschen Phantasie und Logik um, konnten die kompliziertesten Lösungen manchmal umwerfend einfach sein.

Im ersten Anlauf hatten der Kommissar, aber auch seine Kollegen, die Holztreppe am Ende des langen Flures in das erste Stockwerk völlig übersehen. In atemberaubendem Tempo sprang Hansen die enge Wendeltreppe empor. Inga sauste hinterher. Ich flog die Außenfassade zum Erkerfenster im Obergeschoss hinauf.

Im schummrigen Zwielicht saß Krischan Beeck unter der Dachschräge auf der schiefen Ebene des Holzfußbodens und hantierte eifrig mit einer Art Kartoffelsack herum.

Quer durch den Raum, wie an einer Perlenschnur aufgereiht, auf säulenartigen, deutlich geneigten Podesten, strahlend inszeniert, die Pokale aus der zerdepperten Kristallvitrine des SC' Ankerwinde!

Zwei oder drei Trophäen hatte Beeck schon in den groben Leinensack gestopft. Mit der einen, die dem Lumpen gerade aus den feuchten Händen glitt, als ihn das Ermittlerduo mit gezückten Dienstwaffen auf frischer Tat ertappte, waren es genau siebzehn. Vier Pokale fehlten, sie sollten ebenso verschollen bleiben wie der letzte fehlende Cup, der in Schleswig im Büro von Doktor Rinnerwahn ein neues unehrenhaftes Zuhause gefunden hatte.

»Verkauft«, gab Beeck kleinmütig zu. »An solvente Urlauber.«
Eine Schande!

Dennoch: Der Anblick war eine Pracht! Die Pokale funkelten im Halbdunkel wie riesige Edelsteine ...

Während der Kommissar Beeck ein Paar Handschellen anlegte und ihn die Treppe hinunterbegleitete, betrachtete Inga Jensen die siebzehn schimmernden Gefäße mit großer Ehrfurcht und einer Spur Sentimentalität. Mit Sicherheit dachte sie an das Schicksal ihrer Brüder. Das war – auch für eine Möwe – ein berührender Moment.

Das Gesindel im unteren Stockwerk wollte natürlich von der exquisiten Ausstellung unter dem verzogenen Dachstuhl nichts gewusst haben. Alle zeigten auf den schmalbrüstigen Schatzmeister, der sich das ohne nennenswerten Protest gefallen ließ. Merkwürdig. Damit schien die Angelegenheit für die Clique an den Spieltischen geritzt. Peach trat ans Fenster, öffnete eine Luke, um die verbrauchte Luft hinauszulassen.

Dieses Mal wollte sich Hansen nicht so schnell abschütteln lassen. Nachdem die Beamten die Trophäen beschlagnahmt hatten, ließ er das Schiefe Haus bis in die letzte krumme Ecke auf den Kopf stellen und entdeckte unter der Wendeltreppe in der Diele eine Bodenklappe, die in einen winzigen Kellerbereich führte, der (wie sich wenig später herausstellen sollte) wiederum durch einen unterirdischen Gang das Haus über der Mühlengrube mit dem Alten Holzhafen verband.

Der Ausstieg des Tunnels sei, wie Mahlzan höflich erklärte, auf dem Pier östlich des Westhafens.

»Und Sie sind hier der Hauptmieter?«, fragte der Kommissar

den zweiten Italiener, der seine kräftigen tätowierten Arme vor der Brust verschränkte.

»*Sì.*«

»Sie verstehen die deutsche Sprache?«

»*Sì.*«

»Ihr Name?«

»Marcatore.«

»Marco ...?«, fragte Hansens Assistentin.

»*Ma no!*«, unterbrach der Italiener Inga Jensen barsch. »Mauro! Mauro Marcatore.«

»Nicht ...?«

»*No!*«, protestierte er erneut.

Warum die Poker- und Canasta-Klientel im Schutze der Dunkelheit diesen geheimnisvollen Zugang zu ihren allabendlichen Spielrunden wählte, lag auf der Kralle. Die pomadigen Visagen von Marcatore und Bolzano sprachen Bände.

»*Commissario! Lo giuro sulla vita di mia mamma – noi non c'entriamo* ... die Spieler nicht ein Idiot!«, brach es fast ohne Punkt und Komma aus Lottó Bolzano heraus. »*Queste coppe non le abbiamo mai viste né tanto meno toccate* ... Wissen, Spieler sehen was passiert im Platz ... *Ci dovete credere, pensare il contrario sarebbe un insulto! Siamo uomini per bene che nella vita hanno ottenuto tutto quello che volevano* ... keine Spieler, wir zwei, drei, keine schwach wie eine Flasche leer! ... *Un furto abominevole!* Was erlauben, Commissario ...? *Lo giuro sulla vita di mia mamma – siamo assolutamente dalla vostra parte. Noi amiamo la legge e l'ordine della Germania. Adoriamo la polizia di questo paese* ... Ich habe fertig.«

Der Kommissar staunte und errötete, er sprach keine Fremdsprachen. Auch deshalb fand er nur zögerlich die richtigen Worte: »Was immer Sie mir mitteilen wollen, Herr Bolzano, bei der gegenwärtigen Verdachtslage kriege ich umgehend eine richterliche Genehmigung, um Ihre Spielrunde auf Eis zu legen, das Haus zu schließen und jeden Einzelnen von Ihnen in die Kommandantur vorzuladen. Haben Sie das verstanden?«

Lottó Bolzano wandte sich empört ab.

Mahlzans fadenscheinige Erklärung für den Tunnel: Das sei

ein gewöhnlicher Fluchtweg, bautechnisch vorgeschrieben und einwandfrei abgenommen.

Hansen kratzte sich am Kopf, seine Ohren begannen zu glühen. Behördliche Genehmigungen waren oft nur eine Frage klingender Argumente, das hieß klingelnder Kassen. Er seufzte, und man verließ mit Krischan Beeck und einem VW-Bus voller Pokale den Alten Hafen von Wismar.

Zurück in der Kommandantur, wurden zwei der Beamten abkommandiert, um aus der grün-weißen Minna heraus das Schiefe Haus rund um die Uhr zu observieren.

Dadurch bekamen die Pokerrunden der ehrenwerten Spielgemeinschaft einen offiziellen, quasi fast geschützten Anstrich. Wollte man Streichhölzer vermehren, betraten oder verließen Marcatore und Konsorten das Etablissement ab sofort nur mehr ganz normal durch die Vordertür.

11

Freitag, den 30. Oktober

Siebzehn blitzblank polierte Pokale, dazu unzählige Vereinswimpel und historische Mannschaftsfotos, die am morgigen Samstag zum Heimspiel des SC Ankerwinde in eine von der Bürgermeisterin Ilse Hannemann großzügig spendierte Glasvitrine wieder feierlich Einkehr halten sollten!

Am Mietvertrag des Schiefen Hauses war nichts auszusetzen und – zumindest auf den ersten Blick – schon gar nichts illegal. Ein deutsch-italienisches Konsortium aus der GmbH »Knappschaft Glückauf« und der S.R.L. »Pallone Illimitato Profitto« hatte das Objekt als kollektives betriebliches Freizeitheim befristet auf zehn Jahre gepachtet. Ein Fall für das Wirtschaftsressort des LKA in Schwerin, das sich mit der verschlungenen Materie längere Zeit beschäftigen sollte.

Das Syndikat vom Schiefen Haus schwieg wie ein Gemeinschaftsgrab, die vermutlichen Drahtzieher kamen mit blauen Augen davon. Krischan Beeck wurde der Staatsanwältin vorgeführt – nicht mehr als ein Bauernopfer oder Sündenbock. Mahlzans Anwalt riet dem Schatzmeister, alles frank und frei zuzugeben, worauf Beeck quasselte wie ein Wasserfall.

Er habe mit dem Verkauf der Vereinspokale zusätzliches Geld in die klamme Kasse spülen wollen. Der Club sei ihm immer eine Herzensangelegenheit gewesen, als Schatzmeister fühle er sich nun einmal, über den normalen Rahmen hinaus, mitverantwortlich. Man könne nicht einfach zuschauen, wie die Ankerwinde wegen ein paar lumpiger tausend Euro untergehe. Und damit der Einbruch echt aussah, habe er das Toilettenfenster und schweren Herzens die Pokalvitrine mit einem massiven Holzschläger, den er eigens dazu im Spielzeugladen in der Sargmacherstraße gekauft habe, zertrümmern müssen. Als Beweis legte er eine korrekte Kassenquittung des Kinderwarengeschäfts über den Kauf eines Baseballschlägers der New York Yankees vor.

Krischan Beeck beteuerte, dass er seinem besten Vereinsfreund Fritze Schimmelpfennig niemals habe wehtun wollen, schon gar nicht tödlich. Der Platzwart müsse durch Beecks Tamtam auf der Pritsche in der Heimkabine aufgewacht sein, und plötzlich habe er hinter ihm im VIP-Saal gestanden. In diesem überraschenden Augenblick hätten beide die daraus resultierenden Konsequenzen nicht abschätzen können. Der erste Schlag sei aus dem Affekt heraus erfolgt, weil sich Fritze vor Krischan lauthals erschrocken hätte. Danach seien ihm (also Beeck) die Sicherungen durchgebrannt, und er habe – »wie von Sinnen« – auf den armen Schimmelpfennig eingedroschen, bis sich Fritze nicht mehr gerührt und Krischan dessen Antlitz nicht mehr wiedererkannt habe.

»Herr Christian Beeck!«, hatte es die Staatsanwältin offiziell gemacht. »Sie werden hiermit des Mordes an Herrn Fritz Schimmelpfennig beschuldigt. Bis zur Anklageerhebung und Hauptverhandlung bleiben Sie natürlich in Haft. Der Untersuchungsrichter entscheidet über das weitere Verfahrensprozedere.«

Am selben Nachmittag hockte dieselbe Quasselstrippe vor dem Amtsrichter und traf auf weniger taube Ohren.

Mit der Versicherungssumme, die dem Verein etwas mehr als zehntausend Euro über die Haftpflicht in die Clubkasse gespült habe, und dem Verkauf der vier fehlenden Trophäen (summa summarum eintausendzweihundert Euro) seien Fahrt- und Fixkosten für die erste Hälfte der Saison gesichert gewesen. Zudem hätten viele Spieler freiwillig auf Spesen und Punkte-Boni verzichtet. Moralisch gesehen könne sich da so manch einer eine Scheibe von abschneiden. Für den einzelnen Spieler natürlich Ehrensache …

Spätestens an diesem Punkt der Verteidigungsrede hatte der Amtsrichter im Fürstenhof, ein früh ergrauter Rechtsverteidiger der Aufstiegsmannschaft von 1999, eine Träne verdrückt. Während des Telefonats mit seiner Kollegin hatte er sich so lautstark ins Taschentuch geschnäuzt, dass die Vertreterin der Anklage, wie Hansen zu berichten wusste, nicht nur vom Sachverhalt her, sondern auch rein akustisch nichts verstanden hatte.

Die Staatsanwältin wollte mehr, bekam aber viel weniger und dann auch noch ein langes Gesicht.

»Nach reifer Überlegung und Abwägung aller Fakten ist der Mord allerhöchstens eine Tötung im Affekt, der Diebstahl der Pokale allenfalls peripher zu betrachten.« Hansen zitierte die Anklagevertreterin, die wiederum den Richter wortwörtlich wiedergegeben hatte. »Es gibt keine nach Paragraf 211 StGB definierten Mordmerkmale. Der Angeklagte hat zu keinem Zeitpunkt aus Mordlust, Habgier oder sonstigen selbstsüchtigen oder anderen niedrigen Beweggründen zugeschlagen – im Gegenteil. Das Allgemeinwohl stets im Auge, hatte er aus seiner zugegeben intellektuell limitierten Sicht der Dinge das einzig Richtige getan.«

Wachsweiche Interpretation des StGB ... Der Ball musste rollen.

Hansen und Jensen spekulierten, dass Beeck bei guter Führung mit zwei, drei Jahren JVA Fürstenhof oder JVA Fuchsbau davonkommen könnte; vielleicht zusätzlich eine empfindliche Geldstrafe wegen des untergeordneten Pokalklaus.

»Die tut ihm zwar weh«, vermutete der Kommissar, »aber die hat der Beeck an ein paar guten Wochenenden auf Mecklenburgs Flohmärkten locker wieder drin.«

Woher ich das alles so ausführlich und differenziert weiß?

Kommissar Olaf Hansen hatte am Abend seine Assistentenanwärterin Inga Jensen zur traditionellen Nordischen Fischplatte seiner Mama Hanna in die gemütliche Wohnküche in der Böttcherstraße 35 eingeladen. Quasi Ritterschlag für Inga-Mäuschen.

Der Vollständigkeit halber: Neben der Gastgeberin Hanna Hansen, vierundsiebzigjährig, stets verschmitzt, mit zerknittertem Gesicht und grauen Dutt, saß am Küchentisch der sechsundsechzigjährige Hans-Uwe Bartelmann, Hauptkommissar a. D., Vorgänger von Olaf Hansen als Dienststellenleiter der Kommandantur.

Gerade hatte ich es mir auf meinem obligatorischen Beobachtungsposten auf der Fensterbank bequem gemacht, da sah und hörte ich Hansens weiße Hauskatze schläfrig auf der Küchenkommode unbekümmert vor sich hin schnurren.

Katze natürlicher Feind von Vogel, repetierte ich scharfsinnig.

Am einladenden Küchentisch gab es Grund zu feiern. Nicht dass der Fall abschließend gelöst gewesen wäre, es ging hier um ein anderes freudiges Ereignis.

Zuallererst hatte sich Oberkommissar Olaf Hansen für Inga Jensen starkgemacht. Als dann noch der äußerst beliebte Bartelmann, wegen seiner früheren gefürchteten Kopfballkünste im Polizeisportverein von allen nur »Uns Uwe« gerufen, Fräulein Jensens Zuverlässigkeit, Kompetenz und Begabung beim Personalrat in Schwerin hervorkehrte, konnte der sein endgültiges Jawort, trotz der verwandtschaftlichen Nähe zu den Jensen-Brüdern, nicht verweigern. Als ob man auch nur den klitzekleinsten Einfluss auf seine verdorbenen Geschwister hätte.

Wie auch immer: Ole und Uns Uwe hatten ihren guten Einfluss geltend gemacht. Inga Jensen sollte zum bevorstehenden Jahreswechsel als Kriminalassistentin vereidigt und zudem vorzeitig verbeamtet werden. Das Fischessen und gemütliche Beisammensein sollten den angemessenen Rahmen bilden, die Neuigkeit zu verkünden und gemeinsam zu zelebrieren.

Da lief selbst der Raubmöwe das Wasser im Schnabel zusammen. Hanna Hansen hatte vier Sorten Fisch gereicht: gedünsteten Lachs, gebratene Scholle, gekochten Dorsch und geräucherte Makrele. Letztere passte nicht, empfand ich, war aber dem speziellen Geschmack ihres Sohnes Ole geschuldet. Denn der liebte vor allem die gepfefferte Makrele über alles.

»Das mit dem Kassenwart ist ein Kuhhandel sondergleichen!«, empörte sich Hanna Hansen. »Wenn ich das richtig verstehe, dann geht der freiwillig ins Gefängnis, nur um andere vor der Verhaftung zu schützen.«

»Den werden sie gelockt und ihm was versprochen haben«, sagte der Kommissar.

»Wenn sich tatsächlich eine Organisation im Schiefen Haus eingenistet hat«, gab der alte Bartelmann zu bedenken, »dann sind ein paar lumpige Pokale nicht deren Kragenweite. Dann geht es normalerweise um größere Summen, nicht um Kinkerlitzchen.«

»Du warst doch damals noch in Amt und Würden«, richtete sich Hansen an seinen Vorgänger. »Kannst du dich an die Drahtzieher vom ›Café Queen‹ in Schwerin erinnern, die das SEK hopsgenommen hat?«

»Klar. Mogi oder Nogli?«, durchsuchte Uns Uwe sein Namensgedächtnis. »Oder so ähnlich jedenfalls …«

»Mogli!«, ergänzte die frischgebackene Beamtenkollegin. »Zwei Brüder. Guiseppe und Raimondo Mogli! Hab mich ins Archiv vertieft. Wurst-Willi hatte den richtigen Riecher. Die Mogli-Brüder hielten im ›Café Queen‹ fast vier lange Jahre die Fäden in der Hand.«

»Die Spatzen pfiffen es von den Dächern, Manipulation von Fußballspielen im ganz großen Stil!«, erinnerte sich Bartelmann und kaute mit Begeisterung auf seinem Schollenfilet. »Von Schwerin über Berlin bis Turin. Weltweit, brodelte es in der Gerücheküche, bald zweitausend Spiele. Hunderte Spieler, Trainer und Schiedsrichter mussten entsprechend involviert, das heißt bestochen gewesen sein.«

»Aber glasklare Beweise gab es nicht«, ergänzte Hansens Mutter. »Die sind doch nur wegen Steuerhinterziehung aufgeflogen und eingebuchtet worden, wenn ich mich recht entsinne ...«

»Die Brüder Mogli! Nach der Sauerei im Finale 2006«, betonte der Kommissar mit Kennerblick. »wurde es selbst dem Fußballverband zu bunt. Da war für die Moglis definitiv *finito*.«

»*Arrivederci* – zwei Jahre JVA Ueckermünde!«, wusste sein Vorgänger zu berichten. »Danach ruck, zuck abgeschoben übern Brenner – wegen guter Führung.«

»Stimmt. Und unmittelbar nach der Haftentlassung hat der Ältere von beiden dem OSTSEE-BLICK auf dem Flughafen in Rostock-Laage ein dreistes Interview gegeben. Wenn ich mich richtig erinnere. Hab ich heute zufällig noch mal in Händen gehabt.«

Mama Hanna kramte eine alte Zeitung aus ihrem blauen Altpapiereimer und faltete sie auf dem Küchentisch auseinander.

»Wusste ich's doch, hab heute Morgen den Fisch drin eingewickelt. Allein die Überschrift spricht Bände.«

Die Zeitung aus dem vorletzten Jahr ging von Hand zu Hand. Ole Hansen las laut vor: »Ich war einfach besser als die Buchmacher!«

Hanna Hansen kicherte herzhaft, obwohl sie wusste, dass es für die drei Polizisten rund um den Tisch keinen Grund gab, zu lachen.

»Willi vom Eis-Moor-Imbiss«, rekapitulierte Inga Jensen, »der meinte, dass im Zuge der Umstrukturierung der Wettmafia die

Nachfolger der Moglis die Geschäfte nach Wismar verlegt haben. Ins Schiefe Haus am Alten Hafen.«

»Wo wir gestern Abend die verschollenen Pokale der Ankerwinde endlich wiedergefunden haben«, sinnierte Ole Hansen und nahm genüsslich einen kräftigen Schluck Wismarer Pilsener, »Bolzano und Marcatore und die restlichen Pappenheimer. Verwegene Burschen ...«

Der Hauptkommissar a. D. langte noch einmal richtig zu und tat sich eine Kelle Bratkartoffeln auf den Teller. »Möglich ist alles. Der eine von beiden hat, soweit ich es verfolgt habe, nach dem Ende seiner aktiven Fußballkarriere kein Bein mehr richtig auf den Platz gekriegt.«

Alle nippten gedankenverloren an ihren Biergläsern. Inga Jensen nahm den Faden wieder auf:

»In der Akte steht was von mindestens acht Millionen, die die Brüder Mogli mit dem ›Cafe Queen‹ gescheffelt hätten, immer über dreckige Kanäle am Fiskus vorbei. Geld, das übrigens nie wieder aufgetaucht ist.« Inga Jensen schob sich ein feines Stückchen Lachs in den Mund.

Nach Wurst-Willis wilden Spekulationen seien die Gelder aus Schwerin angeblich quer durch Asien geflossen und somit gewaschen worden: Schanghai, Singapur, Saigon. Damals wie heute die Metropolen des illegalen Glücksspiels. Die Besserwisser vom Eis-Moor wollten auch gewusst haben, dass ein Teil der Summe als Startkapital ins Wismarer Wettgeschäft investiert worden sei.

»Und wie heißt nun die neue Wett-Queen?«, mischte sich Hanna Hansen ein und fiel ins breiteste Plattdeutsch: »De Ilse woer dat je nich sien ... odder?«

Dieses Mal lachten alle anderen mit. Uns Uwe prostete Hanna zu. Ihr Ole entzündete sich seine Pfeife. Mama Hanna stand auf, öffnete den Fensterspalt zur Gänze und versuchte mich mit einem wenig beeindruckenden »Husch, husch!« vom Horch-und-Guck-Platz zu verscheuchen.

Der Kommissar schmauchte und blies den Rauch genüsslich quer durch die Küche.

»Steffen Stieber, unser junger Spurenexperte aus Lübeck, macht sich morgen früh ans Werk. Dann wissen wir schon bald, was der beschlagnahmte Computer aus dem Schiefen Haus gespeichert hat.«

Und seine Assistentin erklärte die weiteren Schritte.

»Mit ein bisschen Tüfteln knackt Stieber jedes Codewort. Aus den USA hat er aber auch ein neues, äußerst faszinierendes Analyseverfahren für Fingerabdrücke mitgebracht.«

Mittels neuester Technik könne man noch Tage später erkennen, was ein Verdächtiger in Händen gehalten habe.

»Fingerabdrücke? Das ist ja was ganz was Neues!«, flachste der alte Bartelmann mit triefender Ironie.

»Stiebers Methode ist wirklich neu, Herr Bartelmann!«, erklärte Inga Jensen. »Partikel von kürzlich benutzten Gegenständen bleiben durch den körpereigenen Stoffwechsel an den Fingerkuppen haften. Und umgekehrt! Selbst Wochen später kann man so feststellen, wer wann und manchmal sogar wo ein Laptop benutzt hat. Das ›Wofür‹ beantwortet dagegen die Festplatte, das Langzeitgedächtnis des Computers, auf der alle Verbindungsdaten gespeichert bleiben.«

Inga Jensen zog ein kleines Notizbuch aus der Jackentasche, blätterte darin herum und zitierte Steffen Stieber mit den Worten: »Verfahren auf chemischer Basis. Die Desorptions-Elektro-Spray-Ionisations-Massenspektrometrie, kurz DESI-MR-Analyse.«

Hansen machte erst ein verkniffenes, dann ein anerkennendes Gesicht.

»Das klingt aber komisch«, kommentierte seine Mutter.

»Funktioniert aber einwandfrei«, antwortete Inga. »Mit dieser Technik soll es sogar möglich sein, übereinanderliegende Fingerabdrücke zu trennen oder verwischte exakt zuzuordnen.«

»Schau mal einer an«, staunte Bartelmann. »Der Lübecker Stieber!«

»Unser bester Mann bei der Spurensicherung!«, betonte Hansen. »Wie gesagt: Morgen wissen wir mehr ...«

»Wenn damals der gut aussehende Franzose im Endspiel nicht die Nerven verloren hätte ...«, mischte sich Hanna mit frappierender Logik ein, »dann würden die Nachfolger von Guiseppe und Raimondo Mogli heute nicht im Schiefen Haus von Wismar sitzen.«

Ihr Sohn grübelte, klopfte seine Pfeife aus und resümierte: »Was noch zu beweisen wäre!«

Hansen erhob sein Bierglas, schaute versonnen zum Küchenfenster und prostete seinen Gästen zu.

»Vögel, die morgens singen, holt am Abend die Katz.«

Was der Hansen damit wieder meinte? Mir wurde unbehaglich im Federkleid.

»Wir werden die Mahlzans und Marcatores im Auge behalten!«, versprach Inga Jensen. »Irgendwann macht jeder einen Fehler.«

Kommenden Sommer sei ja schon wieder Fußballweltmeisterschaft in Deutschland, stellte Mama Hanna fest. »Wenn ich mich jetzt nicht täusche? Viele Spiele, gute Quoten, hoher Einsatz. Auch in Wismar herrscht dann bestimmt das Wettfieber!«

»Stimmt!«, pflichtete Uns Uwe bei. »Weltmeisterschaft im Frauenfußball.«

»Spätestens dann schlagen wir zu«, zwinkerte Hansen ihm zu. »Im Namen des Gesetzes!«

»Jawohl!«, jubelte Mama Hanna verschmitzt.

»De Fisch möt swimmen!«, rief Uns Uwe.

»De Fisch möt swimmen!«, pflichtete Hansen bei.

Geräuschvoll stießen sie an.

Derweil räumte Hanna die kläglichen Reste einer wahrscheinlich vorzüglichen Nordischen Fischplatte vom Küchentisch.

Inga Jensen genoss die Gastfreundschaft in dieser Runde. Wenigstens einer im Hause Jensen, in dem die Trauer und die Trostlosigkeit seit Monaten überwog, hatte eine rosige Zukunft. Die geklauten Pokale und deren Folgen hatten die Familie von Fährdorf fast zerstört: Heiner im Knast, Hannes in der Klapse und Horst tot. Ein hoher Preis, den die Jensens zu zahlen hatten. Das Leben war ungerecht. Und es sollte auch ungerecht bleiben.

Während man weiterhin gemütlich in Hansens heimeliger Wohnküche den leckeren Fisch begoss, scheuchte mich die weiße Hauskatze der Gastgeberin mit einem bösen Fauchen, aber lahmen Tatzen von meinem angestammten Platz vom Fenstersims. Blöde Mieze!

Nachspiel

»*Liebe Hörer, liebe Wismarer! Aus gegebenem Anlass schalten wir doch noch einmal nach Ærø zur Nachbereitung unseres phänomenalen Finalsieges. Wie wir gerade eben erfahren haben, überschlagen sich in Marstal derzeit die Ereignisse! Wir rufen dazu unseren Mann vor Ort: Klaus Poltzin! Klaus? Hörst du mich ...?*«
»*Oleeeoleoleoleee! Supä-Wismä! Oleole!*«
TRRRÖÖÖÖÖT ...
»*Unbeschreibliche Szenen spielen sich hier ab ... Ein Skandal! Die Fans am Spielfeldrand gehen aufeinander los ...*«
»*Jippijippijeeeh!*«
SCHRCHCHRCHSCHSSSRCHHHRRSSSRCHRCHSSS ...
»*Nanu, was ist da los ...? Klaus?*«
»*... die Fans liegen prügelnd auf dem Rasen ... die Situation ist völlig aus den Fugen geraten ...*«
»*Naaa-Naa-Nana! Naaa-Naa-Nana! Heyheyhey ... Goodbye!*«
TAPPTAPPTAPTAPTAPTAP ... TATÜÜTATA ... TATÜÜTATA ...
»*Die Umkleidekabinen wurden demoliert ... der gesamte Kabinentrakt brennt!*«
SSSSSTTTTSSS ... GMATSCHPLÄMÄTSCH ... TRRRÖÖÖÖÖT ...
»*Kläuschen? ... Man hört dich ja kaum noch?*«
»*Kääämpfen – Schleswig – kääämpfen!*«
»*... schwarzer Rauch über dem Stadion an der Reeperbanen! Meine liebe Hörer, hören Sie mich?*«
»*Oleeeoleoleoleee!*«
TATÜÜÜTATA ... GGGFFFÖÖÖÖÖNNGGHH ...
»*Uihuihuih ...!*«
»*Klaus! Bist du da? Wir sind noch live auf Sendung ... Klaus ...? Das liegt an der Leitung. Mensch! Regie! Was ist da los? Hol mir doch endlich den Klaus zurück auf die Leitung ...*«
ZZZISCHSCHSCH ... POLTER ... KNNNIRRRSCH ...
»*Ja! Los! Hahaha ... Aaaaauuuh!*«

MMMPFPFPFFFFF ... MMMPFPFPFFFFF ...
»*Klaus! Klaus Poltzin! So melde dich doch!*«
»*Du blöder Radio-Fritze!*«
PAFFPAFFPAFF ...
»*Nein! Was soll das? Neeneenee ... Mach dich doch nicht unglücklich ...!*«
BUFFBUFFBUFF ... PADAUTZ.
»*... Aaaaaarrrghh ... Gwwäääää ...!*«
»*Klaus?*«
RRRRRRRATSCH ... SCH ... SCH ... SCH! TRRRÖÖÖÖÖT ...
»*Klaaauuus!?*«
PAMMMPAMMPAMM ...
»*Ooo ... Ooooohhh ...!*«
TATÜÜÜTA ... GGGFFFÖÖÖÖÖNNGGHH ...
»*Mein Gott, Klaus! ... Was ist da los? ... Liebe Hörer? Sind Sie noch dran? ... Ich weiß nicht weiter. Regie! ... Kläuschen? ... Hoffentlich ist ihm nichts passiert ...? Spielen wir besser erst mal ein bisschen Musik ...*«
TATÜÜÜTATA ... TATÜÜÜTATA ... TATÜÜÜTATA ...
»*Klaus?*«

RADIO WISSEMARA

12

Samstag, den 31. Oktober

An einem von der Herbstsonne verwöhnten Sonnabend stand das Heimspiel in der Verbandsliga Nord zwischen dem SC Ankerwinde Wismar und dem MSV Vorwärts Drögeheide im Stadion »An der Thorweide« auf dem Programm; Anstoß: dreizehn Uhr. Seit zwölf Uhr begannen sich die Zuschauertribünen langsam zu füllen. Fahnen wurden geschwenkt, Fanfaren ertönten, und die feschen Fräuleins der »Wismar Wildcats« hüpften mit ihren neuesten Schlachtrufen zur Vorfreude der Fußballfans rund um die Aschenbahn.

Das wollte ich mir nicht entgehen lassen und segelte schon seit geraumer Zeit über dem Stadionrund.

Als die offiziellen Feierlichkeiten im Vereinsheim zur Rückkehr der siebzehn wiedergefundenen Pokale vorüber waren, betraten die Mannschaften, begleitet vom stimmgewaltigen Schlachtruf des Wismarer Anhangs, den heiligen grünen Rasen. Die Ankerwinde traditionell in rot-weiß gekringelten Trikots (in Gedenken an ihren verstorbenen Verteidiger mit Trauerflor am linken Hemdsärmel), der Gegner aus Drögeheide wie immer in Pipigelb.

Bei der Aufstellung der ersten Herrenmannschaft der Ankerwinde schlug mir mein kleines Herz im Möwenleibe. Aber ... Undank ist der Welten Lohn!

Im Tor stand tatsächlich Kalle Ingwersen! Den großmäuligen Torhüter vom Ærøer Finalgegner VFR Schleiaal 06 mussten Mahlzan und Peach als schwachen Ersatz für Stammkeeper Hannes Jensen und wenig Geld angeworben und mit der höheren Spielklasse nach Mecklenburg gelockt haben.

In die zentrale Mitte der Verteidigungskette, als unrühmlicher Lückenbüßer für Ausputzer und Abwehrchef Horst Jensen, rückte der Typ aus dem Schiefen Haus, der so aussah wie der fiese Knopf aus Mailand. Keine Ahnung, was sie dem dafür geboten hatten. Und selbst wenn es der wahrhaftige Exweltmeister sein sollte, müsste sein Vorgänger im Grabe rotieren, wenn er denn könnte.

Das Mittelfeld blieb unverändert und Jünter Petzer der Kapitän. Nur im Sturm – das ahnte ich schon seit meiner Rückkehr in die Hansestadt – ging anstelle von Knipser Heiner Jensen der kleine Lottó Bolzano ein letztes Mal auf Torejagd. Für Coach Toto Peach zählte nur der Erfolg, nicht die Freundschaft. Ein fast fünfzigjähriger Lottó hatte immer noch genug Wumms in den Beinen, um die dröge Drögeheider Abwehr wild durcheinanderzuwirbeln.

Dieser Name, diese Aura! Piekfein strahlte die Neun von seinem Trikot! Die Geschichte der Ankerwinde war um ein stolzes und extravagantes Kapitel reicher.

Als sich die Teams gegenüberstanden und ungeduldig auf Ball und Anpfiff warteten, hatte der Vorwärtstorwart anscheinend schon fast die Windeln voll. Unter Gelächter und Schmährufen der fast eintausend Wismarer Zuschauer hetzte er wieselflink in die Kabine zurück, um sich zu erleichtern.

Die drei Dutzend Fans aus Drögeheide hatte man, wie im Stadion »An der Thorweide« stets üblich, in einen geschlossenen Käfig auf der Südost-Tribüne zusammengepfercht. Knallgelbe Zugvögel aus dem tiefsten Osten!

Das dickleibige Schiedsrichtergespann aus dem kleinen, natürlich völlig neutralen Mestlin schaute wiederholt auf seine schmucken Armbanduhren. Der lange Zeiger auf der Anzeigentafel des Stadions schritt unaufhörlich voran.

Die eigenen Journalisten mit gönnerhafter Geste grüßend, setzte sich Präsident Gregor Mahlzan auf die Ehrentribüne zwischen einen solargebräunten Managertyp, der dicke Zigarre paffte, und den heutigen Ehrengast Ilse Hannemann. Mit ausgestrecktem Arm deutete die Bürgermeisterin in den Himmel und lachte, während Mahlzan zustimmend nickte. Entspannt schaute ich mich um – keinen Dunst, wen sie meinten.

Während unter mir der Gästekeeper im lockeren Dauerlauf vom Kabinentrakt zurück auf die Spielfläche trabte, versuchten Uschis hüpfende »Wildcats« auf die Schnelle für ausgelassene Stimmung zu sorgen.

»We are from East – you are the West! Fight the beast – we are the best!«

Drögeheide liegt bei Torgelow, Stettiner Haff, fast schon Polen. Egal – vielleicht meinten die elf hübschen Wismarer Freundinnen mit »West« auch südlich vom Brenner oder mit »Beast« Lügner und Betrüger aus Milano.

Jedenfalls passte der Reim zur Aufregung auf dem Platz. Denn in diesem Moment kletterte Oberkommissar Olaf Hansen mit seiner Kriminalassistentin Inga Jensen über die Balustrade auf die Aschenbahn und schritt von dort zielstrebig aufs Spielfeld, um dem Mann, der angeblich Mauro Marcatore hieß, kurz vor dem Anstoß seine Rechte vorzutragen. Die Zuschauer reagierten verblüfft. Was sollte das? Was war hier los? Unmittelbar vor dem Anpfiff hatten Zivilisten auf dem Platz nichts mehr zu suchen!

Hansen hatte kein Fünkchen Fußballherz im Leibe. Oder einfach nur ein Faible für äußerst ungeschicktes Verhalten im allerungünstigsten Augenblick. Der betroffene Spieler sah sich verdattert um, beteuerte vor circa eintausend Zeugen theatralisch seine Unschuld, indem er, einer Madonna gleich, die Hände beschwörend zum letzten Gebet faltete, um sie dann auf Brusthöhe pathetisch zu öffnen.

Prompt wurde sein Gestikulier- und Sprachradius reduziert. Hansens Handschellen schnappten um zwei italienische Handgelenke. Während der Gernegroß nach dem ersten Schock überspannt zu zetern begann, hob Hansens Assistentin ein riesiges Megafon an ihren Mund, um das allenfalls zu einem Viertel gefüllte Stadionrund bis in den letzten Winkel über die jüngsten Ermittlungsergebnisse zu unterrichten.

»Ankerwinde-Fans! Fußballfans! Verehrte Gäste von nah und fern! Liebe Freunde! Keine Sorge: Das Punktspiel wird mit wenigen Minuten Verzögerung beginnen. Oberkommissar Hansen von der Wismarer Kommandantur möchte diese Gelegenheit nutzen, einen Fall abzuschließen, der nicht nur die Polizei, sondern auch euch, die treuesten Fans des SC, lange genug beschäftigt und beunruhigt hat.«

Ein Raunen und Murmeln ging durch die Arena. Inga Jensen machte eine kurze Pause und ihr Chef ein Zeichen, fortzufahren.

»Neueste Recherchen haben zweifelsfrei ergeben: Wismar wurde benutzt. Und zwar als kriminelle Zentrale einer illegalen Wettmafia!«

Der Unmut in den Fanblocks wurde lauter. Vereinzelte Buhrufe, die noch von ungeduldigem Tröten überstimmt wurden.

»Dieser Mann hier mit dem Namen Mauro Marcatore ist der Kopf einer Organisation, die sich in Wismar auf illegale Wetten, Spielmanipulationen und Geldwäsche spezialisiert hat.«

Der Angesprochene lächelte kalt, zuckte mit den Achseln und schaute zur Haupttribüne hinauf. Dort starrte Bürgermeisterin Hannemann vorwurfsvoll Gregor Mahlzan an. Der stand auf, fühlte sich am Pranger und glotzte irritiert seinen Nachbarn an, den stoischen Stumpenraucher. Der Don paffte, blickte gelassen aufs Spielfeld, zuckte nicht mal mit der Wimper.

»Unser Team von der Ostsee, das trotz wunderbaren Fußballs die letzten Jahre nie um den Aufstieg oder die Meisterschaft mitspielen durfte, sondern merkwürdigerweise immer nur gegen den Abstieg, ist mehrfach verschoben und verkauft worden.« Inga Jensen zeigte sich emotionalisiert, die Wahrheit ging ihr sichtlich nahe. »Nur mit Mühe entging man Jahr für Jahr der Blamage eines Abstiegs in die Landesliga.«

Ein Johlen kam aus Richtung Drögeheide. Mehr nicht.

»Doch am Ende einer langen kräftezehrenden Saison gewinnt die Ankerwinde wie zum Trotz dreimal den Danske-Tilsiter-Cup. Ein Turnier, teilweise bestückt mit besseren Gegnern als in unserer Verbandsliga Nordost. Wen hat das nicht mit Stolz erfüllt ... aber auch verwundert?«

Von den Rängen kam zustimmendes Gemurmel. Die Erinnerungen an die Turniertriumphe waren allen präsent, die bitteren Schlappen während der letzten Saison verblassten dagegen nur langsam.

»Guter Fußball, aber unglücklichste Niederlagen! Und das in einer Regelmäßigkeit, die zum Himmel stinkt! Dieser Mann ...«, und sie zeigte auf das Unschuldslamm in Handschellen. »Dieser Mann trägt dafür die Hauptverantwortung.«

Bevor irgendjemand reagieren konnte, rückte Lottó Bolzano mit drei wieselflinken Sprüngen seinem Landsmann auf die Pelle, wollte ihm einen Kopfstoß verpassen, wie damals im Stile von Zizou. Jedoch war Bolzano mindestens zwei Köpfe kleiner als der große Franzose, also entschied er sich aus vollem Lauf und auf halbem Wege für eine ausholende Armbewegung und eine donnernde Kopfnuss, die ihr Ziel leider knapp verfehlte. Lottós Augen quollen, er zeterte. In den Schwitzkasten genommen, ließ er sich von den übrigen Akteuren nur mit Mühe besänftigen.

Am Vormittag mussten der junge Steffen Stieber und seine ultramoderne DESI-MR-Analyse ganze Arbeit geleistet und die erdrückenden Beweise zusammengetragen haben, um solch eine dramatisch inszenierte Festnahme zu rechtfertigen.

Auf den Wismarer Fanrängen herrschte kurzzeitig betretenes Schweigen. Allem Anschein nach war man sich nicht einig: Wollte man endlich Fußball gucken oder die erschütternde Wahrheit über die Machenschaften der neuen Verstärkung der SC-Abwehr hören? Wen wunderte es: Allein im Drögeheider Gästeverlies jubelten sie mittlerweile lauthals.

»Es liegen Beweise vor, dass im vorletzten Jahr acht Spiele der Ankerwinde manipuliert worden sind, in der letzten Saison waren es zwölf. In dieser Spielzeit bereits drei. Wie das genau geschehen konnte, werden wir noch ermitteln. Eindeutig erscheint derzeit nur, dass vor allem Schiedsrichtergespanne des Landesverbands Mecklenburg-Vorpommern mit kleinen Aufmerksamkeiten gefügig gemacht wurden.«

Das Schiedsrichtertrio aus Mestlin steckte die Köpfe zusammen, einer gestikulierte wie wild mit seiner gelben Fahne, wahrscheinlich fühlten sie sich persönlich verunglimpft.

»Die Summen, um die es hier ging, waren kaum der Rede wert: ein paar Hunderter hier, ein paar Tausender dort. Peanuts im Vergleich zum Wettskandal von vor vier Jahren in Schwerin.«

Die Fans begannen zaghaft zu buhen und zu pfeifen. So langsam sickerte die Tragweite der Informationen auch ins letzte trunkene Hinterstübchen durch.

Das bedeutete: Die Jensen-Brüder und die Ankerwinde waren als konkurrenzfähiges, schlagkräftiges Team in den letzten Spielzeiten gründlich verschaukelt worden. Vom Fußballverband, von den Schiris, wahrscheinlich sogar von den Funktionären des eigenen Vereins. Man dümpelte in der Landes- oder Verbandsliga herum, anstatt die Hansestadt Wismar vielleicht schon in der Oberliga oder gar Regionalliga würdig zu vertreten.

»Weiterhin besteht der begründete Verdacht schwerer Nötigung.« Die Flüstertüte hatte es nicht allein akustisch in sich. Drohend richtete sie sich gen Ehrentribüne. »Offene Spielschulden bei der Mafia machen erpressbar. Euer verehrter Herr Vereinsvorsitzender könnte, wenn er wollte, ein Lied davon singen.«

Hansen und Jensen hatten das clever eingefädelt. Dem Megafon sei Dank, wusste mit einem Schlag die halbe Stadt Bescheid.

Einmal angenommen, Indizien oder Beweise reichten nicht aus und das Wettsyndikat hielt dicht oder zusammen: Echte Fans kannten keine Gnade, das war überall auf der Welt das Gleiche. Die würden im Verein unter jeden Stein schauen, bis auch der letzte Schuldige oder nur Mitwisser aus dem Amt und dem Stadion gejagt worden wäre.

»Wettschulden sind Ehrenschulden. Das gilt auch und vor allen Dingen für die Mafia. Oder anders ausgedrückt: Auch Kleinvieh macht Mist!« Dabei schaute sie durchdringend den Italiener an Hansens Seite an. Oberkommissar Olaf Hansen schnappte sich jetzt das Megafon von seiner Assistentin, wahrscheinlich um ein bisschen Zug in die Sache zu kriegen, und besorgte dem Beschuldigten den Rest.

»Liebe Fußballfans, verehrte Frau Bürgermeisterin!« Hansen räusperte sich. »Mauro Marcatore drang in der Nacht vom 26. zum 27. Juli in die Ankerwinde-Geschäftsstelle ein, um sich, als Faustpfand für die fünftausend Euro Wettschulden der Clubführung, die Pokale des Vereins anzueignen. Gregor Mahlzan besorgte ihm dafür über Schatzmeister Krischan Beeck einen Zweitschlüssel. Das Ganze sollte aussehen wie ein gewaltsamer Einbruch. Tat es dann auch. Nur wurde der inszenierte Einbruch vom Platzwart gestört ...«

Im weiten Rund wuchs die Unruhe, Fans und Spieler beider Lager begannen vehementer zu buhen. Eine rosa Vuvuzela flog aus einem Fanblock im hohen Bogen dem Festgenommenen gegen den Kopf. Lottó Bolzano hatte dagegen genug gehört. Empört, fast angeekelt wendete er sich theatralisch von seinem beschuldigten Landsmann ab.

»Seine altmodische Fransenlederjacke und der Baseballschläger lassen keine Zweifel zu. Beides haben wir, befleckt mit Hautpartikeln des Beschuldigten und beschmiert mit dem Blut seines Opfers, heute Morgen auf seiner Yacht im Westhafen beschlagnahmt.«

Der Kommissar sprach jetzt direkt zum Beschuldigten: »Mauro Marcatore! Hiermit verhaften wir Sie wegen des dringenden Mordverdachts an Platzwart Fritze Schimmelpfennig!«

Die Massen buhten und drohten mit den Fäusten. Die Stimmung war auf dem Siedepunkt. Gute Arbeit. Ingas erste Verhaftung! Tolles Mädchen! Der Stolz der Jensen-Sippe. Meinetwegen sollten sie Krischan Beeck wegen Falschaussage und Meineids auch gleich im Fürstenhof belassen. Verdient hätte es der Kleinganove allemal.

Für eine Handvoll Euro die schönste Nebensache der Welt so mit Schmutz zu bewerfen, sie bis in die unteren Spielklassen der Amateurkicker zu diskreditieren, war eine schamlose Niedertracht, wie sie allein Gestalten vom Schlage Mauro Marcatores begehen konnten.

»Und Ihre korrekte Identität finden wir auch noch raus, Herr Marcatore!«, fuhr Olaf Hansen forsch fort.

Nicht nur der aalglatte Italiener beobachtete argwöhnisch die Ehrenloge mit dem peinlich berührten Mahlzan, einer übernervösen Hannemann und dem solargebräunten Don mit Stumpen im Mundwinkel, der unter einem Orkan der Entrüstung jetzt grußlos raschen Schrittes die Tribüne und danach das Stadion verließ.

Die eingesperrten Drögeheider Kanarienvögel jubilierten in ihrem Käfig, als das Duo aus der Wismarer Kommandantur den wutschnaubenden Italiener vom Feld eskortierte. Man sollte den Möchtegern-Weltmeister in der Hansestadt Wismar nie wiedersehen ...

Irgendwann gleicht sich alles wieder aus.

»*Wismar-Fans – it's time to fight! Let's go red – let's go white. Red and white, red and white!*« Die Mädels warfen an der Längsseite des Stadions, unmittelbar vor den Trainerbänken, ihre Goldpuschel mit weiß-roten Bändern in die Höhe und ihre langen Beine gleich hinterher.

Spieler und Betreuer waren baff. Niemand wusste, wie es weitergehen sollte. Kurzzeitig war selbst den böse geifernden Fußballhorden die Lust am Spiel und an den Wildkatzen verloren gegangen. Die ersten Hooligans rissen bereits Eisenträger aus der Umzäunung.

Die trillernden Kanarienvögel wollten dem in nichts nachstehen. Doch die Käfigkonstruktion, die Fritze Schimmelpfennig letzten Sommer eigenhändig aus alten Eisenbahngleisen zusammengeschweißt hatte, war massiv und undurchlässig. In Gedenken an ihren verstorbenen Konstrukteur sollten wenig später einheimische Fans dem Zwinger einen passenden Namen verpassen: Fritze-Kittchen.

Eine Raubmöwe ist kein Kostverächter. In einem tiefen Halbkreis glitt ich auf breiten Schwingen über die Aschenbahn.

Manometer! Hatten die »Wildcats« schon wieder kurze Röcke an. Mich dünkte, dass mir die fesche Feli aus Fischkaten frech zublinzelte. Pech gehabt. Zu spät für einen Flirt.

Mitten durch das ohrenbetäubende Buhen und das grelle Pfeifkonzert der aufgebrachten Fangemeinde pfiffen plötzlich drei oder vier Bleigeschosse um meinen kurzen schwarzbraunen Schwanz. Woher die Schüsse im Tumult kamen, wer sie abgefeuert hatte und vor allem wem sie galten, das war so rasch nicht festzustellen.

Zwar kann eine Raubmöwe von Natur aus extrem schnell zickzack fliegen, nur hatte ich den Verlust meiner langen Steuerfeder, die der Doktor Rinnerwahn mir im Nahkampf auf dem LKV-Gelände in Schleswig herausgerissen hatte, anscheinend völlig unterschätzt.

Die letzte Kugel – dem Klang nach zu urteilen abgefeuert aus dem Gewehrlauf einer alten russischen Kalaschnikow – traf mich bis ins Mark. Countdown. Feierabend. Zapfenstreich.

Die Stadionuhr zeigte dreizehn Uhr und dreizehn Minuten, als ich holterdiepolter in den Mittelkreis der Spielfläche schlitterte …

Für den Fußballfan, der seinen Aberglauben pflegt, hegt und fast wie eine heilige Kuh vergöttert: ein schicksalhafter Volltreffer zu einem magischen Zeitpunkt.

Das Letzte, was ich nur mehr mit einem Möweauge sah, waren die verschwommenen Konturen des Lederballs auf dem Anstoßpunkt ...

Fünfhundert Piepen pro Schnabel, nicht schlecht. Das konnte ich dem Schützen gar nicht verübeln, das nahm ich vielmehr der Ilse Hannemann krumm. Schließlich hatte die Bürgermeisterin die neue Abschussprämie für Raubmöwen politisch und vor allen Dingen auch moralisch zu verantworten. Nicht gut für ihr Karma, ich schwör's Ihnen, gar nicht gut.

Nicht nur auf Phuket oder in Pattaya sagen sie treffend: »Alles, was entsteht, vergeht. Und alles, was vergeht, entsteht auch wieder.«
So war das damals. Aber innerhalb kürzester Zeit zweimal hintereinander einen gewaltsamen Tod zu sterben, das können vermutlich auch nicht so viele von sich behaupten ...
Ich hatte in diesem Moment nur eine Befürchtung, dass ich aufgrund meines miesen Benehmens und meiner schlechten Taten im nächsten Leben als Schmeißfliege zur Welt kommen würde. Wenn ich einen Wunsch frei hätte: dann bitte lieber als Marienkäfer.
Aber keine Sorge, beides ist nicht passiert. Sonst hätte ich unter einer tropischen Palme, bei leicht kühlendem Nordost-Monsun, das Meer bis zum Horizont, diese Geschichte hier und jetzt nicht aufschreiben können.

Star Hut, Thong Nai Pan Noi, Phangan, Thailand, im Januar 2050

EINE FISCHMÖWE ZIEHT IHRE BAHN ÜBER KOH PHANGAN.

THANX!

Special thanks to Dennis Hopper, Oliver Stone, Martin Scorsese, Francis Ford Coppola, Quentin Tarantino, Sergio Leone, Tiziano Terzani, Giovanni Trapattoni, Rainald Goetz, Raimund Klaes, Sogyal Rinpoche and especially Richard Brautigan and his fabulous Logan Brothers.

André Bawar, 6th of August 2010

André Bawar
LACHSBLUT
Broschur, 192 Seiten
ISBN 978-3-89705-706-7

»Atmosphärisch sehr dicht gemacht. Sehr gut geschrieben. Man riecht die Seeluft und den Fischgestank. Lohnt sich!«
Peter Hetzel, Sat 1

»Das Erstlingswerk von Bawar ist nicht außergewöhnlich spannend, es ist außergewöhnlich und spannend. Wer seinen Urlaub an der mecklenburgischen Ostseeküste verbringt, wird sich bei der Lektüre ein wenig gruseln, aber auch seinen Spaß haben.« dpa

www.emons-verlag.de

André Bawar
WISMARBUCHT
Broschur, 240 Seiten
ISBN 978-3-89705-750-0

»Wenn Sie Wismar mal von einer anderen Seite kennenlernen wollen, empfehle ich Ihnen die Wismarbucht.«
Steffen Czech, Wismar TV

»Auch im zweiten Ostseekrimi von André Bawar wimmelt es nur so von skurrilen Personen, herrlichem Humor und jeder Menge plattdeutscher Weisheiten.«
Grit Burkhardt, Krimibuchhandlung »totsicher«, Berlin

»Oberkommissar Hansen und sein Assistent müssen einen Fall von organisierter Hehlerei und brutaler Piraterie lösen. Lesenswert!« BILD

www.emons-verlag.de